智能电网关键技术研究与应用丛书

开放电力市场下电动汽车并网技术

[丹麦] 吴秋伟（Qiuwei Wu）等著

陈光宇 何健 蔡鑫灿 华科 张仰飞 郝思鹏 金庆忍 梁钦赐 张杭 译

机械工业出版社

本书详细介绍了开放电力市场下电动汽车并网技术，包括电动汽车的充电、预测、功率调节、阻塞管理以及电力市场等。本书共分11章，内容包括汽车电气化、电动汽车与当前北欧电力市场、未来电力市场模式下的电动汽车、综合电力交通系统的投资与运营、电动汽车优化充电的动态规划方法、电动汽车组合管理、电动汽车调节功率分析、源于电动汽车的调频备用容量与电压支撑、电动汽车电池的运行和退化问题、考虑电动汽车阻塞管理的日前电价、电动汽车并网对配电网的影响研究等。其中重点介绍了未来电力市场模式下的电动汽车形态、电力交通系统的投资与运行、电动汽车调节功率分析和对配电网的影响等内容，以简练的语言和代表性的实例向读者介绍了开放电力市场下电动汽车并网技术，为初识电力市场下电动汽车并网的读者提供指导。

本书内容先进、体系合理、讲解详尽、深入浅出、文字流畅、通俗易懂，是初学者了解电力市场背景下的电动汽车并网的理想教材，既可以作为理工科院校电力系统、车辆工程等专业的教材，也可供电力、电工、汽车领域的科研人员参考。

Copyright © 2013 John Wiley & Sons, Ltd.

All Rights Reserved. This translation published under license. Authorized translation from the English language edition, entitled Grid Integration of Electric Vehicles in Open Electricity Markets, ISBN 978-1-118-44607-2, by Qiuwei Wu, Published by John Wiley & Sons. No part of this book may be reproduced in any form without the written permission of the original copyrights holder. Copies of this book sold without a Wiley sticker on the cover are unauthorized and illegal.

本书中文简体字版由Wiley授权机械工业出版社出版，未经出版者书面允许，本书的任何部分不得以任何方式复制或抄袭。

版权所有，翻印必究。

北京市版权局著作权合同登记　图字：01-2015-2561号。

图书在版编目（CIP）数据

开放电力市场下电动汽车并网技术／（丹）吴秋伟（Qiuwei Wu）等著；陈光宇等译 . —北京：机械工业出版社，2020.3

（智能电网关键技术研究与应用丛书）

书名原文：Grid Integration of Electric Vehicles in Open Electricity Markets
ISBN 978-7-111-64757-7

Ⅰ . ①开⋯　Ⅱ . ①吴⋯　②陈⋯　Ⅲ . ①电动汽车–电力系统–研究　Ⅳ . ① U469.72

中国版本图书馆 CIP 数据核字（2020）第 026118 号

机械工业出版社（北京市百万庄大街22号　邮政编码100037）
策划编辑：刘星宁　责任编辑：闫洪庆　朱　林　刘星宁
责任校对：樊钟英　封面设计：鞠　杨
责任印制：张　博
三河市国英印务有限公司印刷
2020年4月第1版第1次印刷
169mm×239mm · 16印张 · 328千字
标准书号：ISBN 978-7-111-64757-7
定价：99.00元

电话服务　　　　　　　　网络服务
客服电话：010-88361066　机 工 官 网：www.cmpbook.com
　　　　　010-88379833　机 工 官 博：weibo.com/cmp1952
　　　　　010-68326294　金 书 网：www.golden-book.com
封底无防伪标均为盗版　　机工教育服务网：www.cmpedu.com

译　者　序

当前，能源供给和环境污染之间的矛盾日益突出，减少对化石燃料的依赖已成为急需解决的问题，这迫使电力系统向清洁能源妥协，并在节能需求的驱动下发生深刻变化。为此，传统电网需要逐步向智能电网转变。在电力市场环境下，电动汽车作为智能电网最重要的需求侧资源之一，既可以通过从电网充电来接受服务，也可以通过向电网放电来提供支撑。基于 V2G/G2V 的框架，在缓解电动汽车并网影响的同时，能够向系统提供负荷转移、频率调节、优化充电、组合管理，以及目前电价等辅助服务，使车主获取更多的收益，从而使他们接受可控充电带来的约束和不便，进一步为电网提供支撑。

本书共 11 章，我们建议您全部阅读。这是一本涵盖电力市场下电动汽车并网技术细节的教科书，它告诉我们深入学习电力市场下电动汽车并网技术涉及电动汽车电力市场、电力交通、优化充电、组合管理、功率调节、电池运行等多领域知识。书中同时也蕴含了作者对电力市场下电动汽车并网发展的理解和思考，处处闪耀着智慧的光芒。尤其是前两章关于电动汽车和国外电力市场发展进程的论述尤为透彻和精辟。

本书由陈光宇博士负责统稿和校对，主要翻译人员有陈光宇、何健、蔡鑫灿、华科、张仰飞、郝思鹏、金庆忍、梁钦赐、张杭；此外，纪思高级工程师，研究生：许翔泰、工泽宇、陈伟、储欣，本科生：石子敬、贺臻、季定中、李干、黄良灿、叶永康、张彤阳、刘鑫祺也参与了部分内容的整理和校对等工作，在此表示感谢，你们的努力使得本书的内容更加完善和细致。

此外，在翻译的过程中无论中文还是英文，我们都深感水平有限，因此，我们建议有条件的读者可以去阅读英文原著，如果书中存在一些失误与不妥之处，也非常期待大家能给我们反馈。

感谢所有为本书出版做出贡献的人！

译　者

原书前言

环境问题和追求能源供应独立性引起可再生能源（RES）渗透率的不断提高，并推动了交通电气化发展。因此，电动汽车（EV）被期望在未来电力系统中发挥重要作用，并对配电网产生影响。增加使用电动汽车，取代传统的内燃机车辆，将会减少交通运输业的温室气体排放，同时作为分布式储能，可以缓解间歇性可再生能源发电带来的不确定性。

本书论述了电动汽车进入开放电力市场的并网问题，从而有助于实现电动汽车在未来电力系统中的大规模部署。本书首先介绍了车辆电气化的政策驱动因素和环境影响，随后介绍了目前北欧电力市场的电动汽车并网候选方案及潜在的电力市场，以促进电动汽车并网，并且详细论述了综合电力交通系统的投资与运营。其次，介绍了采用动态规划的电动汽车充电管理技术以及电动汽车车队运营商的概念。最后，介绍了使用电动汽车提供调节功率、调频备用容量和电压支撑，电动汽车并网对配电网运行的影响，电池退化以及配电网阻塞管理。

我要特别感谢约翰威立国际出版公司的 Peter Mitchell，他萌生了出版一本电动汽车并网技术的书籍的想法，并管理了该书籍的出版流程。我还要感谢约翰威立国际出版公司的一些员工，包括助理编辑 Laura Bell、项目编辑 Liz Wingett、高级项目编辑 Richard Davies 和助理制作编辑 Nur Wahidah Binte Abdul Wahid，感谢他们的大力支持。我要感谢爱迪生项目组允许使用其项目结果来完成本书第 2、3、6、7、9、10、11 章。

最后，我要感谢本书所有章节的撰稿者。

吴秋伟博士
丹麦哥本哈根

缩略语表

ACE	area control error	区域控制误差
AGC	automatic generation control	自动发电控制
BEV	battery electric vehicle	纯电动汽车
BMS	battery management system	电池管理系统
BRP	balance responsible party	平衡责任主体
CC	constant current	恒定电流
CCGT	combined cycle gas turbine	联合循环燃气轮机
CHP	combined heat and power	热电联产
COSOC	contractural state of charge	收缩荷电状态
CPP	critical peak price	尖峰电价
DAM	day-ahead market	日前市场
DOD	depth of discharge	放电深度
DSO	distribution system operator	配电系统运营商
DT	dynamic tariff	动态电价
EC	equivalent circuit	等效电路
EDV	electric-drive vehicle	电动汽车
EIS	electrochemical impedance spectroscopy	电化学阻抗
EMO	electric mobility operator	电动交通运营商
EV	electric vehicle	电动汽车
FCEV	fuel-cell plug-in hybrid electric vehicle	燃料电池插电式混合动力电动汽车
FCV	fuel-cell vehicle	燃料电池汽车
FO	fleet operator	车队运营商
GHG	greenhouse gas	温室气体
GIV	grid-integrated vehicle	并网电动汽车
HEV	hybrid electric vehicle	混合动力电动汽车
ICE	internal combustion engine	内燃机
LBR	load balance responsible	负荷平衡责任主体
LFC	load frequency control	负荷频率控制
LFP	lithium iron phosphate	磷酸铁锂
LMP	locational marginal pricing	节点边际电价
LV	low voltage	低压

MV	medium voltage	中压
NEDC	New European Drive Cycle	新欧洲驾驶循环
NMC	nickel–manganese–cobalt oxide	镍锰钴氧化物
NOIS	Nordic Operational Information System	北欧电网运行信息系统
OCV	open-circuit voltage	开路电压
OEM	original equipment manufacturer	原始设备制造商
OPF	optimal power flow	最优潮流
PBR	production balance responsible	发电平衡责任主体
PHEV	plug-in hybrid electric vehicle	插电式混合动力电动汽车
RES	renewable energy sources	可再生能源
REV	range-extended electric vehicle	增程式电动汽车
RSC	resources, scheduling and commitment	资源、排序与组合
RTM	real-time market	实时市场
RTO	regional transmission organization	区域输电组织
SC	short circuit	短路
SEA	Swedish Energy Agency	瑞典能源局
SLD	single line diagram	单线图
SME	small and medium enterprise	中小企业
SOC	state of charge	荷电状态
SOH	state of health	健康状态
TDM	time-domain method	时域方法
TIS	technological innovation system	技术创新体系
TOU	time-of-use	分时电价
TSO	transmission system operator	输电系统运营商
V2G	vehicle from the grid	电动汽车到电网
V2G	vehicle-to-grid	电动汽车到电网
VAT	value-added tax	增值税
VPP	virtual power plant	虚拟电厂
WTP	willingness-to-pay	支付意愿

目　录

译者序
原书前言
缩略语表

第1章　汽车电气化：两种方案下的政策驱动及影响 1
1.1　引言 1
1.2　政策驱动因素、政策与目标 2
　　1.2.1　芬兰 5
　　1.2.2　瑞典 6
　　1.2.3　丹麦 7
　　1.2.4　挪威 8
　　1.2.5　北欧国家对比 9
1.3　场景与环境影响评价 10
1.4　BEV和PHEV突破性进展的未来政策驱动 14
　　1.4.1　创业活动 15
　　1.4.2　知识发展和知识传播 16
　　1.4.3　积极的外部影响 16
　　1.4.4　资源调动 16
　　1.4.5　指南 17
　　1.4.6　创建市场 17
　　1.4.7　合法性 20
　　1.4.8　实体化 20
1.5　结果与总结 20
致谢 22
参考文献 22

第2章　电动汽车与当前北欧电力市场 28
2.1　引言 28
2.2　电动汽车的电力消费 29
　　2.2.1　电动汽车的典型能耗 29
　　2.2.2　电网的潜在挑战 29
2.3　市场参与者 32
　　2.3.1　电力用户：私家车主 32
　　2.3.2　配电系统运营商/电网公司 33
　　2.3.3　电力零售商 33
　　2.3.4　发电商 33
　　2.3.5　车队运营商 33
　　2.3.6　输电系统运营商 33
　　2.3.7　北欧电力交易所 34
2.4　北欧电力市场 34
　　2.4.1　现货市场与金融市场 35
　　2.4.2　日内市场 36
　　2.4.3　调节功率市场 36
　　2.4.4　北欧调节功率市场的未来发展 38
2.5　电价 38
　　2.5.1　终端用户电价的组成 38
　　2.5.2　固定网损费 39
　　2.5.3　电力输送与阻塞 39
　　2.5.4　电力税 39
　　2.5.5　未来电费的可能性 39
2.6　需求响应的售电产品 40
　　2.6.1　固定电价 40
　　2.6.2　分时电价 40
　　2.6.3　尖峰电价 40
　　2.6.4　现货价格 41
　　2.6.5　调节功率市场中的期货合约 41
2.7　不同电力市场中的电动汽车 41
　　2.7.1　合同结构1：当前现货市场 42
　　2.7.2　合同结构2：现货市场与调节功率市场 43
　　2.7.3　合同结构3：由车队运营商控制的电动汽车 44
　　2.7.4　结论 45
参考文献 45

第3章　未来电力市场模式下的电动汽车 46
3.1　引言 46
3.2　概述 46
　　3.2.1　现货市场 46
　　3.2.2　调节功率市场 47

3.2.3 自动备用容量 …………… 47
  3.2.4 配电网阻塞 ……………… 47
  3.2.5 配电系统运营商的角色 … 47
 3.3 适用于电动汽车并网的调节功率
     与备用容量候选市场 …………… 48
  3.3.1 调节功率市场 …………… 48
  3.3.2 自动备用容量市场 ……… 49
  3.3.3 丹麦 TSO 自我调节的建议 … 49
  3.3.4 FlexPower ……………… 51
  3.3.5 调节功率市场的其他潜在变化 … 54
  3.3.6 需求作为调频备用容量 … 54
  3.3.7 通过 V2G 的频率控制 … 55
 3.4 电动汽车并网的候选电力市场
     模式 …………………………… 56
  3.4.1 节点电价（输电网中的节点
        电价）………………………… 56
  3.4.2 综合竞标 ………………… 57
 3.5 配电网阻塞管理 ……………… 59
  3.5.1 概述 ……………………… 60
  3.5.2 配电系统运营商的作用 … 61
  3.5.3 综合法：系统平衡与电网阻塞
        排序 ………………………… 62
  3.5.4 使用电网容量所应承担的
        费用 ………………………… 63
  3.5.5 分时电价 ………………… 64
  3.5.6 累进电价 ………………… 64
  3.5.7 直接控制：调节管理 …… 65
  3.5.8 竞标系统 ………………… 65
  3.5.9 配电网动态电价机制 …… 66
  3.5.10 对比 …………………… 67
  3.5.11 电动汽车作为虚拟电厂运行 … 68
 参考文献 …………………………… 69

第4章 综合电力交通系统的投资与
      运营 ………………………… 70
 4.1 引言 …………………………… 70
 4.2 道路交通系统 ………………… 71
  4.2.1 未来道路交通系统及其与电力
        系统并网展望 ……………… 71
 4.3 能源系统分析模型 Balmorel … 72
 4.4 电动汽车模型 ………………… 72
  4.4.1 假设 ……………………… 73
  4.4.2 成本 ……………………… 74

  4.4.3 交通需求 ………………… 75
  4.4.4 功率流 …………………… 75
  4.4.5 可变负荷系数 …………… 80
  4.4.6 BEV ……………………… 80
  4.4.7 电动汽车对容量可信度方程的
        有利影响 …………………… 80
 4.5 案例分析 ……………………… 81
  4.5.1 车辆技术 ………………… 83
  4.5.2 行驶模式与插电模式 …… 83
 4.6 场景 …………………………… 86
 4.7 结果 …………………………… 87
  4.7.1 成本 ……………………… 87
  4.7.2 投入与产出 ……………… 87
  4.7.3 引入电动汽车 …………… 90
  4.7.4 PHEV 充电 ……………… 92
 4.8 电动汽车对于容量可信度方程的
     影响结果 ……………………… 92
 4.9 讨论与总结 …………………… 94
 4.10 结论 ………………………… 95
 参考文献 …………………………… 95

第5章 电动汽车优化充电的动态规划
      方法 ………………………… 97
 5.1 引言 …………………………… 97
 5.2 混合动力电动汽车 …………… 98
 5.3 市场条件下的优化充电 ……… 99
 5.4 动态规划 ……………………… 100
 5.5 车队运营 ……………………… 101
 5.6 电价 …………………………… 102
  5.6.1 电价的马尔可夫链 ……… 102
  5.6.2 电价-负荷相关性 ……… 102
 5.7 行驶模式 ……………………… 103
  5.7.1 车辆聚类 ………………… 103
 5.8 丹麦案例分析 ………………… 104
 5.9 最优充电模式 ………………… 105
  5.9.1 单一车辆运营 …………… 105
  5.9.2 车队运营 ………………… 108
 5.10 讨论与总结 ………………… 110
 致谢 ………………………………… 111
 参考文献 …………………………… 111

第6章 电动汽车组合管理 ………… 112
 6.1 引言 …………………………… 112

6.2 电动汽车模型和充电策略 …… 112
　6.2.1 系统设定 …… 112
　6.2.2 电池建模 …… 114
　6.2.3 充电策略 …… 115
6.3 电动汽车车队管理案例研究 … 121
　6.3.1 系统描述 …… 121
　6.3.2 场景描述 …… 126
　6.3.3 充电方法案例分析结论 …… 131
　6.3.4 未来的影响 …… 132
参考文献 …… 132

第7章 电动汽车调节功率分析 …… 133
7.1 引言 …… 133
7.2 电动汽车并网的行驶模式分析 … 133
　7.2.1 行驶距离分析 …… 134
　7.2.2 电动汽车可用性分析 …… 137
7.3 基于现货价格的电动汽车充电
　　 计划 …… 139
　7.3.1 基于现货价格的电动汽车充电
　　　　计划 …… 140
　7.3.2 基于现货价格的智能充电
　　　　方案 …… 143
7.4 电动汽车调节功率分析 …… 144
　7.4.1 调节功率需求及电价分析 … 144
　7.4.2 电动汽车并网调节功率容量
　　　　的分析 …… 146
　7.4.3 电动汽车调节功率的经济
　　　　效益 …… 151
7.5 结论 …… 153
参考文献 …… 154

第8章 源于电动汽车的调频备用容量
　　　与电压支撑 …… 155
8.1 引言 …… 155
8.2 电力系统辅助服务 …… 155
8.3 电动汽车支撑风电并网 …… 156
8.4 电动汽车作为调频备用容量 …… 157
　8.4.1 一次调频备用容量 …… 158
　8.4.2 二次调频备用容量 …… 160
　8.4.3 三次调频备用容量 …… 163
8.5 电力系统中的电压支撑和电动
　　 汽车并网趋势 …… 164
8.6 结论 …… 164

致谢 …… 164
参考文献 …… 165

第9章 电动汽车电池的运行和退化
　　　问题 …… 167
9.1 引言 …… 167
9.2 电池建模和验证技术 …… 168
　9.2.1 背景 …… 168
　9.2.2 实验测试技术 …… 169
　9.2.3 电池模块退化 …… 178
　9.2.4 试验设置和结果 …… 179
9.3 电动汽车电池的热效应与退化 … 181
　9.3.1 电池退化引言 …… 181
　9.3.2 理论背景 …… 181
　9.3.3 退化效应建模 …… 184
　9.3.4 电动汽车应用仿真 …… 186
9.4 电池等效电路模型 …… 190
　9.4.1 电池建模：动态性能 …… 190
　9.4.2 文献中描述的电池
　　　　单元模型 …… 191
　9.4.3 电池模型在 MATLAB 中的
　　　　实现 …… 192
　9.4.4 模型参数设定与验证 …… 196
参考文献 …… 198

第10章 考虑电动汽车阻塞管理的日前
　　　　电价 …… 200
10.1 引言 …… 200
　10.1.1 电力系统阻塞 …… 200
　10.1.2 协调式电动汽车充电 …… 202
10.2 动态电价概念 …… 204
　10.2.1 动态电价框架 …… 206
　10.2.2 动态电价计算 …… 207
　10.2.3 电动汽车最优充电管理 … 211
10.3 案例分析 …… 212
　10.3.1 车辆行驶数据 …… 212
　10.3.2 电动汽车车队特性 …… 213
　10.3.3 电价概况 …… 214
　10.3.4 电网 …… 214
　10.3.5 软件和案例参数研究 …… 215
　10.3.6 案例分析结果 …… 216
10.4 结论 …… 221
参考文献 …… 221

第11章 电动汽车并网对配电网的影响
　　　　 研究 ………………………… 223
　11.1 引言 …………………………… 223
　11.2 研究方法与场景 ……………… 223
　　　11.2.1 电动汽车并网影响的电网
　　　　　　 模型 …………………… 224
　　　11.2.2 电力需求数据 …………… 224
　　　11.2.3 电动汽车需求数据 ……… 224
　　　11.2.4 电网中的电动汽车分布 … 225
　　　11.2.5 负荷约束 ………………… 225
　　　11.2.6 局限性 …………………… 226
　11.3 博恩霍尔姆岛电力系统 ……… 226
　　　11.3.1 博恩霍尔姆岛电力系统
　　　　　　 概述 …………………… 226
　　　11.3.2 PowerFactory中的博恩霍尔姆
　　　　　　 岛电力系统模型 ………… 227
　11.4 常规需求曲线建模 …………… 230
　11.5 对0.4kV电网的影响研究 …… 234
　11.6 对10kV电网的影响研究 …… 237
　11.7 对60kV电网的影响研究 …… 240
　11.8 结论 …………………………… 244
　参考文献 ………………………………… 245

第1章

汽车电气化：两种方案下的政策驱动及影响

Martin Albrecht[1], Måns Nilsson[1,2], Jonas Åkerman[1]

1. 瑞典皇家理工学院（KTH）环境策略研究部，瑞典斯德哥尔摩
2. 斯德哥尔摩国际环境研究院（SEI），瑞典斯德哥尔摩

1.1 引言

在过去 10 年里，欧盟内外各国政府和汽车制造商对低碳汽车技术产生了浓厚的兴趣。人们起初对生物燃料汽车寄予厚望，随着对生物燃料热情的冷却，最近电动汽车（EV）和混合动力电动汽车（HEV）作为一项关键技术，被寄予厚望，以此来减缓气候变化、加强能源安全，并在汽车行业内培育新兴产业。特别是在北欧地区，化石能源发电量平均相对较少，交通电气化被视为交通运输业减少 CO_2 排放的关键策略。

然而，尽管一些国家生物燃料汽车的市场占有率相对较高，但汽车电气化的相应市场份额增加迄今尚未实现。这其中一个重要原因是，与内燃机（ICE）汽车相比，电动汽车和 HEV 的价格仍然高得多，这主要是由于锂离子电池价格较高。此外，学习曲线的形状和相关的未来成本仍然不确定，预测变动很大[1-3]。在不同的气候和行驶条件下，缺乏电池耐用性的经验，对早期用户投资新的电动汽车带来了巨大风险。此外，纯电动汽车（BEV）、插电式混合动力电动汽车（PHEV）或增程式电动汽车（REV）需要新的基础设施（为了充电，本地电网在一定程度上需要升级改造）和不同的行驶行为。

因此，在以下方面存在重大不确定性：①关于 BEV、PHEV、REV 未来市场占有率的预测；②需要哪些政策框架来促进市场消纳这些电动汽车；③这些预测最终对气候的影响是什么。我们知道，在未来几年内，BEV/PHEV 技术将需要不同类型的公共管理措施，以促进创新和市场消纳，并控制和减轻可能的环境和社会影响。

本章将通过重点讨论以下问题，提出北欧地区（丹麦、芬兰、挪威和瑞典）大背景下的不确定因素：

- 怎样通过企业、政府和专家对市场接受情况的预测，来对比北欧国家内部和之间的政策、目的和指标？
- 可能需要哪些政策或更广泛的管理举措才有可能达成突破性进展？

- 我们的既定方案对气候有什么影响,对实现气候目标有什么影响?

本章内容如下:在 1.2 节中,我们回顾了北欧国家和欧盟的政策和主要目标,并讨论了这些政策和目标在多大程度上符合或偏离了企业和专家对系统如何增长的估计;在此基础上,鉴于北欧地区对电力供应的假设不同,1.3 节阐述了欧盟电动汽车发展的设想方案,并分析了这两种方案的能源和气候影响;1.4 节审查了可能需要哪些政策驱动因素来促成突破性的设想,在技术创新体系(TIS)的角度来描述政策和技术所需的过程、驱动因素和发展;1.5 节总结了我们的结果和结论。

1.2 政策驱动因素、政策与目标

在整个欧盟和全球范围内,决策者对车辆电气化的兴趣与日俱增。大多数欧盟国家都提出了电动汽车的国家发展计划和目标。这种兴趣至少与 3 个政治选择有关。

第一个问题涉及减缓气候变化。在北欧国家中,2010 年乘用车总排放量中,丹麦占总排放量的 14.10%,芬兰为 11.15%,挪威为 12.31%,瑞典为 23.05%(见图 1.1)[4-9]。值得注意的是,仅看乘用车排放量占比,瑞典成为欧盟 27 国中的倒数第二差的国家。这在一定程度上源于瑞典其他部门的排放量占比相对较低。然而,它仍然表明,特别是在这一部门,瑞典仍然可以从缓解措施中收益很多。

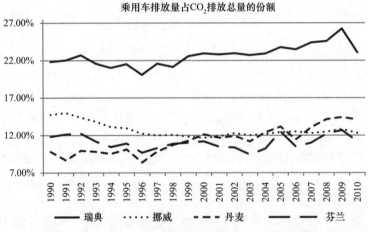

图 1.1 北欧国家中乘用车排放量在总排放量中所占的份额[4-9]

在大多数北欧国家中,乘用车在道路运输中的排放所占份额正在下降,而轻型和重型卡车的排放量正在增加(见图 1.2)[4-9]。然而,金融和经济危机也减少了其他道路运输方式的经济活动,使这些数字黯然失色。总体而言,长期趋势表明,一些运输工作在道路运输方式之间发生了转移,但也表明乘用车的环保性能正在快速提升。

单从数字来看,瑞典乘用车的 CO_2 排放量一直保持在相对较高但稳定的水平,目前已呈下降趋势的迹象。尽管其他北欧国家乘用车 CO_2 排放量的基数要低得多,但呈增长趋势。如果看乘用车的人均排放量,瑞典的下降趋势就会显得更加明显了[4-10]。挪威已经能够稳定其排放量，而丹麦几乎成功地做到了这一点。在金融和经济危机之前，芬兰处于明显的上升趋势（见图1.3）。

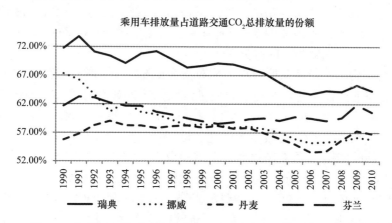

图1.2　北欧国家的乘用车在道路运输总排放量中所占的份额 [4-9]

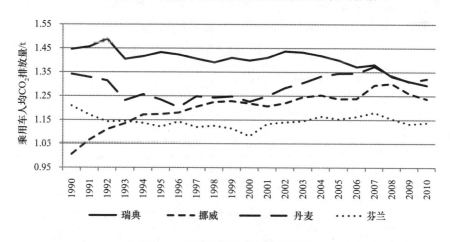

图1.3　乘用车人均总排放量 [4-10]

通常来说，根据已获批准的气候变化目标，需要迅速采取行动以减少乘用车排放。否则，以目前乘用车的环保性能可以推断出，在未来几十年内将不会看到碳中和的道路运输行业。数据还表明，尽管目前乘用车是我们面临的最大挑战，但如果想应对特定的增长趋势，我们在不久的将来也必须处理轻型和重型卡车问题（见图1.2）。

其次，政治优先考虑的是能源安全。总体而言，交通运输能耗约占能源消费的1/3。由于严重依赖化石燃料，运输业容易受到石油供应和油价变化的影响。汽车电气化是减少对进口化石燃料依赖的主要策略。

第三是创新、创造就业和经济增长[11]。汽车行业的全球竞争非常激烈，人们普遍认为，制造商需要在技术开发方面"遥遥领先"，只有这样才能与新兴的低成本企业竞争,尤其是来自亚洲的企业。在欧盟,这一担忧在 2006 年更广泛的"里斯本战略"的政治框架中得以体现。该战略提出将欧盟建设成为"以知识为基础的、世界上最具竞争力的经济体"[12]。欧洲汽车制造业是一个重要的行业,直接就业人数达 230 万人(占欧盟 27 国所有制造业就业的 7%),间接提供了 1200 多万个就业岗位(考虑到相关的服务等)。

在欧盟层面上,包括欧盟可再生能源指令重要政策,其目标是到 2020 年可再生能源在运输业内占 10%。通过燃料质量指令,到 2020 年必须将燃料的 CO_2 排放强度降低 6%。欧盟与 2012 年 12 月开始执行清洁车辆指令,政府采购汽车不仅要考虑能耗,也要考虑 CO_2 排放。2011 年,欧盟通过了下一个十年路线图,旨在减少对进口石油的依赖,并在 2050 年之前将运输业中的碳排放量减少 60%[14]。此外,欧盟车辆 CO_2 排放条例规定,到 2015 年必须满足 130 g/km(从 2012 年开始逐步实施),到 2020 年必须满足 95g/km 的要求[15-17]。此外,欧洲议会还提到了为 2025 年设定 75g/km CO_2 排放目标的可能性[18]。将这些数字融入本文,北欧国家新乘用车的平均 CO_2 排放量(g/km)如图 1.4 所示[19-21]。如图所示,瑞典和芬兰明显落后于挪威和丹麦。事实上,丹麦目前已经低于欧盟 2015 年的排放目标了。

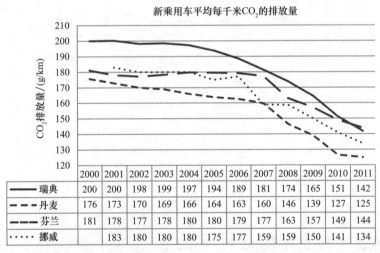

图 1.4 新乘用车平均每千米 CO_2 的排放量[19-21]

在全球范围内,包括欧盟,2008 年以来的经济危机削弱了汽车行业的消费。各国政府提供补贴、贷款和研发扶持,后者通常面向环保汽车。试点和示范项目往往是与私营企业合作,并与国际和欧洲层面上的大学、公共机构、电力行业和汽车制造业之间合作实施的。

欧盟许多国家都出台了税收优惠措施,如汽车 CO_2 排放税和汽车退税。然而,考虑到一整套措施,各国的税负水平却大不相同。Kley 等人发现,截至 2010 年,欧盟国家按中型汽车的总体激励措施分为 3 类[22,23]:

- 引领者（奖励 10000~28000 欧元：丹麦、挪威和比利时）；
- 追随者（奖励 4000~9000 欧元：荷兰、西班牙、英国、法国、瑞士和奥地利）；
- 落后者（奖励 3000 欧元左右：爱尔兰、希腊、意大利、德国、瑞典、波兰和芬兰）。

在北欧国家中，只有瑞典拥有重要的汽车制造业[24]。该行业在瑞典直接从业人员达 72000 人，占制造业就业总数的 10.7%（2009 年）；丹麦从业人员为 6331 人，占制造业就业总数的 1.6%（2008 年）；芬兰为 7509 人，占制造业就业总数的 1.9%（2009 年）；挪威为 3300 人，占制造业就业总数的 1.4%（2009 年）。尽管挪威和丹麦的汽车产业相对较小，但它们对推进电动汽车技术和创新体系有着浓厚的兴趣。

在电动汽车的市场引进方面，挪威目前处于领先地位。截至 2012 年 10 月底，挪威有 9212 辆电动汽车上路，这使得挪威在人均电动汽车方面成为最成功的国家之一[25]。相比之下，截至 2012 年 9 月底，在丹麦注册的 BEV 为 1320 辆；截至 2012 年 10 月底，在瑞典注册的 BEV 和 PHEV 为 1067 辆；截至 2012 年 6 月，在芬兰注册的 BEV 约为 60 辆[26,31]。然而，这些数字有些不可靠，因为有些来源包括私人直接进口的，而另一些来源则不包括。此外，一些来源考虑到四轮驱动，不被归类为乘用车，一些考虑到 PHEV/REV，而另一些不考虑。

下面，将更详细地介绍 4 个北欧国家的政策和目标。通过这一点，更好地了解现有政策，以及它们与上述政策驱动因素的比较。

1.2.1 芬兰

1. 目标

芬兰迄今尚未制定引进电动汽车的具体国家目标。然而，政府提出了一项气候和能源战略，其中两个目标是将交通运输业产生的温室气体排放量减少 15%，并在 2005 年至 2020 年期间将运输业的能源效率提高 9%[32]。政府还制定了 2050 年的愿景，即到 2030 年，汽车的直接 CO_2 排放量应达到 80~90g/km，到 2040 年达到 50~60g/km，到 2050 年达到 20~30g/km[33]。

2. 政策工具

车辆税改革始于 2008 年，最终应该让消费者在购买新车或二手车时，在税收层面上有更多的选择[34,35]。如今，登记税和年度车辆税都是以 CO_2 排放量为基础的。2008 年引入新登记税，2010 年引入新年度车辆税[36]。2012 年，对于 CO_2 排放量为 0g/km 的小汽车，其最低登记税水平已由 12.2% 降至 5%[34,35,37,38]。最高税率则从 48.8% 提高到 50%。总体而言，所传递的信息是，CO_2 排放量低于 110g/km 的汽车将获得比之前税制更低的登记税。对于购价为 30000 欧元的新 BEV，其登记税将由以前的 3660 欧元降低到 1500 欧元。年度车辆税里面的基本税也是基于 CO_2 排放量的，2012 年 4 月 1 日后基本税费每年可在 43~606 欧元之间波动[34]。

芬兰政府也将电动汽车视为芬兰的出口机会[39]。随后，2011年，芬兰国家技术创新局（TEKES）推出了一项为期5年的项目，旨在研究电动汽车和互联基础设施的概念[38,40]。该项目被称为电动汽车系统项目（EVE），也希望在芬兰围绕电动汽车打造一个强大的工业园区[41]。该投资组合中最大的项目是赫尔辛基电力交通试验台项目，该项目的目标包括在首都地区建立约850个充电桩，并在4年内可供400辆电动汽车充电[42-44]。其他重要项目包括国家电动汽车测试环境（EVE-LINA）[45]、生态城市生活[46]、建筑环境中电动汽车的智能基础设施（SIMBe，该项目始于2010年1月，由TEKES可持续社区项目提供资金）[47]和电池研究项目SINi[48]。

3. 工业地位

芬兰拥有经验丰富的电动汽车制造业，以维美德汽车公司（Valmet Automotive）为例，它主要为其他汽车品牌商制造电动汽车。例如，为菲斯科卡玛（Fisker Karma）制造REV跑车[49]。此外，在它破产之前，在同一家工厂又生产了Think汽车[50]。另一个芬兰电动汽车制造商是AMC汽车公司，其代表作为Sanifer[51]。芬兰也是一个很大的电池制造商所在地，被称为欧洲电池[52]。作为芬兰的主要公用事业公司，Fortum是北欧国家多个试点项目的一部分，是智能快速充电领域的首要推动发展动力[53,54]。

1.2.2 瑞典

1. 目标

瑞典政府已经确立了到2030年实现交通运输业"不依赖化石燃料"的愿景，但没有涉及PHEV/BEV渗透率的目标。行业协会提出了到2020年瑞典公路上行驶60万辆PHEV和BEV的愿景[55-57]。目前，2030年政府愿景并没有具体的路线图作为后盾，尽管政府最近决定制定这样的路线图[56]。同时，不同的行业组织制定了多种方案[58,59]。但这些目标存有在极大的可怀疑性和不确定性，就连政府官员也认为，在目前的体制条件下，到2020年，实际上只有2万~8.5万辆是PHEV和BEV是可实现的[55,60,61]。

2. 政策工具

瑞典已经实施了很多单独的政策措施，以看似技术中立的方式来推广环境友好型汽车。瑞典一揽子政策的主要部分以及围绕它的争论，都集中在新能源汽车的定义上。令人困惑的是，不同的定义依然存在，其来自不同的组织机构：道路运输法、所得税法和源于多个自治市自己的定义[62]。道路运输法主要取消了针对个人和企业组织使用新能源汽车的年度车辆税，并于2009年6月1日生效，为期5年（目前，新能源汽车的定义转化为CO_2排放量为120g/km，或采用每100km能耗为9.2L汽油、9.2m³天然气或37 kWh的电力当量的替代燃料驱动）。新能源汽车定义已于2013年初实施。

在2012、2013税收年度，由所得税法可预知源于员工驾驶但归公司所有的

BEV、PHEV 或生物质能汽车所征收的个人所得税将比同类平均车型低 40%。税收减少是在税收水平已经降低到平均车型之后进行的。但总之，总降税不能高于 16000 瑞典克朗[63]。酒精燃料汽车、HEV 和各种其他利用生物燃料的汽车只是降低到一个相对平均车型的税收水平，但没有进一步降低。2012 年，瑞典政府推出了一项新的 4 万瑞典克朗补贴，用于购买超级新能源汽车（CO_2 排放量低于 50 g/km）。预算将足以支撑约 5000 辆电动汽车[64,65]。2012 年 9 月底，已经达到了 2012 年的最高财政预算，即 2000 万瑞典克朗[66]。

此外，瑞典政府通常为大工业集团 [如沃尔沃（Volvo）、萨博（Saab）] 以及瑞典各地的几个试点项目（如马尔默、哥德堡、斯德哥尔摩、厄斯特松德、松兹瓦尔、赫尔辛堡）提供了研究资金[67-72]。这些资金由战略车辆研究和创新项目（FFI，由瑞典国家创新局资助的研究项目）或瑞典能源局（SEA）共同出资，并持有 25%~50% 的股份[61]。其他重要的激励措施包括由斯德哥尔摩市和瑞典大瀑布电力公司（Vattenfall）发起并由 SEA 提供部分资金的国家采购计划[73]。采购的目的是为公司和公共机构协调采购 6000 辆电动汽车。

为了引入电动汽车，瑞典进行了监管改革。自 2011 年 2 月起，城市可以为电动汽车在公共空间预留停车位[61,74]。但是，在停车费方面，不允许歧视不同类型的车辆[71]。为加快充电基础设施的部署，客户（如商场）连接外部充电基础设施不再需要向本地电网公司上交电网特许经营费[75-79]。

3. 工业地位

在瑞典，工业主要关注电力系统的研发或与之相关的方面。然而，沃尔沃即将两款汽车商业化，即 BEV 和 PHEV，后者由瑞典大瀑布电力公司共同出资研发。与沃尔沃类似，萨博也研发了 BEV，但由于公司濒临破产，这个项目的未来仍具有不确定性。EV Adapt 公司正在将传统汽车业务转换为 BEV。还有一家名为 Hybricon 的公司将销售电动公共汽车，还有一些公司活跃在电动汽车充电基础设施业务（如停车与充电、充电桩、易极充）中。此外，瑞典已经实施了一些示范工程，例如，公用事业一直是主要合作伙伴[53,81]。

1.2.3 丹麦

1. 目标

2009 年，丹麦议会通过了一项更清洁的运输系统公共政策[82]。丹麦新政府最近制定了在 2050 年之前逐步淘汰该国所有石油、煤炭和天然气发电项目的目标，并希望在 2020 年之前实现该国风电渗透率达到 50% 的目标[83,84]。

2. 政策工具

2015 年之前，电动汽车最主要的政策工具是注册费减免[85-87]。在 2011 年，丹麦乘用车的注册费为车辆购买价格的 105%，最高可达 79000 丹麦克朗（DKK），甚至高达汽车本身价格的 180%[88]，这使得税收减免成为非常有力的激励因素。另外，对汽车的年度税收也进行了改革，即以前该税收是根据汽车重量计算的，但现在是基于燃料经济性的。

根据政府的目标,丹麦交通运输部为节能运输的研究活动和示范项目创办了一个基金。第一轮最大单笔拨款给了"电动汽车测试"项目,在特定的时间段内300辆电动汽车提供给2400个家庭日常使用[89]。该项目的合作伙伴公司为Clever,测试有望揭示驾驶和充电模式以及与电动汽车的用户体验。另一个大型项目名为EDI-SON(在分布式和并网电力市场下使用可再生能源和开放式网络的电动汽车)。该项目以博恩霍尔姆岛为一个全面试验室,以研究电力市场解决方案、电网配置和电动汽车各类能源技术之间的相互作用[90]。博恩霍尔姆的市民也参与了"欧盟智能生态电网"项目,并且两个项目共享了试验数据[91]。除了博恩霍尔姆岛,哥本哈根市政府也作为了项目的主要参与者。这是因为哥本哈根和博恩霍尔姆一样,也是欧盟几个研究和示范项目的一部分。所有这些项目的关键还在于与丹麦多所大学(如丹麦科技大学)的合作,并且这些大学都是多个项目的一部分。

3. 工业地位

丹麦是正在发展电动出行新商业模式的国家之一。这类专门致力于电动汽车调度、服务系统和基础设施的公司被称为电动交通运营商(EMO)。丹麦的主要EMO包括Better Place Denmark(Better Place Global 集团控股,Dong Energy 集团持有少数股权)、ChoosEV(现称为Clever,由能源公司SE、SAES-NVE和汽车租赁公司SIXT共同出资所有)、CleanCharge和Clear Drive[92-95]。尤其,Better Place以其商业运营模式引起了全世界的广泛关注。该公司通过蓄电池交换站克服了电动汽车的接入问题。Clever公司引起世人关注的另一点归功于欧盟内部规模最大的BEV试验。到目前为止,在3年内有1600个丹麦家庭参加了试验[96, 97]。Clever公司正在建立一个全国性的充电网络,到2015年,在普通充电站之间的快速充电站达到350个。丹麦电动汽车联盟是丹麦电动汽车行业的一个协会,由丹麦能源协会于2009年成立。该联盟在充电基础设施方面启动了标准化和漫游项目,最近还制定了长期电动汽车战略[26]。其成员范围涵盖汽车行业的配电与公用事业公司到涉及汽车技术的研究机构和小型项目。

1.2.4 挪威

1. 目标

电动汽车网络elbil.no的目标是到2020年达到10万辆电动汽车。Energi Norge提出了一个更加宏大的企业愿景,即到2020年达到20万辆BEV和PHEV。政府如期发布了交通运输业的十年发展计划。最新的计划从2010年到2019年强调了交通运输业对环境的影响和限制温室气体排放的目标。目标是根据交通运输业目前发展的持续情况,在2020年将运输排放量限制在250万~400万吨CO_2当量范围内[98]。挪威还制定了到2020年实现所有销售的新车CO_2平均排放量达到85g/km的目标[99]。

2. 政策工具

为了实现其目标,挪威政府鼓励以各种方式购买电动汽车。这里值得注意的是，BEV目前免除登记税（有时也被称为一次性税或进口税）以及增值税（VAT），并有一个更低的年度税（内燃机汽车为10%~20%）[100]。并且，只要道路上行驶的电动汽车少于50000辆，那么这些措施将一直持续到2017年[101]。本届政府甚至初步计划这些措施至少要持续到2020年[102]。BEV在公共停车场被免除了停车费、道路费用或拥堵费、摆渡费（但驾驶员必须付费），并经常被允许在原本预留给公共交通的公交线路上行驶[99]。另外，在奥斯陆和其他地区，大多数公共充电桩可供BEV车主免费使用。

值得一提的是另一项措施为公共资金方案Transnova，该方案目前是为全国快速充电站提供资金的其他举措之一。该机构还资助旨在减少交通运输业温室气体排放的各种其他项目（例如试验或试点项目）。挪威研究理事会发起了一个名为RENERGI的资金方案，旨在确保能源基础设施包括交通运输方案的环境友好型和经济发展。

3. 工业地位

挪威一直是几家与EV相关的创业公司所在地，其中包括汽车制造商Think和Reva以及共享汽车公司MoveAbout。不巧的是，Think电动汽车公司在2011年最近一次破产后，尚未能重启生产。此外，挪威有数个与电动汽车相关的行业协会，并大力支持电动汽车进一步的发展。

1.2.5 北欧国家对比

从北欧总体来看，很明显，各国在努力推动电动汽车发展的方式上存在很大差异。最显著的是瑞典国内存在的巨大政策分歧，政府制定了到2030年交通运输业实现无化石燃料的目标，以及到2020年实现60万辆BEV和PHEV的企业愿景，但几乎没有政策提出怎样实现这一目标。与瑞典不同，芬兰并没有推广电动汽车，或只是较小程度上推广了电动汽车。芬兰把重点放在电动汽车研发、年度车辆税定义改革和示范工程上，但尚未与电动汽车的实际推广挂钩。然而，挪威和丹麦采取了更多的创业政策方法，积极支持新兴企业，同时给予车主慷慨的免税政策优惠，以便刺激市场。然而，考虑到汽车的更新速度缓慢，可以说，在所有国家街道上的电动汽车数量仍然落后于制定的宏伟目标。表1.1概述了4个国家在经济、监管和认知性/规范性方面的管理机制[103]。

表1.1 北欧国家的电动汽车政策框架

	芬兰	瑞典	丹麦	挪威
电动汽车目标（政府或企业）	无：没有相关政策	有：达到60万辆	无：没有相关政策	有：到2020年达到10~20万辆
目前已登记的BEV和PHEV	60	1000	1300	9200
经济因素				
免除增值税	无	无	无	仅BEV免除
登记税	依据CO_2排放量收取	无	BEV免收	BEV免收

（续）

	芬兰	瑞典	丹麦	挪威
年度汽车税改革	有	有	有	有
公务汽车使用税改革	—	有	—	有
直接补贴	无	对节能环保汽车有补贴	无	无
研究项目	有	有	有	有
示范项目	有	有	有	有
通行费、拥堵费、充电费、停车费、免税等	无	无	无	无
监管				
免费公共充电	一些组织机构允许免费充电	一些组织机构允许免费充电	一些组织机构允许免费充电	有
允许在公交车道行驶	无	无	无	无
优先停车	有	有	有	有
认知性/规范性				
信息传播的示范项目	有	有	有	有

一系列的政策措施导致北欧国家的电动汽车价格（以 2012 年 6 月汇率折算）的不同，图 1.5 中通过日产聆风纯电动汽车和节能柴油驱动的高尔夫蓝 1.6TDI 就证实了这一点。这一数字仅侧重于购买时的初始价格，因此不包括运营成本或收益。价格信息是从原始设备制造商（OEM）网站收集，然后结合北欧国家在销售点的政策得出的。可以清楚地看出，考虑到目前芬兰和瑞典的管理机制，纯电动汽车几乎没有竞争力。尽管纯电动汽车在运营成本上很受用户欢迎，但在合理的投资时限内仍很难缩小现有的价格差。

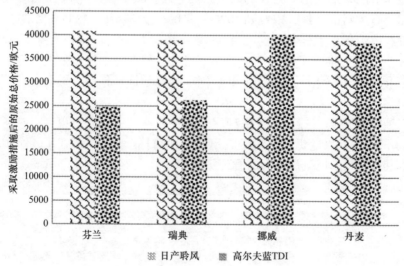

图 1.5 考虑到现有管理机制的电动汽车原始总价格比较

1.3 场景与环境影响评价

在现存电动汽车相关政策目标的基础上，本节将阐述两个简单的未来场景。

这两个场景的主要变量是 BEV 和 PHEV 的市场占有率。在文献综述中，这一变量取决于欧洲的现有市场占有率。显然，这一变量在报告和研究成果之间存在相当大的差异[1,104-107]。

从汽车年度市场销售份额来看，BEV 在 2020 年占比为 1%~12%，预计 2030 年占比为 11%~18%。同样，PHEV 和 REV 整体占比在 2020 年为 4%~8%，预计到 2030 年占比为 41%~66%。

从上路车辆统计数据来看，BEV 在 2020 年占比为 0~1%，预计 2030 年为 3%~7%。同样，PHEV 和 REV 的总体占比，在 2020 年为 0~1%，预计 2030 年为 15%~26%。

鉴于在方案研究中发现变量很多，我们决定主要考虑基于为欧盟委员会编写的现有研究报告的增量和突破性的场景[1]。因此，考虑到持续的之前的管理机制，我们会考虑电动汽车发展的增量成长场景。预计到 2030 年，这种增量增长假设为 PHEV、REV 和 BEV 的总销量将占 18%。该方案的假设如下所示：

- 电池改进缺乏实质性突破；
- 缺乏协调和长期的政策支持；
- 电动汽车只有有限的公众接受；
- ICE 技术将实现欧盟 2020 年的交通运输目标，这将减少原始设备制造商在不久的将来推动电动汽车发展的动力[107]。

另一方面，我们考虑电动汽车突破发展的场景，即到 2020~2030 年，其市场份额迅速增加。这一突破性设想假设到 2030 年，PHEV、REV 和 BEV 的总上路率将达到 33%。为了证实这一可能性，使用了以下一些重要的假设：

- BEV 中的锂离子电池的原始设备制造商（OEM）价格在 2020 年将继续下降到约 400 美元/kWh，到 2030 年将下跌至 150~200 美元/kWh[104,108,109]；
- 有强有力的协调和长期的政策支持；
- 在交通运输上有强有力的公众接受和行为变化[110]。

在这之前，我们将重点关注如何实现这些设想方案的政策，首先将重点放在所述市场接受率对环境的影响上。目前正在讨论的车辆电气化是实现交通环境友好的一种主要形式。当地可以有效避免氮氧化物（NO_x）和颗粒物的排放，而低碳电力可以减少对气候的影响。

在这里，我们将估计电动汽车各方案对温室气体排放的潜在影响。采用生命周期的观点，这意味着除了尾气排放外，还应考虑与汽车生产制造及维修有关的排放以及发电带来的温室气体排放。首先，我们计算 2030 年 3 种典型汽车的生命周期排放量。然后将这些结果与所有 PHEV（含 REV）和 EV 的交通运输份额结合起来，以估计 2030 年乘用车的大致排放变化。

汽车的 3 种类型分别为：根据新欧洲驾驶循环（NEDC），CO_2 排放量为 80g/km 的高效柴油车、电能最大行驶里程为 50km 的 PHEV 和最大行驶里程为 150km 的电动汽车。所有汽车都被假定为大众高尔夫的外形尺寸。表1.2列出了计算中的主要假设。

表1.2 用于计算生命周期排放量的主要假设

		参考文献
80g 柴油发动机汽车尾气排放	100 g/km	[111, 112]
汽油型 PHEV 尾气排放	85g/km	高速上行驶,排放量比现有丰田普锐斯低20%
PHEV 与纯电动汽车的耗电量	0.16 kWh/km	能耗比现有汽车低20%[112]
发电的碳排放强度	160g CO_2/kWh(敏感度分析中为 50g 和 600g CO_2/kWh)	[113]
油砂提炼燃油的碳排放强度	直接排放基础上增加40%	[114]
PHEV 以电动模式行驶的能耗份额	60%	[115]
柴油汽车和 PEFV 在其生命周期内的总行驶里程	20 万 km	[1]
纯电动汽车在其生命周期内的总行驶里程	15 万 km	[1]
汽车在其整个生命周期内制造及维修所产生的 CO_2 排放量	柴油汽车 3.3t PHEV 4.0t 纯电动汽车 4.8t	[112,116–119]

在计算中使用了2030年的边际排放,并分析了它对车辆的影响。从长远来看,需要同时考虑容量边际和运行边际。前者的形成是由于需要提前预测的电力需求增加,需增建新电厂而造成的。后者是鉴于电力需求增加,原有一整套固有发电厂的边际电源。这里使用 Sköldberg 和 Unger 研究的一种方案[113],即将气候政策与2℃的目标相结合。在该方案中,2009~2037年期间的碳平均边际排放强度为160g CO_2/kWh。由于碳排放强度是不确定的,还可使用另外两个级别进行灵敏度分析:50g CO_2/kWh 和 600g CO_2/kWh。同样,边际推理也适用于与化石柴油生产相关的排放。我们在直接排放量上增加40%,用于提炼源于加拿大油砂的柴油[114]。

关于车辆制造和维修产生的碳排放强度,所使用的主要假设见表1.2。假定到2030年,与2005年相比,每辆汽车的排放量减少40%。

图1.6显示了3种类型汽车的全寿命周期的碳排放强度。在碳排放强度为160g CO_2/kWh 时,电动汽车比柴油汽车效果更好,虽然在仅考虑尾气排放时其相对差值会变小。

然后,我们将这些结果与市场份额的两种方案结合起来:2030年电动汽车(BEV+PHEV+REV)上路率为18%的增量和2030年取得突破性增长的33%上路率。我们假设,2030年化石燃料非插电式汽车的平均碳排放强度(根据 NEDC)为110 g/km[120],相当于 212 g/km 的全寿命周期排放量。此外,我们假设乘用车的生物燃料占其总能耗的20%,与化石燃料相比,它们的温室气体排放量减少了70%。

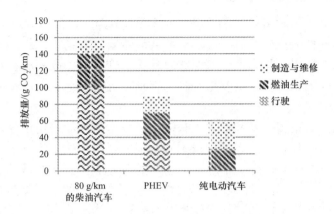

图 1.6　3 种类型汽车（外形尺寸大小均与大众高尔夫相同）计算出的 2030 年的全寿命周期排放量，其碳排放边际强度为 160g CO_2/kWh

由此产生的乘用车全寿命周期排放变化见表 1.3。以中等碳排放强度（160 g）可选方案为例，其碳减排量分别为 6% 和 13%。当碳排放强度非常低时，如 50g CO_2/kWh，其碳减排量为 7% 和 15%；而高碳排放强度（600g CO_2/kWh）时，温室气体的碳减排量则很小。碳排放强度的损益平衡点为 800g CO_2/kWh。也就是说，该碳排放强度下碳排放量不受外界因素影响。

表 1.3　2030 年不同电动汽车市场渗透率和不同发电类型 CO_2 排放强度下温室气体的减排量

	减排量（%）		
	50g CO_2/kWh	160g CO_2/kWh	600g CO_2/kWh
电动汽车上路率以 18% 渐增	7	6	2
电动汽车上路率以 33% 突增	15	13	5

在所有案例中都假定 PHEV 占比为 70%，纯电动汽车占比为 30%。这与大多数预测大体一致。例如，Kampman 等人假设插电式混合动力汽车占比为 80%[1]。

所有估计 2030 年新技术影响的尝试都涉及可接受的不确定性，这对于电动汽车来说尤其明显。本节所列出的电动汽车对碳排放可能带来的影响均是以其大小表示的。尽管到 2030 年，电动汽车可能会为减少交通运输碳排放做出重大贡献，但显然还需要进行许多其他改革措施以实现可持续的城市交通系统。例如，自行车和公共交通电气化将在城市交通中的能耗低于电动汽车，同时也有更大的效率提升空间。

1.4 BEV 和 PHEV 突破性进展的未来政策驱动

在现有电动汽车政策目标的基础上，本节将阐述一个通用的突破性方案，以实现电动汽车的大力推广。有了这一点，我们希望这有助于了解一个雄伟的电动汽车政策目标在政策工具方面到底意味着什么。在这样做的同时，我们收集了关于交通运输业政策工具研究的参考文献，特别是关于混合动力汽车或电动汽车的参考文献。

首先，在分析技术研发和技术更替时，从技术变革的进化角度来看是有价值的。从这样的角度来看，技术是在技术周期中发展起来的，而技术周期可以从挑战旧技术的新的"技术间断"开始[121]。新技术对旧技术提出挑战的时期也可以称为"技术动荡期"，在这个时期，围绕新技术会引发不同的设计方案和反应[121-123]。这些候选项也被称为不同的"技术轨迹"。最终，"技术动荡期"可能以一种新的主导设计方案结束，这种设计成为新的行业标准，它成为资源竞争中的唯一幸存者[121,123]。

然而，新技术也可能遭遇失败或挫折。值得注意的是，新技术的发展不一定是在短时间内完成的，这需要长期的政策扶持[124]。这可以从电动汽车在19世纪末首次引入的事实中得以证实[125]。另外，新技术的不连续性通常并不仅仅是挑战旧技术，其本身也有许多竞争对手。同时，旧技术具有很强的"帆船效应"，它可以在不断的挑战中提升自己[122]。总体而言，技术周期不能仅仅从技术本身的角度来看待，还必须考虑到整个社会的技术观点。其原因是，新的主导设计或技术体系的最终定义至少与标准和认知框架一样受到技术、市场、法律和社会因素的影响[121,123,126-128]。

进化论的观点也强调，技术通常会随着时间的推移而逐步发展，因为发展建立在前人的成果、想法和知识累积的基础上[126]。因此，技术通常是沿着针对系统优化的路径发展的，并参照当前的系统逻辑[126]。试图改变或影响这个方向会遇到各种阻力，并且会由于现有资产的沉没投资而困难重重[126,129]。这也可以证明加利福尼亚州的零排放车辆政策在20世纪90年代初所面临的巨大阻力。改变系统逻辑将是一项系统创新，它将以不同于当前社会技术系统的方式来满足某项社会功能[126]。更确切地说，它需要使用新技术、新市场、新知识、新联系、不同的规则和角色以及重大的组织变革，例如通过新的商业模式[53,126]。

系统创新根据罗杰斯提出的S曲线的4个不同扩散阶段来分析，即前期研发、起飞期、加速期和稳定期[126,130]。从技术成熟度水平的角度来看[131-133]，这些不同阶段会产生重要的政策影响。

技术和创新政策的一个重要辩论是政策应该是专门针对该技术的还是具有通用性[134]。这在很大程度上与培养变异和选择的进化观点有关[126]。从选择的角度来看，人们可以认为，技术需要具体的政策来直接干涉技术变革的动态过程，并试图开拓出一条更具吸引力的道路。如果人们试图在相对较短的时间内实现系统创新规模的变化，则这一点尤其必要。但是，这些需要根植于通用或"技术中立"政策中，这样就能够从研发的一系列技术候选项中进行选择[126]。这两种类型的政策各有优缺点，每种政策都会根据现有技术和技术的成熟度水平而有所不同[126,135]。然而，更重要的是，要给出一个长期且明确的观点作为企业和其他参与者进行投资决策的依据[126]。

为了纳入上述多层面的问题，目前采用TIS观点，该观点的优势在于从围绕技术的系统角度寻求创新。经合组织（OECD）、欧洲联盟委员会、联合国工业发展组织等主要机构以及北欧理事会和瑞典国家创新局等不同北欧机构均采用了TIS框架[132]。在参考文献中，TIS被定义为"在特定机构基础设施（如规范和监管）下，在特定技术领域互动的一个或多个代理网络，以生成、传播和利用技术"[131,136-138]。TIS的核心是一个由参与者、网络、机构和产品组成的系统结构[132,138,139]。除此之外，在过去的几年中还确定并修改了几个关键的系统流程[131,137,138]。最近的一个版本包括创业活动、知识发展和知识传播、积极的外部影响、资源调动、指南、创建市场、合法性和实体化。例如，决策者需要同时处理其中一些互动进程，以便加强、反馈机制或采取补充行动。此外，即使目前许多供应链是全球性的，但也不能将这些进程与TIS的系统结构和空间位置相脱离。这些进程根据"S曲线"的不同阶段情况，在现阶段很大程度上有利于技术发展阶段。

从我们选择的国家来看，挪威和丹麦很有可能处于他们国家电动汽车TIS的不同发展阶段，例如，在瑞典和芬兰，TIS仍然面临来自ICE周边现有TIS的阻力。在设置了这些分析类别后，下一节将列出潜在的支持电动汽车TIS的政策选项。以下将主要重点放在上述提及的系统流程上。

1.4.1 创业活动

挪威和丹麦都有几家公司作为电动汽车原始设备制造商（OEM），或以出行服务的商业模式提供电动汽车相关服务。在电动汽车OEM的情况下，一些诸如Think的新兴电动汽车制造商经营业绩好坏参半，这在一定程度上源于汽车行业有很高的行业进入壁垒[122]。其他创业公司，如Better Place、Clever与Move-About，经营业绩也逐渐有起色。总之，企业家必须对资源（而不仅仅是货币）和知识（创业过程、律师、营销等）了如指掌[140,141]。这将有助于创业者减轻在成为企业家过程中和离开一份稳定工作所涉及的真实风险或感知风险[142]。因此，设计创新政策工具不应仅考虑到已知和既定的行为者，还必须考虑到尚不存在的行为者或规模太小且无法组织引来投资的行为者[81]。

在取得突破性的方案下处理已有的行为者和技术时，克服固有的路径依赖关系至关重要[128,142]。这使得企业家成为挑战现有技术轨迹的关键敲门砖，支持企业家和在职者的政策（例如研发支持）之间需要有良好的平衡[142]。此外，在技术发展的早期阶段，如电动汽车和锂电池，创业者和企业家对围绕新技术选择进行的试验和探索将新知识商业化的途径至关重要[11,143,144]。

新技术如果没有商业化或未找到有效的商业模式，它将没有任何价值[145-147]。这一现象在重商主义的国家特别值得注意，例如在瑞典的历史上曾得以体现[148-150]。建立创业环境本质上也是一个需要耐心的长期过程，就像找到一个有效的商业模式可能需要几年时间一样[11,150]。因此，对这一系统过程提出了一些突破性建议，其中包括：

- 将创业型企业纳入现有的政府资助的研发、试点和示范项目中。
- 为新的商业投资者提供资金和贷款。
- 产业孵化基地、公共办公空间、公共测试设施（如瑞典的 Innovatum 或 TSS）应在合理的情况下得到更直接的支持和增加数量[151]。
- 对一些企业家来说，法律和商业发展支持也许比财政支持更重要，因为他们可能缺乏必要的商业技能和网络资本。
- 如果电动汽车行业缺乏启动资金，最初与政府资金相匹配的风险投资基金可能会让人感兴趣[11]。在以色列和新西兰等国家，为了获得投资者的兴趣，减少了与高科技创业相关的一些风险，这一做法已经成功实施。
- 对受支持的企业家进行有效评价，其方式与风险投资家的做法大同小异。

1.4.2　知识发展和知识传播

大学、科研机构、试点项目和示范项目对于在早期 TIS 阶段建立知识库至关重要。在全球范围内，公共资助的 EV 和 PHEV 研究、开发和示范支出从 2003 年的 2.65 亿美元增加到 2010 年的 16 亿美元[152]。有几个全欧洲范围内的此类方案，例如由欧洲投资银行和欧盟第七框架计划（FP7）资助，以及几个国家间的区域合作项目[1]。此外，在北欧国家范围内，有几个公私合作试点和示范项目，有些项目仍在进行中。由于在电池研发或商业模式等方面仍需科研攻关，因此至少在今后 5~10 年内仍需继续开展此类项目[152]。

此外，通过研究和示范项目建立的网络可以帮助建立一个国家知识库或北欧知识库[61]。反过来这又有助于建立研究、发展和示范合作伙伴关系，工业合作伙伴投资和良好实践交流。

1.4.3　积极的外部影响

通过发展知识库和知识网络、支持企业家及类似措施，创造了产业内部和行业之间出现知识溢出效应的机会[141,153]。企业家可以抓住这些机会，并以新的方式将这些知识结合起来。反过来，这又可以培育积极的反馈周期，并有助于行业和经济增长。此外，这些反馈将迫使现有企业家重新考虑自己在行业及其价值链中的战略地位[149]。创造不能完全由专利覆盖的积极外部因素，也是政府为创业和示范项目提供配套资金和补贴的理由。

1.4.4　资源调动

研发电动汽车动力传动系统和基础设施通常会得到政府的支持。企业拥有公共研究项目,在这一领域进行的25%~50%的研究工作都可得到赞助,积极鼓励OEM投资于动力传动系统或电池研发[2]。相关企业已做出类似的努力,为其他试点和示范项目提供配套资金。

同样有趣的是,就瑞典而言,企业之间建立了合作伙伴关系,以推动PHEV技术发展并使其商业化[53]。在这种情况下,沃尔沃和大瀑布电力集团共同出资开发,使大瀑布电力集团成为为数不多的直接投资电动汽车技术的公用事业公司之一[154]。一个有趣的选择是,用更大力度支持一般的风险投资基金,或者启动新的基金。在这种基金中,公共基金只会在一开始才被用来吸引更多的投资者加入该基金。鉴于金融危机的持续后果和区域中小企业严重依赖传统银行贷款,这一点会特别重要[140]。在瑞典,事实表明,从更多区域的大学研究中产生附带利益是一个普遍的问题,特别是知识密集型中小企业[140]。

1.4.5 指南

在全球范围内,确实有关于电动汽车的若干个国家发展计划和路线图。如果能实现所有目标,那么到2020年将销售700万辆PHEV和EV[155]。到目前为止,电动汽车OEM的生产能力并未达到这些目标所需的水平[155]。总体而言,需要有国家和区域间的路线图与协调,具体说明某个国家或北欧背景下的目标。区域和地方当局需要将这些国家目标转化为具体的地方目标。

除了国家路线图外,新技术的一个重要问题是标准化。另一方面,这限制了企业家试验新技术,也成为一道行业准入壁垒。然而,通用插头和充电标准也是电动汽车进一步突破的关键因素,因为不同的标准会不利于技术创新发展[156]。在这一领域,也许一个共同的北欧标准将是进一步拓宽市场的良好开端。

同样,有必要改革欧盟目前的燃料标准,因为替代燃料的日益增多会让客户摸不着头脑。因此,需要统一的核算和评估方法,以了解与其他技术相比,电动汽车所需能源由油井到车轮全过程的碳排放量[1]。同样,可以使用共同的效率或能源消费标准。对车辆排放平均性能的更严厉规定将迫使汽车制造商将电动汽车推向市场,或许可以通过传统车辆来补贴新的电动汽车。因此,在共同标签计划中使用这些标准将是下一步,不仅要降低每千米CO_2的排放量,而且还可以降低每千米的油耗成本[18,157]。在处理新技术时,最重要的是创造一个长期的政策环境,降低风险,管理公司和投资者的期望[18,81,142]。

1.4.6 创建市场

如图1.5所示,中型电动汽车的初始投资仍远高于中等规模内燃机(ICE)汽车的平均投资。与传统的ICE相比,电动汽车技术的初始投资成本较高,这表明,目前创建市场仍然是技术创新体系的一个关键障碍,政策框架必须包括大量长期和短期的降低初始成本的经济激励措施。

最近的研究重点聚焦于车主总成本和学习曲线,研究表明如果没有强有力的政策支持，可能需要几年甚至几十年的时间，PHEV和BEV市场占有率才能与HEV或ICE势均力敌[158-163]。然而，这些研究大多在德国、荷兰、美国和日本等国家进行，或采用了欧盟的平均水平，这导致与挪威或丹麦这样的高登记税相比，普通汽车车主的初始税收水平较低。此外，在电池价格、电池密度、电池技术的选择以及未来的电力和石油价格方面，这类研究也存在一些固有的不确定性。此外，在这些研究中，电动汽车的运营成本优势，例如，燃料成本降低、维护成本降低和保险费降低等，更加难以实现。因此，电动汽车车主的一个重要方面被忽视了[2]。在这种背景下，一个主要问题是，客户不愿意考虑较长时间内的总体拥有成本，而通常期望在3~5年内获得回报[2,18,155]。

从理论上讲，所需的经济激励可以在购买之前、期间或之后给予，可以设计为一次性或重复付款，并且可以是技术中立的或技术特定化的[22]。最近，欧洲各国实施了若干经济激励措施，其中包括销售价格减税、购买后减税、纯补贴、报废计划、综合税制系统、降低年度车辆税、降低登记税、增加化石燃料税、差异化的拥堵费和停车费，联合采购或公共采购，安装充电基础设施的补贴，OEM配额或CO_2证书[1,2,22]。

一些参考文献表明，在这些激励措施中，如果在购买时直接对客户减税而不是对汽车经销商发放补贴，这样比其他方式更有效、更实际、更受欢迎[17,22,164,165]。例如，在挪威和丹麦部分区域减少登记税和增值税。同样，直接补贴而不是减税也受到了客户的重视，但实用性在很大程度上取决于所使用的系统。综合税制或补贴系统也被客户所接受，但其成功很大程度上取决于系统的设置方式[17,157]。例如，如果综合税制系统是阶跃式建立的而不是作为渐进线性系统建立的，则将错过重要的改进可能性[18]。同样，综合税制系统的枢轴点应该足够低。然而，总体问题在于，这类激励措施也可能有利于社会中的高收入群体，他们能够购买更昂贵的环保汽车[165-167]。然而，如果因气候原因，当务之急是增加电动汽车的市场份额，那么免费搭便车现象可能是一个必要的风险。

购买电动汽车后抵扣个人所得税或降低年度车辆税后的退税对于吸引客户效果较差或不太实际[22]。造成这种情况的原因之一是，消费者对运行成本的考虑较少，并且大多数国家的年度车辆税相对较低。然而与燃料税相关的天然气价格对于混合动力汽车的销售有着很大的影响，美国就是典型案例[165]。通过对更高的燃油税进行建模，还显示出这会增加HEV和BEV的份额，以及减少或至少稳定汽车的数量[168]。基于CO_2的燃料税和年度车辆税都取得了一些成功[169]。

对拥堵费、公路和轮渡费、道路收费和停车费给予免除或减少，也被证明是一种有用的经济手段，例如在伦敦、斯德哥尔摩和挪威的主要城市的情况[1,170]。

根据严格的气候目标，可以考虑一次性报废计划以加快更换目前的燃油车辆（报废更换）[17,18]。对于瑞典这可能是必要的，因为在瑞典几乎50%的车辆尾气排放是由10年及以上车龄的汽车造成的[17,171]。最近对报废计划的审查显示，总体

第1章 汽车电气化：两种方案下的政策驱动及影响

而言，旧车将被替换为排量小且更省油的车辆[167]。然而，必须考虑汽车在其他生命周期的碳排放[17]。因此，有必要确保报废计划的主要条件之一是，只有高性能的环保汽车被用作替代品（例如，符合瑞典超级环保汽车定义的汽车）。

一般来说，意识到与运输有关的经济手段的相互作用非常重要。如果将这些经济手段结合起来，可能会产生很好的效果，进而对消费者的消费意愿产生重大影响[172]。例如，提高基于 CO_2 的燃料税和年度车辆税，当分别实施时对购买意愿会产生很大的影响。此外，这些经济工具的短期效应和长期效应也会有所不同。

所采用的经济手段应根据学习曲线进行调整或修订，例如在电池研发方面。决策者需要密切监测成本和技术发展，并在规模效应产生过程中相应地调整政策计划[1,2]。应该说，在电动汽车达到一定的市场份额或电池价格达到一定的政策目标后，这些经济手段就会逐步被淘汰。此外，补贴在客运总量增加的情况下会产生反弹效应。然而，如前所述，这可以通过道路收费和类似的手段来调节[1]。还有一项研究表明，反弹效应并不像通常建议的那样显著，它也受到时间等因素的限制，至少在交通运输业是这样[18]。在技术发展的所有4个简化阶段，政府出台政策都应考虑到这类车辆的潜在市场。这将产生一个问题，即为哪个特定市场制定政策。这与公司根据客户或市场区分其业务模式的方式大致相同[142,173]。此外，电动汽车示例包括私人客户、公共实体、拥有车队和汽车合用的组织以及汽车租赁公司的不同情况。这种差别在像瑞典这样的国家尤其重要，其国内公车占新车销量的50%以上。因此，为电动汽车创建市场的另一个重要组成部分是各类公共或联合采购举措。在这里，斯德哥尔摩的采购计划可以作为一个例子，它发起了6000辆电动汽车的联合采购提议[73]。

根据收集到的信息，我们的结论是，在一个试图实现宏远目标的突破性设想中，可以采用以下方法：

- 与其他环保汽车一样，PHEV 和 BEV 可以从减免增值税中受益。这将使处于早期市场阶段的技术在初始价格方面接近现有技术。减免增值税是引进新汽车技术的有效手段。

- 与增值税减免不同，综合税制系统有着宏伟的目标，例如在5~10年的时间内将 CO_2 排放量由95g/km逐步降低为50g/km是很有效的候选方案[17]。使用这一政策对政府来说是一个更经济划算的选择，因为它有税收中性的潜在特性。此外，它技术中立，并提供了长期的投资环境。

- 为超过10年的汽车制定报废计划，以加快更换现有车辆。根据从油井到车轮的计算，新车至少应达到50g/km的 CO_2 排放量（这与瑞典目前的超级环保汽车退税的标准一致）或类似的门槛。为了避免免费搭乘，应建立一些先决条件。激励不应该主要体现在货币方面，而应该是对现有的综合税制系统的补充（金融危机后的特别补贴大约是3000欧元）[167]。旧车报废计划还可用于通过对自行车、火车或公共交通财政补贴来支持其他低 CO_2 排放量的交通运输方式。这也将有助于减小车辆规模。同样，还必须评估是否有可能用新技术来更新旧车。瑞典的 EV Adapt 就是一家提供此类服务的公司。

- 尽管政治上接受较少，但增加燃油税和年度车辆税（基于燃料的 CO_2 排放量）还是有效的。这还可以包括最低价格标签，以便企业家可以获取其商业模式的最低汽油价格。这样的价格应该逐步上涨。
- 在主要城市引入拥堵费，也可反映汽车生命周期中的 CO_2 排放量，这是改善城市当地环境条件的有效机制，但也提供了缓解反弹效应的选择。
- 在油井到车轮的生命周期内，采用基于以良好的车轮生命周期为基础，显示每千米成本和每千米 CO_2 排放量的强制性标签计划是对现有标签计划的改进。一项以瑞士混合动力汽车销售为重点的研究表明，标签计划会影响汽车采购决策[157]。
- 如果实施更高的燃油税和其他上述奖励措施，则应降低低收入群体的税收（例如所得税），以免对社会中的弱势群体造成不成比例的利益损害。

1.4.7 合法性

可以说，就技术轨迹而言，公众的接受程度和合法性仍然是巨大的问题，因为考虑到现有的技术性能，关于电动汽车能否实现某些目标的误解和错误信息都是很普遍的。这就需要开展更多的宣传活动，进而让公众接触新技术，如在试验项目中。

这方面的一个普遍问题是，大多数客户在购买车辆时不考虑总拥有成本[2]。因此，政府应通过引入考虑到总拥有成本的明确标签来指导客户。

此外，交通电气化在很大程度上依赖于电力部门的去碳化策略[174,175]。只有这样，才能使它具有长期的合法性和接受程度。支持 PHEV 和 BEV 技术的突破只能是交通运输业实现气候目标所需的若干措施之一。其中一个重要的因素是也需要其他交通方式和模式的支持，以及行为的改变[110,176]。

1.4.8 实体化

实体化涉及物理产品、工厂和基础设施的开发[153,177]。在这方面，关键要素还包括示范项目、试点项目和研发方案，这些项目和方案为发展所需的物理基础设施提供了配套资金。此外，还需要进行机构调整，以促进 PHEV 和 BEV 充电基础设施的配套发展。

1.5 结果与总结

纵观北欧国家目前的政策措施和目标，有趣的是，瑞典作为拥有最大汽车制造业且确立绿色运输目标的国家，并没有最积极地采用 BEV/PHEV 技术。相反，挪威和丹麦等国家正在引领政策发展，也是该地区一些最具创新性的商业模式的发源地。这似乎加强了政策、工业和社会技术系统其他部分固有的路径依赖的观点[127-129]。瑞典的工业,虽致力于动力系统电气化,但对技术商业化的准确时机一直保持谨慎态度[178]。造成这种情况的部分原因是,创建新的车辆平台需要大量投资,然而在现有车辆平台上却收到关于长期资助机制和沉没投资的矛盾政策信号。

同样明显的是,在电动汽车部署方面最成功的是挪威,其是使用全套治理机制(经济、法律和认知/标准)的国家,并在2017年之前这一政策框架一直得到保障[103]。丹麦和挪威之间的差异更加明显,这两个国家在初始投资方面都有非常强大的经济激励,如图1.5所示。然而,挪威通过现有的运营性经济激励措施和监管措施,为电动汽车的日常使用提供了更多的便利。这在有利的初始投资激励基础上节省了运营时间和成本。丹麦可能还没有像最初预期的那样拥有较高的电动汽车销量,但它已经做了重要的基础工作,特别是在充电基础设施、认知先决条件(欧洲最大的电动汽车试验项目)和初始投资方面的激励。在现阶段,芬兰尚未将电动汽车部署列为优先事项,尽管它拥有必要的工业基础,并且参与了其他国家(包括其他北欧国家)的电动汽车技术创新系统。

纵观本文场景对环境的影响所进行的生命周期分析表明,到2030年,与没有任何电动汽车的参考场景相比,含电动汽车的场景温室气体排放量可能会减少15%。本章提出的估计数据可以被视为电动汽车排放量的影响程度。尽管到2030年电动汽车可能会对减排做出重大贡献,但显然还需要进行许多其他变革,以实现可持续的城市交通系统。例如,城市需要增加自行车和电气化公共交通工具的市场占用率。这些交通方式比电动汽车更为节能,空间利用率也更高。

为了实现交通运输部门现有的气候目标,本章为BEV/PHEV提出了一些一般性的突破性政策建议。为了执行这些政策,一些北欧国家不得不从路径依赖、政策渐进式变化转向创业政策。这包括支持OEM方面的初创人和在职者,但也包括考虑到S曲线的TIS不同发展阶段明确的长期与短期政策库。在这方面,似乎谨慎的做法是,还要区分干扰初始采购决策的管理机制和侧重于电动汽车日常运营使用的机制。

为了加快发展,各国政府执行综合税制系统似乎是及时、有效和经济的。该系统的核心是最迟于2020年将CO_2排放强度由95g/km逐步降低为50g/km。最重要的是,报废计划令人感兴趣,它可以加快车辆的更新。但这应该在符合CO_2排放强度要求下进行,例如50g/km的CO_2排放要求,这符合瑞典超级环保汽车的激励措施。该计划也可以用来获得公共交通使用、火车出行、旧车技术升级改造或购买自行车的凭证,而不是用旧车换新车。虽然综合税制系统将是长期的技术中立政策信号,但电动汽车也很有可能还需要短期至中期的专门政策激励,比如直接补贴。为了补充经济手段和提高对汽车总拥有成本的认识,应该强制推行标签计划(应提供CO_2排放强度和每千米估计费用的信息)。

致谢

本章是在 NORSTRAT（北欧电力路线图 2050：实现碳中和的战略选择）的支持下得以完成的。这是一个为期 4 年的项目，由北欧能源研究院提供资金，该项目是"可持续能源系统 2050"大研究项目中的一部分。

参考文献

[1] B. Kampman, H. van Essen, W. Braat, M. Gruenig, R. Kantamaneni and E. Gabel (2011) Impact analysis for market uptake scenarios and policy implications, CE Delft, Delft, April.

[2] B. Kampman, W. Braat, H. van Essen and D. Gopalakrishnan (2011) Economic analysis and business models, CE Delft, Delft, April.

[3] K. Yabe, Y. Shinoda, T. Seki, H. Tanaka and A. Akisawa (2012) Market penetration speed and effects on CO_2 reduction of electric vehicles and plug-in hybrid electric vehicles in Japan. *Energy Policy*, 45, 529–540.

[4] EEA (2010) Emissions share by sector in EU27, 2010. European Environmental Agency.

[5] SSB (2012), Tabell: 08940: Klimagasser, etter kilde, energiprodukt og komponent, http://statbank.ssb.no/statistikkbanken/selectvarval/Define.asp?MainTable=UtslippKlimaEkvAktN&SubjectCode=01&ProductId=01.04&nvl=True&mt=0&pm=y&PLanguage=0&nyTmpVar=true (accessed 21 November 2012).

[6] Statistics Finland (2011), Greenhouse Gas Emissions in Finland. 1990–2009. Draft. National Inventory Report under the UNFCCC and the Kyoto Protocol. Submission to the European Union, January.

[7] Trafikverket (2011) Ökade utsläpp från vägtrafiken trots rekordartad energieffektivisering av nya bilar, February.

[8] M. Winther (2012) Danish emission inventories for road transport and other mobile sources. Inventories until the year 2010. Aarhus University, Department of Environmental Science, Danish Centre for Environment and Energy, 24 August.

[9] VTT (2012) *Road traffic emissions and energy consumption in Finland*, VTT Technical Research Centre of Finland, May.

[10] Eurostat (2012), Population data, http://appsso.eurostat.ec.europa.eu/nui/show.do (accessed 29 November 2012).

[11] J. Lerner (2010) The future of public efforts to boost entrepreneurship and venture capital. *Small Business Economics*, 35 (3), 255–264.

[12] European Commission (2007) The Lisbon Treaty, 13 December.

[13] ACEA (2008) Key figures, http://www.acea.be/index.php/news/news_detail/economic_turmoil_hits_vehicle_makers_hard/ (accessed 10 July 2012).

[14] European Commission (2011) Transport: White paper 2011, http://ec.europa.eu/transport/strategies/2011_white_paper_en.htm (accessed 10 July 2012).

[15] F. Creutzig, E. McGlynn, J. Minx and O. Edenhofer (2011) Climate policies for road transport revisited (I): evaluation of the current framework. *Energy Policy*, 39 (5), 2396–2406.

[16] B. Lewis (2012) EU car CO_2 proposals well-tuned-car parts chief. *Reuters*, 14 June.

[17] F. Nemry, K. Vanherle, W. Zimmer et al. (2009) Feebate and scrappage policy instruments. Environmental and economic impacts for the EU27. European Commission, Joint Research Centre, Instute for Prospective Technological Studies, Luxembourg:, Office for Official Publications of the European Communities, EUR 23896 EN.

[18] P. Kågesson (2010) Med klimatet i tankarna – styrmedel för energieffektiva bilar, Expertgrupp för miljöstudier. Finansdepartementet, Regeringskansliet., Rapport till Expertgruppen för miljöstudier 2011:1, December.

[19] EEA (2012) CO_2 emissions from new passenger cars, http://www.eea.europa.eu/data-and-maps/data/CO2-cars-emission.

[20] EEA (2012) CO_2 emissions from new passenger cars. Monitoring Report.

[21] Eurostat (2012) CO_2 emissions from new passenger cars, http://epp.eurostat.ec.europa.eu/tgm/table.do?tab=table&init=1&plugin=1&language=en&pcode=tsdtr450.

[22] F. Kley, M. Wietschel and D. Dallinger (2010) Evaluation of European electric vehicle support schemes, Fraunhofer Institute for Systems and Innovation Research (ISI), Working Papers S7/2010.

[23] F. Kley, M. Wietschel and D. Dallinger (2012) Evaluation of European electric vehicle support schemes, in *Paving the Road to Sustainable Transport: Governance and Innovation in Low-Carbon Vehicles* (eds M.

第1章 汽车电气化：两种方案下的政策驱动及影响

Nilsson, K. Hillman, A. Rickne and T. Magnusson), Routledge.

[24] Eurostat (2012) Annual detailed enterprise statistics for industry (NACE Rev.2 B-E), 25 June.

[25] Grønn Bil (2012), Ladbare biler i Norge, http://gronnbil.no/elbiluniverset/kart.php#zoom=4&tr=72.14173187 862764,56.444476074218755&bl=55.70293210778397,-30.567242675781245&m=1&regamp;=0 (accessed 15 February 2012).

[26] Dansk Elbil Alliance (2012) E-mobilitet køreplan 2020. En segmenteret markedstilgang er nøglen til at få igangsat en effektiv udbredelse af elbiler, November.

[27] easycharge (2012) Statistik – ELIS, 1 November, http://www.easycharge.se/tj%C3%A4nster/statistik-elis-11315525 (accessed 24 November 2012).

[28] B. Godske (2012) Hvor mange elbiler er der i Danmark i 2020?, *Motorbloggen | Ingeniøren*, 12 March.

[29] hbl.fi (2012) Endast 20 elbilar sålda i Finland i år, *Hbl.fi*, 20 June.

[30] Helsingborg stad (2012) Årets elbilskommun utmanar regeringen, *Mynewsdesk*, 5 July.

[31] S. Nordgren (2012) Elbil inte alternativ nummer ett, *svenska.yle.fi*, 5 March.

[32] Finnish Transport Agency (2011) Transport conditions 2035, February.

[33] Finish Government (2009) Government Foresight Report on Long-term Climate and Energy Policy: Towards a Low-Carbon Finland, November.

[34] Finansministeriet (2011) Skatteuppgörelser i budgetpropositionen för 2012, October.

[35] Finansministeriet (2011) Ändringar inom finansministeriets verksamhetsområde som träder i kraft vid årsskiftet, December.

[36] M. Kosk (2010) Utsläppsfria bilar bör gynnas, *Hbl.fi | Finlands ledande nyhetssajt på svenska*, 2 March.

[37] Finansministeriet (2012) Ändringen av bilskattelagen träder i kraft den 1 april 2012, March.

[38] C.-G. Lindén (2011) Elbilarna strömmar till, men långsamt, *Hbl.fi | Finlands ledande nyhetssajt på svenska*, 31 December.

[39] FMEE (2009) Electric vehicle report, Finish Ministry of Employment and the Economy.

[40] Tekes (2011) EVE Brochure, June.

[41] Tekes (2012) EVE – Electric Vehicle Systems 2011–2015, http://www.tekes.fi/programmes/EVE (accessed 16 April 2012).

[42] electrictraffic.fi (2012) Electric Traffic Helsinki Test Bed, http://sahkoinenliikenne.fi/ (accessed 18 April 2012).

[43] H.H. Kvisle (2012) Finland i elbilfarta, 16 February, http://www.elbil.no/politikk/603-finland-i-elbilfarta (Accessed 19 April 2012).

[44] yle Nyheter (2012) Elbil inte alternativ nummer ett, *yle Nyheter*, 5 March.

[45] www.evelina.fi (2012) EVELINA – National Test Environment for Electric Vehicles, http://www.evelina.fi/ (accessed 18-April 2012).

[46] eco-urbanliving.com (2012) Eco Urban Living Initative, http://www.eco-urbanliving.com/index.php/about-us.html (accessed 18 April 2012).

[47] Tekes (2011) Sustainable community 2007–2012, http://www.tekes.fi/programmes/Yhdyskunta (accessed 18 April 2012).

[48] Aalto University (2012) Elbilstrenden i Finland börjar med batterier, 2 April, http://chem.aalto.fi/sv/current/news/view/2012-04-02/ (accessed 17 April 2012).

[49] E. Mellgren (2010) Finland tar täten i elbilsracet, *NyTeknik*, 21 April.

[50] L.A. Karlberg (2010) Valmet, Nokia och Fortum lanserar finska elbilen EVA, *NyTeknik*, 3 March.

[51] D. Kronqvist (2011) Det ljusnar för finländsk elbil, *Hbl.fi | Finlands ledande nyhetssajt på svenska*, 5 May.

[52] J. Hållén (2010) Finland inviger toppmodern batterifabrik, *NyTeknik*, 11 June.

[53] M. Albrecht (2011) Electromobility in Sweden – towards a new dominant business model design? A perspective looking through the eyes of utilities active on the Swedish market, Lund University.

[54] Infrastrukturnyheter (2011) Fortum i storsatsning på elbilar | Infrastrukturnyheter.se, 2 September.

[55] Elforsk, TSS and Power Circle (2010) Förslag till Nationellt Program för Utvärdering av Elfordon och Laddningsinfrastruktur, July.

[56] A.-K. Hatt (2012) Fossilfria transporter – vägen till ett långsiktigt hållbart samhälle. Swedish Government, 21 March.

[57] Power Circle, ElForsk and Test Site Sweden (2009) Gör Sverige Till En Ledande Elbilsnation.

[58] H. Sköldberg, E. Löfblad, D. Holmström *et al.* (2010) Ett fossilbränsleoberoende transportsystem år 2030, Elforsk & Svensk Energi, May.

[59] Svensk Energi (2011) En fossiloberoende transportsektor år 2030 – hur går vägen dit?, September.

[60] Energimyndigheten (2009) Knowledge base for the market in electric vehicles and plug-in hybrids.

[61] A. Lewald (2011) Interview with Swedish Energy Agency.
[62] Miljofordon (2012) Vad är miljöfordon?, http://www.miljofordon.se/fordon/vad-ar-miljobil (accessed 29 January 2012).
[63] Skatteverket (2012) Information om bilförmånsberäkning 2012 och 2013, http://www.skatteverket.se/privat/etjanster/bilformansberakning/2012/info2012.4.71004e4c133e23bf6db80008894.html (accessed 19 April 2012).
[64] Swedish Government (2011) Regeringen inför supermiljöbilspremien, http://www.regeringen.se/sb/d/8756/a/174478 (accessed 29 January 2012).
[65] Swedish Government (2011) Regeringen satsar 200 miljoner kronor på supermiljöbilspremien, http://www.regeringen.se/sb/d/15436/a/183400 (accessed 29 January 2012).
[66] SvD (2012) Populär supermiljöbil tömmer statens premiekassa, *SvD*, 22 October.
[67] P. Lundgren (2011) Interview with Öresundskraft.
[68] Malmö City (2009) Malmö Plug-in City, http://www.malmo.se/Medborgare/Miljo--hallbarhet/Miljoarbetet-i-Malmo-stad/Projekt--natverk/Projekt/Elfordon/Plug-in-City.html.
[69] Malmö City (2009) E-mobility Project, http://www.malmo.se/Medborgare/Miljo--hallbarhet/Miljoarbetet-i-Malmo-stad/Projekt--natverk/Projekt/Elfordon/E-mobility.html.
[70] Stockholm City (2009) MobilEl. En demonstration av laddhybrider i Stockholm.
[71] E. Sunnerstedt (2011) Interview with Eva Sunnerstedt, Stockholm City.
[72] U. Östermark (2011) Interview with Göteborg Energi, Programme Manager of the Smart Grid Programme.
[73] Elbilsupphandling.se (2011) Upphandling av 6000 elbilar, http://www.elbilsupphandling.se/upphandling-av-6000-elbilar/.
[74] Swedish Transport Agency (2011) Nytt vägmärke visar laddplats för elfordon, http://www.transportstyrelsen.se/sv/Nyhetsarkiv/Nytt-vagmarke-visar-laddplats-for-elbilar/.
[75] M. Alpman (2010) Lättare bygga laddstolpar för elbilar, *NyTeknik*, 29 November.
[76] Energimarknadsinspektionen (2010) EI R2010:20. Uppladdning för framtidens fordon. Undantag från koncession för laddinfrastruktur.
[77] Energimarknadsinspektionen (2010) Uppdrag till EI om laddinfrastruktur för elbilar, http://www.ei.se/For-press/Aktuellt-fran-inspektionen/Uppdrag-till-EI-om-laddinfrastruktur-for-elbilar/.
[78] Energimarknadsinspektionen (2011) Regeringen föreslår nya regler på elmarknaden, http://www.ei.se/For-press/Aktuellt-fran-inspektionen/Regeringen-foreslar-nya-regler-pa-elmarknaden/.
[79] A.-K. Hatt (2012) Ett hinder mindre på vägen, 4 April.
[80] S. Wade (2012) My interview with NEVS about their plans for Saab, *Swadeology*, 15 November.
[81] M. Albrecht (2011) Policy and innovation in the clean tech industry. A focus on electromobility, Course paper, March.
[82] TRM (2009) Aftaler om en grøn transportpolitik, Danish Ministry of Transport (ISBN: 978-87-91013-16-4).
[83] Ritzau (2012) Elselskaber frygter politiske besparelser, *information.dk*, 3 February.
[84] Ritzau (2012) Læs her om energiaftalen i hovedtræk, *information.dk*, 22 March.
[85] Dansk Elbil Alliance (2012) Forside | Dansk Elbil Alliance, http://www.danskelbilalliance.dk/ (accessed 15 February 2012).
[86] ENS (2012) Elbiler, http://www.ens.dk/da-DK/KlimaOgCO2/Transport/elbiler/Sider/Forside.aspx (accessed 15 February 2012).
[87] TRM (2011) Et grønnere transportsystem, Danish Ministry of Transport (ISBN: 978-87-91013-95-9).
[88] DMT (2012) SKAT: Registreringsafgift for nye køretøjer – satser, Danish Ministry of Taxation.
[89] testenelbil.dk (2012) Bag om projektet | testenelbil.dk, http://testenelbil.clever.dk/bag-om-projektet/ (accessed:11 July 2012).
[90] Edison (2012) About the Edison project, http://www.edison-net.dk/About_Edison.aspx (accessed 15 February 2012).
[91] EcoGrid (2012) EcoGrid EU, http://energinet.dk/en/forskning/EcoGrid-EU/sider/EU-EcoGrid-net.aspx (accessed 15 February 2012).
[92] L. Borking (2012) Nu kommer gennembruddet for elbilerne – måske, *information.dk*, 1 February.
[93] CleanCharge (2012) Forside, http://www.cleancharge.dk/Forside.html (accessed 11 July 2012).
[94] Clever (2012) CLEVER – vi oplader elbilerne!, http://www.clever.dk/om-clever/# (accessed 11 July 2012).
[95] S. Møller (2012) Firma klar med 150 dele-elbiler i København: vi henter dem, når de løber tør, *Ingeniøren*, 21 November.
[96] ChoosEV (2012) ChoosEV's elbiler runder to millioner kørte kilometer, 17 April, http://www.choosev.com/nyheder/choosev%27s-elbiler-runder-to-millioner-koerte-kilometer/ (accessed 20 April 2012).

第1章 汽车电气化：两种方案下的政策驱动及影响

[97] CSR (2012) Elbilerne runder 3 mio i Danmark, *Erhvervsmagasinet CSR*, 21 November.

[98] NMTC (2009) National Transport Plan 2010–2019, Norwegian Ministry of Transport and Communications.

[99] Norwegian Government (2012) Melding til Stortinget 21. Norsk Klimapolitikk, April.

[100] H. Seljeseth (2011) Opportunities and challenges with large scale integration of electric vehicles and plug-in-vehicles in the power system, in *Smart Grids and E-Mobility*, Ostbayerisches Technologie-Transfer-Institut e.V. (OTTI), Regensburg, pp. 180–192.

[101] Grønn Bil (2012) Klimaforliket: Elbil-fordelene sikret til 2017, 8 June, http://gronnbil.no/nyheter/klimaforliket-elbil-fordelene-sikret-til-2017-article262-239.html (accessed 9 July 2012).

[102] M. Johansen (2012) Fritt frem for elbilene i kollektivfeltet, *Aftenposten*, 25 April.

[103] M. Nilsson, K. Hillman and T. Magnusson (2012) How do we govern sustainable innovations? Mapping patterns of governance for biofuels and hybrid-electric vehicle technologies. *Environmental Innovation and Societal Transitions*, 3, 50–66.

[104] Bloomberg (2012) Electric vehicle battery prices down 14% year on year | Bloomberg New Energy Finance, 16 April, http://www.bnef.com/PressReleases/view/210 (accessed 17 April 2012).

[105] M. Book, X. Mosquet, G. Sticher *et al.* (2009) The comeback of the electric car? How real, how soon, and what must happen next, Boston Consulting Group, January.

[106] A. Dinger, R. Martin, X. Mosquet *et al.*, (2010) Batteries for electric cars: challenges, opportunities, and the outlook to 2020, Boston Consulting Group, January.

[107] X. Mosquet, M. Devineni, T. Mezger *et al.* (2011) Powering autos to 2020: the era of the electric car? Boston Consulting Group, July.

[108] G. Duleep, H. van Essen, B. Kampman and M. Gruenig (2011) Assessment of electric vehicle and battery technolgy, CE Delft, Delft, 11.4058.04, April.

[109] H. van Essen and B. Kampman (2011) Impacts of electric vehicles – summary report, CE Delft, Delft, 11.4058.26, April.

[110] J. Anable, C. Brand, M. Tran and N. Eyre (2012) Modelling transport energy demand: a socio technical approach. *Energy Policy*, 41, 125–138.

[111] K. Burgdorf (2011) Challenges and opportunities for the transition to highly energy-efficient passenger cars, Volvo Car Corporation, Warrendale, PA, SAE Technical Paper 2011-37-0013, June.

[112] J. Patterson, M. Alexander and A. Gurr (2011) Preparing for a life cycle CO_2 measure, low carbon vehicle partnership. Ricardo, RD.11/124801.5, August.

[113] H. Sköldberg and T. Unger (2008) Effekter av förändrad elanvändning/elproduktion – Modellberäkningar, Elforsk, Elforsk rapport 08:30, April.

[114] A.D. Charpentier, J.A. Bergerson and H.L. MacLean (2009) Understanding the Canadian oil sands industry's greenhouse gas emissions. *Environmental Research Letters*, 4 (1), 014005.

[115] J. Åkerman, K. Isaksson, J. Johansson and L. Hedberg (2007) Tvågradersmålet i sikte? Scenarier för det svenska energi- och transportsystemet 2050, Naturvårdsverket, Rapport 5754, October.

[116] H.-J. Althaus and M. Gauch (2010) Vergleichende Ökobilanz individueller Mobilität: Elektromobilität versus konventionelle Mobilität mit Bio- und fossilen Treibstoffen, Life Cycle Assessment and Modelling Group, Technologie und Gesellschaft, Empa, October.

[117] M.M. Hussain, I. Dincer and X. Li (2007) A preliminary life cycle assessment of PEM fuel cell powered automobiles. *Applied Thermal Engineering*, 27 (13), 2294–2299.

[118] C. Samaras and K. Meisterling (2008) Life cycle assessment of greenhouse gas emissions from plug-in hybrid vehicles: implications for policy. *Environmental Science and Technology*, 42 (9), 3170–3176.

[119] N. Zamel and X. Li (2006) Life cycle analysis of vehicles powered by a fuel cell and by internal combustion engine for Canada. *Journal of Power Sources*, 155 (2), 297–310.

[120] WSP (2008) Bilparksprognos i åtgärdsplaneringen. EET-scenario och referensscenario, WSP Analys & Strategi, Rapport 200825, December.

[121] P. Anderson and M.L. Tushman (1990) Technological discontinuities and dominant designs: a cyclical model of technological change. *Administrative Science Quarterly*, 35 (4), 604–633.

[122] H. Pohl and M. Yarime (2012) Integrating innovation system and management concepts: the development of electric and hybrid electric vehicles in Japan. *Technological Forecasting and Social Change*, 79 (8), 1431–1446.

[123] M.L. Tushman and P. Anderson (1986) Technological discontinuities and organizational environments. *Administrative Science Quarterly*, 31 (3), 439–465.

[124] C. Wilson (2012) Up-scaling, formative phases, and learning in the historical diffusion of energy technologies. *Energy Policy*, 50, 81–94.

[125] K.G. Hoyer (2008) The history of alternative fuels in transportation: the case of electric and hybrid cars. *Utilities Policy*, 16 (2), 63–71.

[126] M. Arentsen, R. Kemp and E. Luiten (2002) Technological change and innovation for climate protection: the governance challenge, in *Global Warming and Social Innovation: The Challenge of a Climate-Neutral Society* (ed. M.T.J. Kok) Earthscan, chapter 4.

[127] T.P. Hughes (1993) *Networks of Power: Electrification in Western Society, 1880–1930*, JHU Press.

[128] G. Unruh and P. del Río (2012) Unlocking the unsustainable techno-institutional complex, in *Creating a Sustainable Economy: An Institutional and Evolutionary Approach to Environmental Policy* (ed. G. Marletto), Routledge, pp. 231–255.

[129] G. C. Unruh (2000) Understanding carbon lock-in. *Energy Policy*, 28 (12), 817–830.

[130] E.M. Rogers (2003) *Diffusion of Innovations*. Free Press, New York, NY.

[131] K. van Alphen, M. P. Hekkert and W. C. Turkenburg (2010) Accelerating the deployment of carbon capture and storage technologies by strengthening the innovation system. *International Journal of Greenhouse Gas Control*, 4 (2), 396–409.

[132] A. Bergek, S. Jacobsson, B. Carlsson, S. Lindmark and A. Rickne (2008) Analyzing the functional dynamics of technological innovation systems: a scheme of analysis. *Research Policy*, 37 (3), 407–429, doi:10.1016/j.respol.2007.12.003.

[133] R.A.A. Suurs, M.P. Hekkert and R.E.H.M. Smits (2009) Understanding the build-up of a technological innovation system around hydrogen and fuel cell technologies. *International Journal of Hydrogen Energy*, 34 (24), 9639–9654, doi:10.1016/j.ijhydene.2009.09.092.

[134] B.A. Sandén and C. Azar (2005) Near-term technology policies for long-term climate targets –economy wide versus technology specific approaches. *Energy Policy*, 33 (12), 1557–1576.

[135] A. Bergek and S. Jacobsson (2010) Are tradable green certificates a cost-efficient policy driving technical change or a rent-generating machine? Lessons from Sweden 2003–2008. *Energy Policy*, 38 (3), 1255–1271.

[136] B. Carlsson and R. Stankiewicz (1991) On the nature, function and composition of technological systems. *Journal of Evolutionary Economics*, 1, 93–118.

[137] M.P. Hekkert and S.O. Negro (2009) Functions of innovation systems as a framework to understand sustainable technological change: empirical evidence for earlier claims. *Technological Forecasting and Social Change*, 76 (4), 584–594.

[138] S. Jacobsson and A. Bergek (2004) Transforming the energy sector: the evolution of technological systems in renewable energy technology. *Industrial and Corporate Change*, 13 (5), 815–849.

[139] S. Jacobsson and A. Johnson (2000) The diffusion of renewable energy technology: an analytical framework and key issues for research. *Energy Policy*, 28 (9), 625–640, doi:10.1016/S0301-4215(00)00041-0.

[140] B. Berggren and L. Silver (2010) Financing entrepreneurship in different regions: the failure to decentralise financing to regional centres in Sweden. *Journal of Small Business and Enterprise Development*, 17 (2), 230–246.

[141] J. Lerner and J. Tåg (2012) Institutions and venture capital, *SSRN eLibrary*, January.

[142] R. Wüstenhagen and E. Menichetti (2012) Strategic choices for renewable energy investment: Conceptual framework and opportunities for further research. *Energy Policy*, 40, 1–10.

[143] D. B. Audretsch, S. Heblich, O. Falck and A. Lederer (eds) (2011) *Handbook of Research on Innovation and Entrepreneurship*. Edward Elgar Publishing Ltd.

[144] A. Bergek (2012) The role of entrepreneurship and markets for sustainable innovation, in *Creating a Sustainable Economy: An Institutional and Evolutionary Approach to Environmental Policy* (ed. G. Marletto), Routledge, pp. 205–230.

[145] D.J. Teece (1986) Profiting from technological innovation: implications for integration, collaboration, licensing and public policy. *Research Policy*, 15 (6), 285–305.

[146] D.J. Teece (2006) Reflections on 'Profiting from Innovation'. *Research Policy*, 35 (8), 1131–1146.

[147] D.J. Teece (2010) Business models, business strategy and innovation, *Long Range Planning*, 43 (2–3), 172–194.

[148] G. Eliasson (2009) Policies for a new entrepreneurial economy, in *Schumpeterian Perspectives on Innovation, Competition and Growth* (eds U. Cantner, J.-L. Gaffard, and L. Nesta), Springer Berlin, pp. 337–368.

[149] K. Hockerts and R. Wüstenhagen (2010) Greening Goliaths versus emerging Davids – theorizing about the role of incumbents and new entrants in sustainable entrepreneurship. *Journal of Business Venturing*, 25 (5), 481–492.

[150] U. Jakobsson (2011) Interview with the Managing Director of Move About AB.

[151] A. Bergek and C. Norrman (2008) Incubator best practice: a framework, *Technovation*, 28 (1–2), 20–28.

[152] L. Fulton (2011) Electric vehicles: are they a passing fad, or here to stay? International Energy Agency, 2 May.

第1章　汽车电气化：两种方案下的政策驱动及影响

[153] A. Bergek, S. Jacobsson and B.A. Sandén (2008) 'Legitimation' and 'development of positive externalities': two key processes in the formation phase of technological innovation systems. *Technology Analysis and Strategic Management*, 20 (5), 575–592.

[154] U. Frieser (2011) Interview, Vattenfall, Development Program Manager E-Mobility.

[155] IEA (2011) Technology roadmap: electric and plug-in hybrid electric vehicles, International Energy Agency, June.

[156] S. Brown, D. Pyke and P. Steenhof (2010) Electric vehicles: the role and importance of standards in an emerging market. *Energy Policy*, 38 (7), 3797–3806.

[157] R. Wüstenhagen and K. Sammer (2007) Wirksamkeit umweltpolitischer Anreize zum Kauf energieeffizienter Fahrzeuge: eine empirische Analyse Schweizer Automobilkunden. *Journal of Environmental Research*, 18 (1), 61–78.

[158] C.-S. Ernst, A. Hackbarth, R. Madlener *et al.* (2011) Battery sizing for serial plug-in hybrid electric vehicles: a model-based economic analysis for Germany. *Energy Policy*, 39 (10), 5871–5882.

[159] V.J. Karplus, S. Paltsev and J.M. Reilly (2010) Prospects for plug-in hybrid electric vehicles in the United States and Japan: a general equilibrium analysis. *Transportation Research Part A: Policy and Practice*, 44 (8), 620–641.

[160] G. Pasaoglu, M. Honselaar and C. Thiel (2012) Potential vehicle fleet CO_2 reductions and cost implications for various vehicle technology deployment scenarios in Europe. *Energy Policy*, 40, 404–421.

[161] C. Thiel, A. Perujo and A. Mercier (2010) Cost and CO_2 aspects of future vehicle options in Europe under new energy policy scenarios. *Energy Policy*, 38 (11), 7142–7151.

[162] O. van Vliet, A.S. Brouwer, T. Kuramochi *et al.* (2011) Energy use, cost and CO_2 emissions of electric cars. *Journal of Power Sources*, 196 (4), 2298–2310.

[163] M. Weiss, M.K. Patel, M. Junginger *et al.* (2012) On the electrification of road transport – learning rates and price forecasts for hybrid-electric and battery-electric vehicles. *Energy Policy*, 48, 374–393.

[164] P. de Haan, A. Peters and R.W. Scholz (2007) Reducing energy consumption in road transport through hybrid vehicles: investigation of rebound effects, and possible effects of tax rebates. *Journal of Cleaner Production*, 15 (11–12), 1076–1084.

[165] D. Diamond (2009) The impact of government incentives for hybrid-electric vehicles: evidence from US states. *Energy Policy*, 37 (3), 972–983.

[166] A. Chandra, S. Gulati and M. Kandlikar (2010) Green drivers or free riders? An analysis of tax rebates for hybrid vehicles. *Journal of Environmental Economics and Management*, 60 (2), 78–93.

[167] A. Schweinfurth (2009) Car-scrapping schemes: an effective economic rescue policy? IISD, http://www.iisd.org/publications/pub.aspx?id=1260.

[168] M. Kloess and A. Müller (2011) Simulating the impact of policy, energy prices and technological progress on the passenger car fleet in Austria – a model based analysis 2010–2050. *Energy Policy*, 39 (9), 5045–5062.

[169] F. Rogan, E. Dennehy, H. Daly *et al.* (2011) Impacts of an emission based private car taxation policy – first year ex-post analysis. *Transportation Research Part A: Policy and Practice*, 45 (7), 583–597.

[170] M. Börjesson, J. Eliasson, M.B. Hugosson and K. Brundell-Freij (2012) The Stockholm congestion charges – 5 years on. Effects, acceptability and lessons learnt. *Transport Policy*, 20, 1–12.

[171] SCB (2012) Fordonsbestånd 2011, korrigerad 2012-04-27, April.

[172] S. Mandell (2009) Policies towards a more efficient car fleet. *Energy Policy*, 37 (12), 5184–5191.

[173] U. Dewald and B. Truffer (2011) Market formation in technological innovation systems – diffusion of photovoltaic applications in Germany. *Industry and Innovation*, 18 (3), 285–300.

[174] R.T. Doucette and M.D. McCulloch (2011) Modeling the CO_2 emissions from battery electric vehicles given the power generation mixes of different countries. *Energy Policy*, 39 (2), 803–811.

[175] R.T. Doucette and M.D. McCulloch (2011) Modeling the prospects of plug-in hybrid electric vehicles to reduce CO_2 emissions. *Applied Energy*, 88 (7), 2315–2323.

[176] F. Cuenot, L. Fulton and J. Staub (2012) The prospect for modal shifts in passenger transport worldwide and impacts on energy use and CO_2. *Energy Policy*, 41, 98–106.

[177] H. Hellsmark and S. Jacobsson (2008) Opportunities for and limits to academics as system builders – the case of realizing the potential of gasified biomass in Austria, presented at the DIME International Conference Innovation, Sustainability and Policy.

[178] J. Konnberg (2011) Interview with Johan Konnberg (Senior Advisor at the Volvo Car Corporation – Special Vehicles MSS; Commercial and Business Manager for the C30).

第 2 章

电动汽车与当前北欧电力市场[⊖]

Christian Bang[1], Camilla Hay[1], Mikael Togeby[1], Charlotte Søndergren[2]

1.Ea Energy Analyses A/S,丹麦哥本哈根

2.丹麦能源协会,丹麦灵比

2.1 引言

本章介绍当前的北欧电力市场,并探讨了丹麦大规模引进电动汽车(EV)与之相关的挑战。

电动汽车将丹麦典型家庭的耗电量增加50%~60%。如果大量电动汽车充电主要发生在17:00到19:00之间的高峰时段,则将会给电网带来巨大压力并引起电网阻塞。通过引入与电动汽车相关的需求响应,即使电动汽车的渗透率很高,也能应对电网阻塞的挑战。例如,需求响应可以基于电力市场的现货价格。

为了使终端用户从需求响应中获益,需要分时电表。拥有丹麦所有终端用户50%的电网公司已经安装或将在几年内安装新的电表。这些电表将能够记录每小时的耗电量,从而使得按工作日/周末或白天/黑夜(用电时间)采用分时电价(现货价格或关键峰值价格)进行电费核算。

如果在现货市场中引入电动汽车,市场设置将非常简单,并且目前可以使用分时电表。零售商可以每天发布一次电价,终端用户可以已知的分时电价(提前12~36h)制定充电策略。充电策略可以是简单的计时充电,依靠本地计算机(家庭自动化系统)选择电价最便宜的时间或通过车队运营商以远程控制的形式选择。

如果电动汽车要同时参与现货市场和监管市场,就必须满足一些要求。输电系统运营商(TSO)对于单个个体的实时测量和最小投标规模的要求使得电动汽车很难参与目前电力市场的运营调度。此外,在电力监管市场中与电动汽车相关的不平衡也面临一些挑战,因为某一时段激活电力调控可以在后一时段改变预测的充电时间。

其中一些挑战可以通过引入车队运营商一些电动汽车的用电量并处理它们与电力市场的互动。

应该指出的是,电力市场的设计不是一成不变的。例如,丹麦输电系统运营

[⊖] 本章介绍了爱迪生项目报告 2.3 "未来电力市场模型下的电动汽车"和 FlexPower 项目的发现。

商表示希望对监管电力市场进行改革,以激活市场上的较小消费。然而,由于当今监管电力市场严格来说属于北欧,因此改革可能需要一些时间才能实施,而未来则是欧洲一体化。

除了批发市场解决方案外,本地电网方面也面临一系列挑战。在终端用户的行为方面,必须考虑到本地电网的阻塞。本章简要介绍此主题,但并未得以解决。第 3 章将对此进行更详细的讨论。

2.2 电动汽车的电力消费

2.2.1 电动汽车的典型能耗

电动汽车的耗电量因尺寸、制造、型号和技术而异。根据中小型车辆,估计未来 5 年内新型电动汽车的平均耗电量为 130~140Wh/km[1]。这一数字并非基于单辆特定的电动汽车,而是目前中小型电动汽车基于现有电机、电池和充电效率的理论值。

传统个人汽车每年行驶的平均里程为 16600km[2]。如果单位耗电量为 135Wh/km,那么每辆车的年耗电量为 2241kWh(由于电动汽车行驶范围较为有限,如今的电动汽车行驶里程可能比传统个人汽车少,因此每年的耗电量要低于此值)。从长远来看,居住在没有电暖气房子里的典型丹麦家庭目前年用电量为 4000kWh[3]。因此,对于拥有电动汽车的丹麦普通家庭来说,这意味着每年的用电量增加了 56%。采用电暖气的家庭住宅用电量增幅较低,而公寓的用电量增幅会更高。假设丹麦有 25% 的人采用电动汽车,这意味着超过 50 万辆电动汽车,但总用电量增长不到 3%。

2.2.2 电网的潜在挑战

电动汽车与大多数其他家用电器(灯、洗衣机和计算机等)的不同之处在于,电的实际使用(驾驶时)与用电(充电时)不是同时发生的。根据驾驶模式和充电模式,大多数电动汽车充满电预计需要 2~8h。电动汽车可使用标准单相或三相电源进行充电[4]。

根据充电时间的不同,这要么是一项重大挑战(需要扩容),要么是电网的巨大机遇(在该地区引入储能)。如果大量家庭在下班回家后立即开始充电,这将在通常高峰时段增加电力负荷。这可能会给整个电网带来挑战。不过,如果绝大多数的电动汽车车主将充电时间推迟到傍晚或清晨,他们的电动汽车在第二天仍然会充满电,并且充电会在低谷时段进行。

1. 主网

如图 2.1 所示为丹麦总电力负荷,对上述情况进行了说明。图中的两条曲线显示了 2007 年全国逐时总电力负荷,这出现在最大用电高峰期,即 1 月 24 日。此外,图 2.1 还显示,如果丹麦乘用车有 25% 是电动汽车,在两种候选场景下的逐时电力负荷。这两种场景分别为:

- 即时充电（大多数电动汽车车主下班后即给其电动汽车充电）。
- 基于市场电价/车队运营商管理充电（电价信号或车队运营商在很大程度上决定电动汽车的最佳充电时间）。

图 2.1 中颜色较浅部分为 2007 年 1 月 24 日的逐时电力负荷（2007 年逐时电力负荷最高的一天）。同时，图中颜色较深部分代表当前乘用车 25% 为电动汽车相对应的额外电力负荷增量。

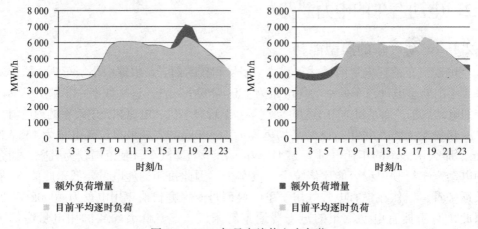

图 2.1　2007 年丹麦峰值电力负荷

图 2.1 左图说明了在没有任何电力负荷响应的情况，右图说明了在假定的智能自动需求响应的情况。左图表明，如果大部分电动汽车车主在下班回家后即完成对电动汽车充电，那么电动汽车的接入将导致与 2007 年工作日高峰时段相比，其峰值电力负荷增加 12.5%。峰值电力负荷的增加将意味着超负荷的输电网和更高的电价。然而，它不一定威胁供电安全。

在有效需求响应的情况下，夜间电力需求会避免短时负荷过大。因此，丹麦的发电厂和输电网似乎可以轻松处理丹麦乘用车的 25% 及以上为电动汽车这种情况。这一结论还基于一种假设，即供电系统可以整夜持续供电。夜间电力负荷增加将减少电价非常低（零或负）的小时数，其中目前每年有 40h 左右，并且都发生在夜间。

2. 本地电网

图 2.1 表明了需求响应工具对输电网主网架的影响（假设在非高峰时段可以满足额外电力负荷）。然而，丹麦电力系统也由数千个 0.4 kW 的本地配电网组成，特别是在高峰时段，很担心电网可能无法承受大量电动汽车负荷的接入。

为了模拟对本地电网的潜在影响，建立了一个由 100 套没有电暖气的普通单户丹麦家庭住宅组成的简化理论电网模型。根据本地电网目前的备用电力容量，在不同场景下，尝试量化这些住宅中有多少可以同时给电动汽车充电。

本地电网公司往往不知道其线路的确切容量和利用率。但是，通过查看本地电网过去满足的电力负荷,可以了解最小容量是多少。2007年(通常情况下),没有电暖气的丹麦普通家庭住宅的峰值负荷时间为12月24日16:00~17:00。2007年,平均每个丹麦家庭在该时段的用电量为1.23kWh/h。因此,此数值可以用作估计电网备用容量的起点。

然而,圣诞夜并不是人们下班回家后立即给电动汽车充电的典型日。因此,作为增加额外电力负荷的基准小时段,选择2007年无电暖气房屋峰值负荷小时段的工作日,即1月3日(星期三)的17:00~18:00。如图2.2中颜色较浅的部分所示。

如图2.1所示,每个图中颜色较深的部分表示在两种不同场景下为一定数量的电动汽车充电所预测的额外电力负荷。与2007年每户1.23kWh/h的峰值负荷小时(以基准线表示)相比,图2.2显示了本地电网的容量比最大负荷1.23kWh/h高25%的情况。也就是说,100间住宅的负荷为153kWh/h。然而,鉴于上述不确定性,一些本地电网的负荷落于这些边界之外。还应注意的是,此处使用的是平均小时值,并且最大小时内的电力负荷将会更高。

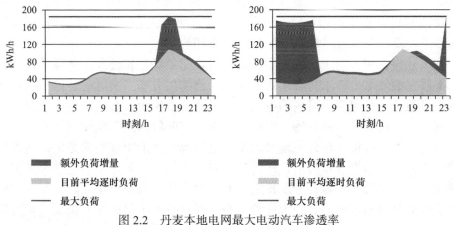

图2.2 丹麦本地电网最大电动汽车渗透率

如果没有需求响应(即立即充电),图2.2左图的场景显示,由100个丹麦普通住宅组成的本地电网,其25%的备用容量可以容纳30多辆电动汽车的充电负荷。同时,通过有效的需求响应和车队运营商,同一电网可以容纳143辆电动汽车。图2.2表明,如果满足以下两个条件:①配电网中至少有25%的备用容量;②需求响应工具在夜间成功为电动汽车充电,那么大量的电动汽车可以接入本地电网中。

图2.2尝试演示本地电网在固定备用容量下可以接纳的电动汽车数量。解决这个问题的另一种方法是先固定电动汽车数量,然后预测接纳该数量电动汽车所需的电网备用容量。

这种情况反映在图2.3中,它显示了本地电网中用于接纳本地电网中25%个人电动汽车所需的备用容量。

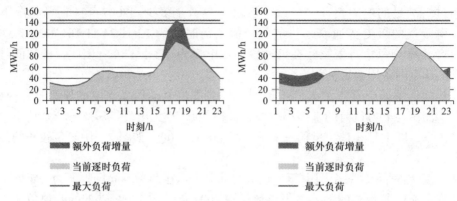

图 2.3 支持丹麦 25% 的个人电动汽车所需的本地电网中备用容量

图 2.3 左图显示了 75% 的电动汽车车主在下班回家后开始直接充电的情况（即时充电）。在这种情况下，如果 25% 的私家车是电动汽车，本地电网将至少需要 18% 的电网备用容量以应付这种额外的负荷需求。另一方面，图 2.3 右图显示，如果建立有效的需求响应工具（基于市场电价或车队运营商管理充电），这 25% 的电动汽车将不需要利用任何电网备用容量。事实上，在工作日最繁忙的时段，相对于圣诞夜，本地电网中平均有 13% 的备用容量。

在上述讨论中，需求响应方案，无论是基于市场电价还是车队运营商管理充电，都假定额外电力需求将在选定的时间段内均匀分布。实际上，这些工具将响应的信号很可能是给定小时内的电力市场价格。如果大多数用户得出结论，相同的一两个小时通常是最便宜的，因此他们都在该时段内对其电动汽车充电，这可能是有问题的。这将导致许多地区的本地电网容量可能出现不满足负荷要求的情况。因此，为了结果有效可信，任何延迟的需求响应工具还必须能够考虑本地电网条件，无论是通过向客户分配特定的充电时间还是对充电率设定限制。这同样适用于智能自动需求响应，因为这种类型的有效技术不仅能够对市场信号做出反应，而且还应协调其他用户的充电需求，以确保以更优的方式进行集中充电。

另一方面，使用的各种设备也会引起负荷发生一定程度上的自然变化（一些热泵用户会比其他用户希望房屋更暖和或更凉爽，电动汽车在白天会行驶不同的距离，并且第二天会有不同的要求等）。所有这些"自然"变化都会导致负荷的大小和时间的不同，因此需要降低所有需求响应用户对电价信号做出完全相同的反应的可能性。有关如何管理配电网过负荷的广泛讨论，请参阅第 3 章。

2.3 市场参与者

下面将简要介绍北欧电力市场的各类参与者。

2.3.1 电力用户：私家车主

私家电动汽车车主是电力市场的普通消费者。电动汽车可视为一种新型电力负荷,与其他家电一致,如电暖气、洗衣机等。电动汽车的独特之处在于,当车主不使用时,用电(充电)发生,这意味着电池在电力需求方面允许更大的灵活性,因此有引入需求响应的机会。"需求响应"一词是指车主根据电价调整用电(充电)时间。

为了终端用户从需求响应中获益,需要分时电表。这些电表能够读取每小时(或更频繁)的用电量,从而使电价合同应用成为可能。该电价合同是根据工作日、周末的白天与夜晚实时电价(现货价格)制定的。

2.3.2 配电系统运营商/电网公司

电网公司(配电系统运营商)运营配电网,向客户供电并负责供电安全。在一些国家,电网公司有义务确保所有终端用户都安装并读取电表。因此,如果需要安装分时电表,应由本地电网公司负责。

电网公司是受监管的垄断企业。它们必须合法,并且必须不受其他公司(例如发电商和电力零售商等商业公司,详见 2.3.3 节和 2.3.4 节)的管理。以丹麦电网公司为基准,其电价由监管机构控制。

2.3.3 电力零售商

电力零售商在电力市场和电力用户之间充当纽带。电力零售商将电力用户的需求传达给电力市场,从电力市场购电,然后转售给电力用户。在北欧地区,电力可以通过北欧电力交易所购买或直接从当地发电商购买。

一些电力零售商还充当负荷平衡责任主体(LBR),在某些情况下,几个零售商共同充当 LBR。LBR 的主要任务是为第二天制定用电和发电计划。

在负荷不平衡的情况下(偏离计划),LBR 必须为不平衡买单,向 TSO 支付费用。LBR 主动调节电力市场,并将与上下监管相关的投标提交给 TSO。

2.3.4 发电商

发电厂为电力系统输送电能。发电厂向北欧电力交易所现货交易市场提交第二天发电量电价竞标。某些发电厂充当发电平衡责任主体(PBR),因此负责根据计划发电量平衡实际发电量。

2.3.5 车队运营商

车队运营商定义为负责运营接入电网的大量电动汽车,但不一定是电动汽车车主。车队运营商可以是独立的参与者,也可以是零售商,能够管理每辆私家电动汽车的充电(即自动充电和向电动汽车提供其他服务)。车队运营商与电动汽车车主签订协议,内容涉及充电条件、控制级别及付款等。

2.3.6 输电系统运营商

输电系统运营商(TSO)通过维持电网潮流平衡,制定市场规则,负责供电安全,确保电力市场运行良好。北欧输电系统运营商管辖北欧电力交易所的电力交易。

2.3.7 北欧电力交易所

北欧电力交易所管理北欧电力交易，其中包括现货市场和平衡市场两个电力市场及金融市场的实物交易（见 2.4 节）。图 2.4 说明了上述市场参与者之间的关系。电力用户的用电数据记录在电表中并发送给 DSO。数据整理后，再发送给 TSO 和 LBR。

消费者与零售商或车队运营商签订合同。每个零售商都关联一个 LBR。LBR 向 TSO 发送第二天的电力需求计划，并从北欧电力交易所中购电。如果实际发电量和用电量与计划不同，则作为不平衡的差额将从 TSO 购买或出售。

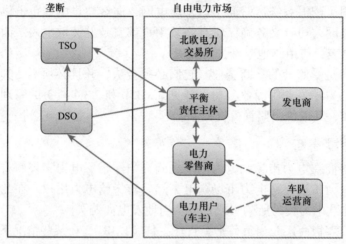

图 2.4 北欧电力系统内各电力市场参与者之间的关系

2.4 北欧电力市场

目前的北欧电力市场包括一些以竞标报价为时间轴的特定金融市场。图 2.5 说明了该市场的主要组成部分。

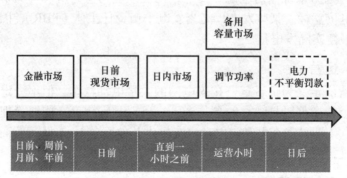

图 2.5 北欧建立的不同时间体系下的不同电力市场
（备用容量市场包括调节功率市场的备用资源）

应该指出,北欧电力市场正在不断发展。北欧体系和整个欧洲的发展正朝着一个欧洲跨境市场的方向发展。这意味着,除非改变欧洲共同设定的方向发展,否则短期内发生急剧变化是不现实的。这种设置是由欧洲监管机构管理分组定义的。所有北欧电力市场都以欧洲电力市场为风向标,在很大程度上是因为在许多情况下,北欧电力市场是以更广泛的欧洲市场为基础的。

2.4.1 现货市场与金融市场

北欧中心能源市场是现货市场(北欧电力交易所),每天竞标来确定第二天的逐时电价。交易时间尺度是提前12~36h,并在第二天的24h内完成。系统电价和区域电价是在12:00交易所关闭之前收到所有参与者投标后计算出来的。参与者的投标包括特定投标区域的电价与逐时交易量。零售商以预期用电量(通常与电价无关)竞标,而发电商竞标与其发电容量和相关发电成本有关。这其中投标类型有多种,例如,对特定的小时竞标或对连续几小时的价和量竞标。

电价取决于电力需求和供给的拟合曲线之间的交点,并考虑到输电线路的限制条件。图2.6说明了现货市场中系统电价作为电力购销之间的价格交叉点的形成。

金融市场是交易价格保障合约的市场。金融市场交易期货和其他衍生工具,这些衍生品以期货现货价格结算。例如,有可能签订一份涉及明年100MW的未来合同。大多数流动资产都与以系统电价为目标的融资合

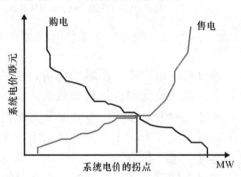

图2.6 北欧电力交易所系统电价的形成

同有关。如果不存在电网阻塞,就会产生系统电价这种人为制定的电价。金融合同、期权和差价合同(系统电价与特定电价区域内的区域电价之间的差额)管理风险,在没有长期有形合同市场的情况下对市场参与者至关重要。

为了解决电网阻塞问题,北欧电力交易区被划分为若干投标区。投标区域与每个TSO的地理区域一致。然而,丹麦被分为两个投标区,即东部电网和西部电网(DK2和DK1)。挪威电网通常分为5~6个投标区,瑞典电网则分为4个投标区。参与者必须根据其发电与用电实际位于北欧电网区域的位置进行投标。通过这种方式,通过提交的投标和现货价格计算,不同投标区域之间的输电容量被间接拍卖。因此,每当出现电网阻塞时,受影响的电价区域就会出现不同的电价。在阻塞的每一侧的投标区域,参与者的出价将拟合于供需曲线中。图2.7显示了区域电价的形成。

如图2.7所示,在受限电力交易中,在电力盈余区域购电,向电力不足区域售电。在不足区域,引入电力将导致供给曲线的平行移动,而在盈余区域,额外

购买将导致需求曲线的平行移动。

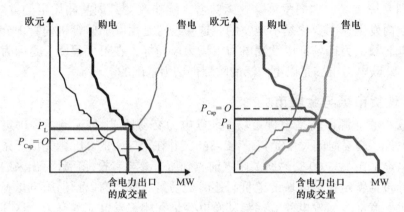

P_L 和 P_H：在充分利用交换容量情况下的区域电价

$P_{Cap} = O$：独立电价核算情况下的区域电价

图 2.7 北欧电力交易所现货市场区域电价的形成机制

通过提高电力不足区域的电价，该区域的参与者对于电力卖多买少；而在电力盈余区域，较低的价格将导致买多卖少。通过反复计算区域电价，使高价区与低价区之间的传输容量得到最大限度的利用。每个 TSO 区域可能包含一个或多个电价区域，具体取决于电网的逐时电网阻塞情况。因此，具有相同电价的区域可能要逐时变化一番。

在以下情况下，交流投标区域之间的系统潮流受限于 TSO 的设定（即此时没有电网阻塞），系统电价为所有电价区域的电价。

2.4.2 日内市场

鉴于从确定电价、现货市场的电力需求和发电量计划到实际交货时间长达 36h，可能会出现偏差。例如，偏差可能来自电力需求的不可预见的变化、发电机或输电线路的跳闸或对风力发电的不完全预测。在交易运行日，这些偏差可以通过日内市场逐时合同在交易时间的前 1h 进行纠正。然而，当前电力市场的流动性是有限的。目前，尽管北欧地区的平均日内市场交易量已呈现增长的趋势，但还是只有 200 MW[5]。

2.4.3 调节功率市场

为了保持北欧电力系统的稳定性，必须始终满足以下标准[6]：

- 同步系统的频率必须为 49.9~50.1 Hz。
- 时钟同步的时间偏差应控制在 [−30s, 30s] 范围内。时间偏差通过整合 50Hz 的频率偏差来发现。欧洲大陆区域群（RG）要求每个控制区必须保持自

第2章 电动汽车与当前北欧电力市场

身的平衡⊖。
- 每条线路上的潮流在任何时刻都不能越限。

这些标准由 TSO 协会规定。截至 2009 年 7 月,欧洲 TSO 协会合并为欧洲互联电网(ENTSO-E),覆盖 41 个 TSO 和 34 个欧洲国家。电力系统仍然被划分为相同的同步区域,现在称为 RG。因此,丹麦既是北欧区域群(丹麦东部)的一部分,也是欧洲大陆区域群(丹麦西部)的一部分。

在运行时段内,电网会采用几种类型的备用容量以确保系统的稳定性。备用容量可以分为自动和手动方式。系统标准最初由自动备用容量来管理。

为了预防过度使用自动备用容量,并为了重新确定这些备用容量的可用性,需进行有功功率调节。功率调节是一种手动调节方式,在 15min 内增加或减少发电量。功率调节也可以是增加或减少的电力需求量。可以随时启动,持续时间内也可以改变。

北欧国家有一个由 TSO 管理的共同监管市场,并有共同的竞标清单(NOIS-list)。功率平衡责任(负荷或发电量)促使投标由量(MW)和价(欧元/MW)组成。所有提供功率调节的都收集在共同的北欧竞标清单中。对于上调服务,按照平衡资源报价由低到高的原则进行排序(高于现货价格);对于下调服务,按照平衡资源报价由高到低的原则进行排序(低于现货价格)。考虑到输电网中的潜在阻塞,TSO 可以启用最低电价的调节功率。

作为补充,丹麦也有一个预订市场。备用电厂放在可调节的电力市场中可以获得相应报酬。挪威也有类似的系统,但只在冬季有效。瑞典和芬兰也有一个系统,老发电厂在必要的情况下可以获取报酬。现货市场与功率调节市场之间存在相互作用,备用容量市场用于吸引足够的资源到功率调节市场。例如,现货价格较高可以吸引更大的发电量,而高备用容量电价在电力调节市场中维持更多的备用容量,而低现货价格作用则相反。备用容量电价是 TSO 根据所需的功率调节量和潜在电力用户的投标量确定的。功率平衡责任主体会在电力交易日之后得到其调节功率的付款。

电力市场需求

参与电力调节市场需要满足某些要素。就电动汽车而言,最重要的先决条件为:
- 最底投标规模为 10MW。
- 需要实时测量。

对于最低投标,私家电动汽车车主不满足条件。因此,如果电动汽车要参与功率调节市场,要么这个先决条件必须放宽,要么电动汽车必须由车队运营商或平衡责任主体来聚集到一起。这种调整没有问题。另一方面,对各电动汽车进行实时测量的成本非常昂贵,这是一大障碍。可以说,其他方法,如统计方法,与数以千计的个体样本相比更为相关,能够提供可行的解决办法。

⊖ 丹麦西部电网在欧洲大陆 RG 内有特殊要求以维持日德兰半岛自身的电力平衡。

2.4.4 北欧调节功率市场的未来发展

随着对气候挑战的强烈关注，可再生能源成为减少化石燃料排放的重要工具。在整个北欧，未来几年将发展大量新的海上风力发电。当风电装机容量扩大时，由于风电的不可预测性，可能需要更多的功率调节。Togeby 等人描述了风能预报中预测误差的框架[5]。结果发现，当预期中风速时，会出现最大的误差。随着北欧国家未来几年内风力发电容量的大幅增加（目前风电装机容量约为 6000MW，到 2020 年可能增长为 15000MW），对功率调节的需求也有待提高。同样，届时调节功率市场将引来更多关注点，包括新的调节电源的参与。

至于电动汽车，如果要在调节功率市场激活小的用电投标，前提条件是但凡涉及最小标的规模和实时测量的要求都应进行认真调研。

2010 年，丹麦输电系统运营商 [丹麦国家电网公司（Energinet.dk）] 考虑到这一目的，提出了究竟多小规模的用电标的在调节功率市场中可以被激活的草案。

他们建议在交易运行小时内发布一个调节电价，只用于小的用电标的。发布的电价是最近一次竞标清单中的电价（大多源于传统的调节电源）。这一建议将有可能向电动汽车发出电价信号——无论是现货市场还是调节功率市场。该草案正在北欧 TSO 中讨论，但尚未实施。如前所述，调节功率市场是一个北欧的共同电力市场，因此，北欧输电系统运营商达成的共识会带来变化。

电能计量与电费核算的发展

挪威、瑞典和芬兰都宣布计划为大多数终端用户逐步采用分时电表，从而可以依据逐时电价进行结算。与此同时，在丹麦，有人建议设立"第三结算组"，作为朝该方向发展迈出的第一步。之所以使用"第一步"一词，是因为第三结算组这种方法对发送最终数据的要求不太严格。

2.5 电价

2.5.1 终端用户电价的组成

在个人电动汽车充电的背景下，需要向电力用户发布终端用户电价。终端用户电价应该以这种方式构成，电力用户在实际中能够对电价做出反应。对于车队运营商，个人电动汽车对终端用户电价不会起什么作用，因为它由车队运营商的优化结果或根据合同条款而固定。

批发价格（现货价格）是终端用户价格的一部分，还包括税费、过网费等。以丹麦为例，终端用户电价由以下几部分组成：

- 市场成本（20%）是电力的商业部分，即现货市场上交易的电力。
- 输电成本（12%）涵盖从发电到终端用户的电力输送成本，包括 TSO 和 DSO 征收的过网费。
- 税费和公共服务义务（68%）

各种税费（40%）与终端用户消耗的用电量成比例，包括二氧化碳税、电力税、配电税和电力供暖税。对于公司来说,税收比个人家庭低得多。

公共服务义务(8%)是所有电力用户对风能、热电联产和研发补贴的法律义务。

增值税(20%)。最后,用户支付总电费25%的增值税(因此包含总税费的20%)。调整电价的各个要素均可能导致电价具有足够的变化(低电价和高电价之间的巨大差异),使消费者对电价波动做出反应具有吸引力。也就是说,变得灵活。

2.5.2 固定网损费

输电网和配电网的网损分别为1%和6%。目前,征收的网损费交给TSO和DSO。这些电价以每千瓦时固定电价的形式出现。网损费并不反映实际电价或实际小时内的网损水平。

理想的网损费应显示任何给定时间的边际网损。例如,边际网损是额外电力需求造成的损耗。可以注意到,实际边际网损可能从−5%到20%不等,这具体取决于电网中的潮流和本地是否存在发电厂。如果额外需求导致输电量减少,则可能存在负边际网损。例如,潮流由配电网流向输电网。由于网损与配电线路中电流的平方成正比,边际网损通常是平均网损的2倍。这导致边际网损变化很大。由于北欧地区的风电资源丰富,加上该地区大部分地区可作为电源点,因此很难确定边际网损值。

2.5.3 电力输送与阻塞

目前,配电网阻塞是通过扩建或加强电网来管理的,即通过安装新电缆、变压器或电网重构来实现。每个电力用户都有其最大安装额定功率。但是,电网在设计时考虑到了不同用户之间用电的低重合系数。在某些情况下,用户的用电消耗可能会接近其最大允许功率值,但这与其他用户的用电量几乎无关。配电网通过这种方式设计时得以高效利用。但是,如果大部分终端用户同时使用其所允许的最大功耗,则该电网将无法提供功率缺额地区请求的功率。

2.5.4 电力税

回到丹麦的例子,家庭用电的税费是非常高的。目前,所有税种都是基于每千瓦时的固定值,只有增值税是电价的百分比。丹麦能源局对动态电价进行了研究[7],税务局研究了使用动态税以便风电并网的可能性[8]。

2.5.5 未来电费的可能性

动态电价可用于对配电网拥塞的最佳响应。理想情况下,这可以作为竞拍可用容量(未来计算机和通信的大量应用)或简化分时电价。通过动态电价,终端用户可以调整其用电以适应不同的用电成本(定义为能源发电成本和输电成本的总和)。这可以通过自动需求响应来实现,如空调、电加热、热泵或电动汽车充电。管理配电网阻塞的费用可能采用尖峰电价的形式(见2.6.3节),因此高电价仅在危急情况下使用。

2.6 需求响应的售电产品

终端用户的电费由终端用户和零售商之间的合同来定义。本节提出了与家庭用户内所有类型的电力消费有关的不同电价模型,不仅仅包含电动汽车的电价模型。

2.6.1 固定电价

有了固定电价合同,无论电力用户何时用电,其电价均与实际的逐时电价无关。目前,大多数北欧家庭均采用这种电价模型。采用固定电价合同,不需要在线通信、分时电表等。固定电价方案不支持、不提供需求响应的所需激励。因此,这种电价模型会导致电动汽车的"即时充电"。

2.6.2 分时电价

分时电价(TOU)有两种时间机制的价格:周末和晚上的低电价以及其他时间的高电价。具体时间段可以由各个零售商定义,终端用户可使用计时器设备对这种简单的电价模型做出反应。

电力零售商们可能会提供各种分时电价方案,例如,有不同时间框架定义的分时电价机制。

由于不同零售商所选择时间框架的定义有所不同,因此不会与负荷的普遍增加带来负面影响有所关联。但是,如果大量零售商选择在分时电价合同中为电力用户提供相同的时间段,则本地电网在大量用户同时用电时可能会出现问题,即在电价最低的第一时间内。因此,零售商的时间框架定义最好有所改变。

对现货价格的检查表明,应用分时电价时效率很高。例如,以丹麦现货价格为例,其周末和晚上(22:00~07:00)的电价为 0.031 欧元/kWh,而工作日的电价为 0.045 欧元/kWh,两者差价为 45%⊖。

分时电价定义高低电价的时期与实际电价无关。通过这种方式,分时电价机制是多种极端电价方案的均衡。这是一个能够更好发挥电网高利用率的简单工具。

2.6.3 尖峰电价

分时电价会导致电力需求的普遍变化,但并非专门针对不常见的极端电价。因此,电力零售商可以选择使用尖峰电价(CPP)以便实现不常见的高电价或低电价。尖峰电价可以是固定电价,并与可激活的高电价与低电价相结合。因此,电价在所有小时内均可以是 0.040 欧元/kWh,但每年 50h 的低电价和 50h 的高电价除外,所有这些都是提前一天公布的。

与上述分时电价的情况一样,必须指出,每个电力零售商都可以为其尖峰电价的标准选择自己的定义。这样,就可以防止所有用户在尖峰电价时段后直接开始用电,从而产生新的用电高峰。与分时电价相比,该电价机制需要信息化和更高的通信水平。不过,尖峰电价将在计划的高尖峰电价时做出某种程度的需求响应。

⊖ 数据来自丹麦西部电网(DK1),时间 2002 年 1 月 1 日到 2009 年 1 月 19 日。

2.6.4 现货价格

最详细、最先进的电价合约包括每小时的电价信号,并暗示可发布的现货价格。根据现货价格(或日前电价),终端用户按每小时的实际电价支付,分时电表跟踪实际每小时的用电量。例如,提前一天的13:00~14:00发布当天的逐时电价。在这种情况下,可激励终端用户将耗电量从高电价时段转移到低电价时段。竞标清单上的典型现货价格为 0.04 欧元 /kWh 左右,但可以是零,甚至可以是负的。0.20 欧元 /kWh 的高电价也会出现。

终端用户可以对价格的一般模式做出反应(如夜间电价较低),也可以对其实际值做出反应。为了对实际值做出反应,例如,应使用自动化解决方案,如在采用电加热的家庭用户现货价格项目所示[9]。另一种方法是在极端电价发生时通知终端用户。如果每年发生几次,则终端用户可以手动调整用电量。

在现货价格场景中获得某种程度的需求响应的先决条件是需有这样的通信系统,该系统能够向电力用户发布第二天的逐时现货价格。

电力需求的远程控制

对于现货价格,无论是否签订金融合约,终端用户均要负责需求响应(如电动汽车充电的时间)。终端用户还可以选择将优化充电的任务交给电力零售商或车队运营商。电力零售商可以提供简单的合同,例如固定电价,但与传统固定电价相比可以打折。不同的电力零售商和车队运营商可能提供不同类型的用户充电接口。一些电力零售商或车队运营商可以独立于用户需求来决定电动汽车充电时间,而其他电力零售商或车队运营商为电动汽车充电则可能部分或完全受用户的影响。这样设置的优点是电力零售商和车队运营商可能会由于批量进行而降低自动化和控制系统的成本。但是,这种设置需要双向通信系统,电力零售商和车队运营商需要了解每辆电动汽车的状态,例如驾驶模式、充电偏好和电池荷电状态等。

2.6.5 调节功率市场中的期货合约

电力零售商还可以在定价机制中包括调节功率,以利用调节功率市场中电价的巨大变化。对于需求可控的终端用户,调节功率可以降低用电成本(例如,将电力需求调节到低电价时期)。为了积极参与调节功率市场,电力需求可以远程控制,或者终端用户可以收到需要调节功率的特定电价信号。

2.7 不同电力市场中的电动汽车

本节介绍电动汽车和电力市场之间的3种交互方式,从电动汽车车主和市场之间合约结构的最简单模型开始。考虑的3种不同的充电策略是:

1)即时充电。无论电价如何,只要用户需要,电动汽车就会充电。

2)延迟充电。电动汽车在预定的时间段充电,例如在夜间。充电由简单的定时器控制。

3）基于市场电价或车队运营商的电动汽车充电。电动汽车选择在电价最低的时段充电，例如基于接收到的电价信号，第二天早上 07:00 之前的 3h 为电价最低时段。此方案的高级版本涉及引入车队运营商以优化电动汽车聚合池的充电策略。

这 3 种充电方案都适用于 3 种合同结构，但第三个合同结构下电力市场规则发生微小变化除外，下面将对此进行说明。

2.7.1 合同结构 1：当前现货市场

在合同结构 1 框架下，电动汽车可以与当前的现货市场相互作用，但该电力市场的规则不能有任何改变。配备传统手动离线电表的电动汽车车主必须在固定电价下充电，因为他们无法使用智能充电。随着电价随时间的波动，终端用户可以决定以简单或更高级的方式对其做出反应。

配备分时电表的电动汽车车主可以通过实时电价合约类型来决定购电。假设引入其他电力销售产品，这可能是一个简单的分时电价合同（例如，晚上和周末的电价）或尖峰电价合同（例如，偶然的高电价和低电价）。

通过分时电表与智能家居设备相结合，对作为现货价格的逐时信号做出反应可以变得更加智能。这种结合使电动汽车车主有机会利用电价的波动，来获得更有利的电价。如 2.5 节所述，未来终端用户电价的构成可以包括输电电价和税费的时变性，以便给予电价更多的时变灵活性。

图 2.8 显示了电力市场中电动汽车车主和电力零售商之间的交互和通信，并且仅在每天 14：00 发布现货价格。

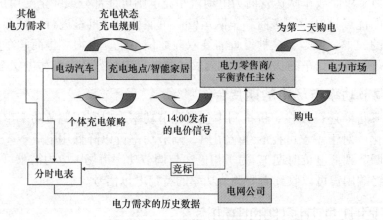

图 2.8 合同结构 1 的通信模式

在这种情况下，电价由电力零售商发布，并由家庭用户接收。从终端用户到电力零售商的唯一传递信息是历史用电数据。电力零售商基于这些数据制定第二天的用电需求计划。

基于历史数据的购电

如图 2.8 所示，家庭用户的电力需求由分时电表进行登记，并通过电网公司

第 2 章　电动汽车与当前北欧电力市场

向电力零售商提供逐时电力需求的历史数据。这些数据基于电动汽车的用电量和家庭的其他用电量。连接到电动汽车智能家居设备可以将其充电状态及其预定义的充电规则的信息传送到充电点。

拥有电动汽车的大量电力用户，电力零售商可以基于历史用电数据预测第二天电动汽车的总电力需求。这是目前适用于大多数终端用户的预测用电量程序，包括小型、大型终端用户。

基于所有电力用户需求的历史数据，电力零售商将电动汽车的需求（及家庭用户的其他电力需求）送达电力市场用于第二天的负荷预测。当现货市场关闭且未来 24h 的电价固定时，电力零售商向电动汽车充电点发出电价信号。电动汽车可以基于其充电策略根据已知的电价进行充电。

2.7.2　合同结构 2：现货市场与调节功率市场

在合同结构 1 框架下，电动汽车仅对现货价格做出反应。相对于固定电价合同，这使电动汽车充电成本降低成为可能。但是，如果电动汽车的电价受到调节功率电价的影响，成本可能会进一步降低。这是因为调节功率的电价变化大于现货电价，而且电池容量可以得到充分利用。调节功率或多或少定义为可在 15min 内被激活的用电量。

该合同结构需要转变为当前规则。北欧调节功率市场处理电动汽车面临三大挑战：

1）目前要求调节功率的供应商必须安装有在线测量装置。这对于拥有数千辆电动汽车的车队运营商来说是一笔不小的费用。下面假定可以降低此要求的标准。

2）目前最低竞标规模为 10MW 的要求使电动汽车无法单独参与功率调节市场。这就需要聚集数千辆电动汽车才能达到 10MW 功率的要求。

3）由于调节功率而启动或停止对电动汽车充电将改变预期的充电策略，从而改变现货市场需求竞标所基于的历史数据的可靠性。

电动汽车要在调节功率市场上发挥作用，电力零售商和电动汽车之间需要互动交流。该通信可以是单向电价信号，其中电价信号可以激励电动汽车车主改变其充电策略。充电可以根据调节市场的电价信号启动或停止，电力零售商可以基于历史数据预测其影响。此设置非常简单，可以在预测中提供一定的准确性。2.7.3 节将介绍更高级的解决方案。

图 2.9 显示了电力市场中终端用户和关键参与者之间利用现货价格和调节功率市场之间的互动和交流。与合同结构 1 相比，电价信号在 14：00 被发送到电动汽车充电站，当调节功率竞标时，需要额外的电价信号。在此合同结构中，仅考虑对电动汽车的本地控制。虽然处于北欧电力现货市场和北欧调节功率市场的双重监管下，但该体系在现有电力市场规则下需要些许改变。

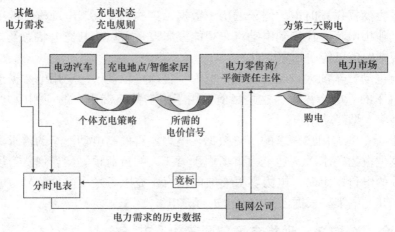

图 2.9　合同结构 2 的通信模式

2.7.3　合同结构 3：由车队运营商控制的电动汽车

通过引入更先进的在线测量通信设备，可以满足调节功率市场中可预测结果的要求。为了能够在功率调节市场中给定输出，需要更多的信息。在集中式控制系统中，车队运营商可以采集信息流，包括电动汽车的状态。

个人电动汽车将需要电价信号，无论该电价信号是直接来自电力零售商还是来自车队运营商。在车队运营商管理情况下，车队运营商将需要其管辖的所有电动汽车的历史数据或统计数据才能回答以下问题：电动汽车当前的充电状态是什么？当前是否正在充电？电动汽车车主的驾驶模式是什么？电动汽车的预先定义是什么？

图 2.10 显示了现货市场和功率调节市场中车队运营商参与的情况下，各主要参与者之间的互动与交流。在此方案中，车队运营商在现货市场和调节功率市场进行投标，因此需要与电动汽车进行实时通信。为了优化运营，车队运营商需要了解平均用电量、潜在额外用电量和潜在用电减少量。

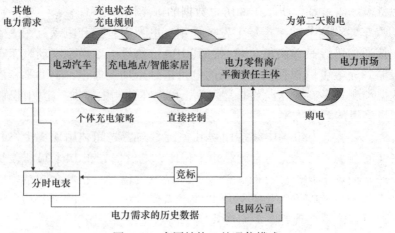

图 2.10　合同结构 3 的通信模式

第 2 章　电动汽车与当前北欧电力市场

2.7.4　结论

个人电动汽车的本地控制最适合合同结构 1（仅限现货市场），并可与固定电价、分时电价、尖峰电价或现货电价相结合。目前这是可行的且设置非常简单，唯一的要求是每天发布一次电价。

通过车队运营商进行集中控制与合同结构 3 更具相关性，其中电动汽车也可在调节市场中运行。合同结构 2 和 3 可能对电力用户（电动汽车车主）有更具吸引力的电价优势，但也需要更高级的实时通信。但由于 TSO 的框架要求，这在目前是不可行的。

参考文献

[1] Ea Energy Analyses (2009) CO_2 emissions from passenger vehicles. Ea Energianalyse A/S, September.
[2] Danmarks Statistik (2009) Nøgletal for Transport 2008. Danmarks Statistik, February 2009.
[3] Dansk Energi (2009) Elforsyningens tariffer & elpriser pr. 1. januar 2009, May.
[4] Dansk Energi (2009) Vejledning for tilslutning af ladestandere i lavspændingsneettet, November.
[5] M. Togeby, J. Werling, J. Hethey *et al.* (2009): Bedre integration af vind – analyse af elpatronloven, treledstariffen for mindre kraftvarmeanlæg, afgifter og andre væsentlige rammebetingelser. Ea Energianalyse og Risø DTU, Copenhagen, June.
[6] Nordel Demand Response Group (2006) Enhancement of demand response.
[7] Danish Energy Agency (2010) Redgørelse om mulighedrne for virkningerne af dynamiske tariffer for elektricitet, June.
[8] Skatteministeriet (2010): Redegørelse om muligheder for og virkninger af ændrede afgifter på elektricitet med særlig henblik på bedre integration af vedvarende energi dynamiske afgifter. May, 2010.
[9] DI-Energibranchen (2009) Prisfølsomt elforbrug i husholdninger. DI – Energibranchen, SYDENERGI a.m.b.a., SEAS/NVE a.m.b.a., Siemens A/S, Danfoss A/S, Ea Energianalyse A/S, August.

第 3 章

未来电力市场模式下的电动汽车[⊖]

Charlotte Søndergren[1], Christian Bang[2], Camilla Hay[2], Mikael Togeby[2]

1. 丹麦能源协会，丹麦灵比
2. Ea Energy Analyses A/S，丹麦哥本哈根

3.1 引言

第 2 章介绍了当前的北欧电力市场，并讨论了大规模电动汽车并网给电网带来的挑战。本章进一步展望未来，并讨论适合电动汽车并网的未来市场模式。3.3 节介绍了适合电动汽车大规模并网的不同电力市场候选模型的可能性。3.4 节解决了与当前电力市场设计相关的一些挑战性问题。在很大程度上，讨论的出发点是现有的北欧电力市场模式。3.5 节提出了处理配电网阻塞相关的挑战性问题的不同方法。

3.2 概述

本节讨论各种潜在的电力市场和参与者，这些可能与电动汽车车主允许电动汽车提供调节功率和自动备用容量并处理大规模电动汽车并网可能带来的潜在问题息息相关。此外，还介绍了如何处理配电网中的阻塞问题。在电力批发市场和用于设置调度的电网运行状态中，列出了一系列不同的方法。

3.2.1 现货市场

电动汽车最容易参与的市场是现货市场，因为它只需要电动汽车车主与负荷平衡责任主体（LBR）达成协议，并且有逐时测量的电表。

但是，如果大量电动汽车参与现货市场，配电网可能会出现阻塞，目前电力市场结构尚无法应对。所谓的"旅鼠效应"可能会出现：如果配电网不能提供电价信号来避免这种情况，所有电动汽车都会选择在同一低电价的时段进行充电。因此，利用车队运营商和各种电力市场手段便成为解决方案，如区域电价或电网阻塞费。

[⊖] 本章介绍了爱迪生项目报告 2.3："未来电力市场模型下的电动汽车"和 FlexPower 项目的发现。

第3章 未来电力市场模式下的电动汽车

3.2.2 调节功率市场

如果电动汽车要进入调节功率市场,那么需要附加安装造价昂贵的实时测量装置是个问题,要么必须放宽要求,要么必须加以解决。如果放宽了对较小容量单元的要求,那么 FlexPower(3.3.4 节中所述)等概念将变得可行。如果竞标要求也放宽,则会自发形成"自调节",并且它将预测需求响应的责任交给了输电系统运营商(TSO),因此,不需要电力零售商发送竞标来调节功率。与电动汽车参与现货市场的情况一样,配电网的阻塞问题也需要电动汽车车队运营商或新的各种电力市场工具来解决。

3.2.3 自动备用容量

为了参与自动备用容量市场,电动汽车车主要么必须签订协议,以便在电网频率降低时被停止充电时获得补偿(类似于 3.3.6 节示范项目中所述的调频备用容量),或与车队运营商签订协议通过电动汽车用户池来提供自动备用容量。前者,当频率低于预定频率下限时,会自动切断相关设备。同时,车队运营商的概念中需要一种技术来控制电动汽车的充电,并在这方面提供频率控制(类似于 3.3.7 节中描述的特拉华州项目)。

3.2.4 配电网阻塞

配电网中的阻塞原则上可以通过两种方式处理:直接控制或调节市场电价方法(间接控制)。如何处理配电网中的阻塞问题取决于电动汽车所参与的市场。如果想获得相同的精度,电动汽车参与的电力市场越多,解决方案就越复杂。参与持续调节功率市场,如果考虑动态电价,还需要不断更新与配电网阻塞相对应的电价信号。

配电网中的阻塞问题也可以通过允许来自电网公司的直接控制来处理。此解决方案不太准确,但较为简单。否则,必须增强配电网。通过对比这些候选项的成本将表明在何种情况下采用何种手段。

本章描述了处理系统平衡和配电网阻塞的混合方法。适合爱迪生项目中的虚拟发电厂(VPP)满足最低要求,从而使该方法适合当前系统,且无需变化。它同时考虑现货市场和调节功率市场中的电动汽车,并且具有相对社会经济性和简单性。如果通过直接控制处理配电网中的阻塞问题,则该方法可以稍微简化。

3.2.5 配电系统运营商的角色

管理配电网的阻塞,并考虑到终端用户对电价信号的反应,使用电网增强以外的手段,是一个新的和未探测的领域。所有方法都需要比现在对配电网有更多的了解。

此外,必须提出处理配电网阻塞和预测电力用户反应的新方法。特别是,绘制配电网阻塞图、终端用户的地域差异、通过补偿机制定价以及研发包括电价依赖性需求的新工具,是以新方式处理配电网阻塞问题之前需要克服的障碍。

3.3 适用于电动汽车并网的调节功率与备用容量候选市场

为了促进电动汽车的大规模并网,需考虑到电力市场模型和市场的各个方面。与电动汽车相关的潜在电力市场是调节功率市场和自动备用容量市场。3.3.1 节和 3.3.2 节分别简要描述了调节功率市场和自动备用容量市场。3.3.3 节 ~3.3.7 节描述了如何将电动汽车等小型消费单元纳入北欧调节功率市场的具体建议,以及电力市场需要进行哪些潜在变化才能使其与电动汽车相适应。

3.3.1 调节功率市场

由于发电和用电必须始终处于平衡状态,因此最终运行时段内的偏差需输电系统运营商来维持平衡。在北欧国家,这是通过调节功率市场来完成的。随着可再生能源的应用将成为减少化石燃料排放日益重要的手段,发电将变得更具间歇性(太阳能、风电等)。因此,预计调节功率的需求将会增加。

在北欧国家,有一个由 TSO 管理的共同调节功率市场,并设有公共排队法的投标清单。负荷或发电平衡责任主体的投标由量(MW)和电价(欧元 /MWh)组成。在丹麦,最小竞标规模为 10MW,最大竞标规模为 50MW。提供调节功率的所有竞标都收集在共同的北欧运营信息系统(NOIS)竞标清单中。对于上调服务,竞标以电价由低到高顺序进行排列(高于现货价格);对于下调服务,竞标以电价由高到低顺序进行排列(低于现货价格)。竞标在运行时间 45min 之前可以提交、调整或删除。考虑到输电系统中的潜在阻塞,TSO 通过此 NOIS 竞标清单管理来启动最便宜的调节功率。由于调节功率在本质上是具有针对性的(必须在 15min 内完全启动,持续时间可能有所变化),因此要求对现货市场进行价格溢价。正是这种更大的电价波动,使得电动汽车用户对调节功率市场特别感兴趣。通过进入这个市场,电动汽车用户将能够利用这些电价变化,在电价低时为其车辆充电,在价格较高时避免充电。图 3.1 给出了 2005~2010 年间丹麦西部电网和东部电网调节功率电价与现货电价之间逐时差异的历史曲线。在此期间,丹麦西部电网的平均现货价格为 309 丹麦克朗 /MWh,东部电网为 325 丹麦克朗 /MWh(此时汇率为 1 欧元 ≈7.44 丹麦克朗)。为便于说明,垂直轴限制为 ±500 丹麦克朗 /MWh。但是,最大值和最小值远远超出该范围。

图 3.1 和表 3.1 强调了一些相关方面。首先,在 25%~33% 的时段内,调节功率电价与现货价格相差在 1 丹麦克朗 /MWh 之内。然而,当出现偏差时,它们就相当大。这反映在以下事实中:12%~15% 的时段内出现大于 ±100 丹麦克朗 /MWh 的偏差,其中超过一半的偏差发生在下调功率服务时段内,即低(或负)调节功率电价的时段,电动汽车用户对此特别感兴趣。其次,有趣的是,历史曲线的两端都非常陡峭。因此,尽管数量很少,但曲线末端的时段变化都很剧烈。

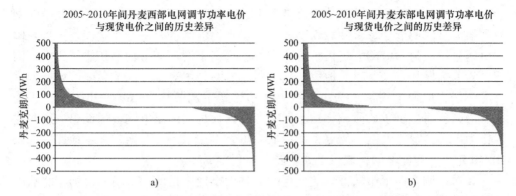

图 3.1 2005~2010 年间调节功率电价与现货电价之间的历史差异：a）丹麦西部电网；b）丹麦东部电网

表 3.1 2005 年到 2010 年 8 月中旬期间丹麦西部电网与丹麦东部电网调节功率电价与现货电价之间的历史差异

	丹麦西部电网	丹麦东部电网
平均现货价格（丹麦克朗/MWh）	309	325
平均绝对电价差（丹麦克朗/MWh）	65	65
最小电价差（丹麦克朗/MWh）	−6566	−10136
最大电价差（丹麦克朗/MWh）	7034	14712
电价差低于 ±1 丹麦克朗/MWh 的小时数（%）	33	25

鉴于现货价格与调节功率电价在相当长的时间内存在很大的差异，而且当任何给定时段内平均偏差达到 66 丹麦克朗/MWh 时，会吸引电动汽车用户进入该电力市场。这对于鼓励提高电动汽车渗透率与提供必要的平衡服务都是切实可行的方法。

3.3.2 自动备用容量市场

虽然调节功率市场在运营时间内用于处理较大的偏差，但快速响应的自动备用容量可以处理较小的偏差。有不同类型的自动备用容量，根据类型，起动这些自动备用容量，其提供者可以同时收到备用容量付款和能源付款。合约条款表明，起动自动备用容量能确保系统频率维持在 49.9~50.1Hz 范围内。起动自动备用容量费用昂贵，因此电动汽车有潜在的优势。

3.3.3 丹麦 TSO 自我调节的建议

为了增加小型电力消费个体参与调节功率市场的机会，作为输电系统运营商（TSO）的丹麦国家电网公司于 2010 年发布了题为"为小型电力消费个体和其他小型电力用户适应调节功率市场制定的监管框架"（Energinet.dk，2010）。

丹麦国家电网公司（Energinet.dk）的建议基于以下前提：风电的大规模并网将需要大量的调节功率，并对新型备用容量和输电网扩容进行大量投资。丹麦国家电网公司认为输电网大规模扩容的成本远远高于增加调节功率相应的成本。因此，为了确保其市场竞争的地位，丹麦国家电网公司对扩大调节功率市场框架进行了调研，以便电力需求和小型机组能够活跃于调节功率市场。2010年，丹麦国家电网公司提出了如何调整功率框架的建议。丹麦国家电网公司设想，这些建议作为迈向"智能电网"的更大举措的一步，将在未来几年内实施。预计在未来10~20年内，智能电网将取得重大发展。

在讨论调节功率市场框架的变化时，必须牢记，目前调节功率市场在北欧国家是很常见的。因此，丹麦电力市场的任何建议变化都必须遵循这个大背景，随着北欧市场与欧洲市场的进一步融合，这种背景预期将更为凸显。话虽如此，丹麦国家电网公司确实预见到一些潜在的变化。首先，调节功率的时限可能会缩短，从而增加市场的灵活性，使得调节功率电价的设定更接近于实际运营时间。另一个变化可能是在运营时段内（与现在相反，目前调节功率电价在运营时段1h后发布）发布调节功率电价。特别是，在运营时间内发布调节功率电价可以吸引更多电动汽车用户参与调节功率市场，下文将对这种可能性进行深入讨论。

一般来说，丹麦国家电网公司提出了将电力需求纳入调节功率市场的两种方法：
- 在现有电力市场规则下参与调节功率市场，提交排队竞标清单。
- 自我调节。

1. 在现有电力市场规则下参与调节功率市场

只要竞标符合现有标准（最小竞标规模、实时衡量、重新起动能力等），现有的电力市场规则确实允许电力需求参与调节功率市场。但是，对于容量较小的个体，标准可能存在问题。例如，上文提到限制低于10MW的个体参与调节功率市场，例如电动汽车。为了解决这个问题，在发电侧已经形成了由平衡责任主体集中发电资源的传统，从而使较小的发电机组能够参与调节功率市场。丹麦国家电网公司期望并将支持需求侧的类似发展（Energinet.dk，2010）。

2. 自我调节

丹麦国家电网公司提出的一种更新颖的方法就是它所说的自我调节。该概念能够让小规模电力用户对调节功率电价做出反应。调节功率电价将在实际运营时间内发布，在北欧共同电力市场上该电价激活最近的竞标。通过这种模式，电力用户将有机会通过自我调节（差额结算）在调节功率市场中盈利。要从该系统中获益，终端用户必须安装分时电表，尽管它们不需要实时测量。

这种自我调节也可以分为两大类。第一，根据预先签订的协议，负荷平衡责任主体（LBR）对部分终端用户的用电设备进行远程控制。例如，给电动汽车充电或起动热泵。作为放弃对这些设备的日常控制的补偿，终端用户将在某种程度上得到较低的电价优惠。根据这些协议，LBR可以利用这些用电设备参与调节功率市场,并产生额外的收益。

另一类自我调节是 LBR 根据调节功率电价制定用电方案。这种方法的关键方面是,不需要较小用电单元向丹麦国家电网公司提交竞标。终端用户(例如通过交易商、车队运营商)只需接收电价信号并据此采取用电策略。如上所述,该电价信号将基于来自大型发电厂的最新启用的调节功率竞标(加上附加电价)。然而,运营小时内发布的调节功率电价不一定是该小时内的最终调节功率电价,只有将不同领域之间的瓶颈因素考虑在内后,才能确定该电价。电价信号与实际调节功率电价之间的潜在差异所造成的风险,是 2010 年丹麦国家电网公司商业模式中其商业行为者在电力市场中所面对的风险之一。在此模型中,丹麦国家电网公司需要预测通过自我调节所激活的功率。丹麦国家电网公司在其预测模型中整合并利用自我调节数据,也就是说,在给定的电价信号下确定自我调节功率大小。2010 年,丹麦国家电网公司指出,即使在现行制度下,LBR 也能够基于对调节电价的估算进行自我调节。当然这种方法有一定风险,但是如果调节功率电价在运营时间发布的话,这种风险就会大大降低。

3. 自动备用容量

尽管丹麦国家电网公司建议主要侧重于手动备用容量和调节功率市场,但它也提到,如果它们能够表现出所需的灵活性并能对用于启动备用容量的电价信号做出反应,那么用电设备也可以参与自动备用容量市场。3.3.7 节描述了美国特拉华州的电动汽车用户参与此类电力市场的应用案例。

3.3.4 FlexPower

在丹麦国家电网公司的支持下,FlexPower 项目组调查了将需求用作稳定且低成本的资源来调节功率的潜在可能性。作为起点,现有的调节功率运行良好,并为调节功率市场提供了主要的调节容量。其理念是开发一种每 5min 更新一次的电价信号,并将其发布给所有乐于参与该项目的终端用户。响应是自发的,并以电价信号作为最终结算。有兴趣参与这个系统的终端用户应有一些适合控制的日用电器,其中电动汽车就是最好的例子。终端用户通常会安装一些自动控制系统用于接收发布的电价并实现相关控制。

在项目中,将设计和测试一个简单而高效的电力市场。其概念与上述自我调节变化类似,即市场将利用单向电价信号来激活电力需求和小规模发电来调节功率。当需要上调服务时,电价会升高;而当需要下调服务时,电价将降低。电价应与传统调节功率市场中的最新报价相对应。FlexPower 项目和上述自我调节方法之间的主要区别是,在 FlexPower 项目中,平衡责任主体将根据历史数据预测用电设备集中控制带来的影响,并在此基础上向丹麦国家电网公司发送竞标。

FlexPower 项目令人感兴趣的是,它可以在丹麦国家电网公司强调的两个方向选择其一进行研发:通过适应现有电力市场或通过自我调节的形式。在第一种形式下,平衡责任主体利用交易所条款并进行符合现有 10 MW 竞标规模的投标。

当 TSO 启动竞标时，平衡责任主体发出其认为足以激活其小型终端用户的电价信号，以提供 TSO 所需的调节功率。然后对这些个人用电设备进行监测以确保投标的交付，从而再次遵守现有市场规则。

在自我调节变化下，TSO 发送的电价信号直接发送给终端用户。当终端用户只是对电价信号做出反应，竞标不会被激活，此时 TSO 负责预测反应的结果。这两种形式之间的主要区别是，在前者中，预测需求响应的责任（实际电力需求偏离竞标）将落在平衡责任主体身上；而在后者中，该责任将落在丹麦国家电网公司身上。将这一责任交由任何一方承担是有有效条款依据的。丹麦国家电网公司可以访问有关整个系统的更多数据，因此它更适合进行与确定综合电力需求响应相关的预测（例如，来自平衡责任主体的用户）。另一方面，在日益自由开放的电力市场中，这项任务应由私人市场行为者来承担，与预测不准确有关的风险应纳入其商业模型中。自我调节的变化也很复杂，平衡责任主体代理人对由丹麦国家电网公司发送的电价信号引起的不平衡（现货市场上的购电量与用户实际用电量之间的偏差）负责，而平衡责任主体无法控制电价信号。

图 3.2 显示了当前 FlexPower 项目的架构，在调节功率市场中利用平衡责任主体进行竞标。各种箭头表示资金流、信号、结算、数据流和竞标。

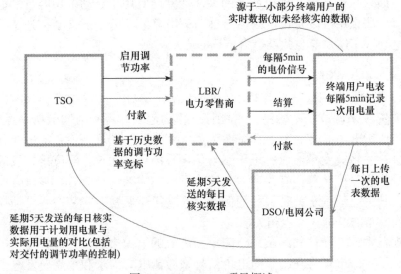

图 3.2　FlexPower 项目概述

图 3.2 显示了可以适应现有电力市场规则的 FlexPower 项目架构，但有一点例外，即要求当前所有调节功率单元能够实时测量。FlexPower 概念放宽了此要求限制，允许终端用户每天向配电系统运营（DSO）报送一次数据。在现货市场购买了预期所需用电量后，LBR 会基于历史电价数据向调节功率市场提交其可支配的竞标。与所有其他调节功率竞标一起在北欧运营信息系统竞标清单（NOIS list）中进行排队分类。当 TSO 启动竞标时，它会通知 LBR，就像启动任何其他调节功

第 3 章　未来电力市场模式下的电动汽车

率竞标一样。根据历史数据和可获得的最新信息，LBR 决定向 FlexPower 终端用户发送电价信号，以实现所需的调节功率。

终端用户，很可能通过某种形式的自动化，然后根据电价信号调整其用电量。如果 TSO 已启动上调服务，则高于现货价格的电价信号将发送给终端用户；如果启动下调服务，终端用户将收到低于现货价格的电价信号。终端用户的任何响应都是自发的，并且与接收到的电价信号相一致，每 5min 记录一次用电量。该数据存储在本地，每天向 DSO 报送一次。考虑到延迟长达 5 天以确保质量控制，这些数据随后被转发给 LBR 和 TSO。不过，还有可能将未经核实的数据提前发送给 LBR 和 TSO，以便用于数据分析。

根据这些数据，TSO 可以清算承诺的调节功率和实际交付调节功率之间的任何不平衡。

图 3.3 显示了 FlexPower 下事件的时间轴，其中 TSO 在 08:22 激活竞标，并且此电价信号在 08:25 由 LBR 发送到终端用户。竞标在运营小时前 45min 可以持续更新。07:15 更新竞标将是从 8:00 开始的运营小时之前的最后一次更新。图 3.3 强调了一个事实，即从现货市场结算（13:00）到第一次激活竞标（08:22）经历的小时数。因此，对于 LBR 来说，在运营小时前 45min 更新竞标是切实可行的。在上述示例中，08:22 激活竞标的最新竞标应在 07:15 发送。

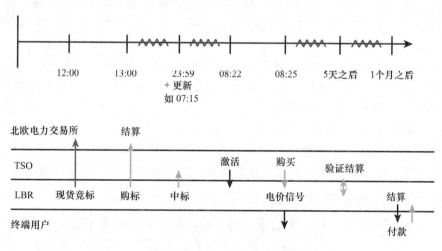

图 3.3　FlexPower 的时间轴

FlexPower 总结

上述 FlexPower 概念的优点是，它对于终端用户和丹麦国家电网公司来说非常简单，并且能够适应现有的调节管理框架和市场规则。参与 FlexPower 的电动汽车用户只需预先定义充电需求，并自动响应相应的电价信号。与此同时，对于丹麦国家电网公司，FlexPower 仅代表一个额外的调节功率竞标，其激活方式与其他现有竞标的激活方式相同。FlexPower 激活方式可能比传统激活方式的准确

53

程度更低，因此可能导致必须激活额外的竞标。这是一个需要在 FlexPower 项目中进行调研的领域。

上述概念的复杂性在于平衡责任主体，因为它们必须生成价格曲线，解决一些财务问题并预测相关风险。FlexPower 项目的关键部分涉及设计和测试各种供平衡责任主体与终端用户使用的预测、建模工具及技术。

3.3.5 调节功率市场的其他潜在变化

除了上述丹麦国家电网公司和 FlexPower 提案外，专家学者还建议对现行电力市场规则进行其他修改。2008 年 12 月，北欧电力专家协议会（Nordel）发布了一份题为"北欧国家功率平衡监管协调"的报告（Nordel，2008），该报告分析了北欧调节功率市场之间的差异，并就如何进一步协调这些差异提出了建议。此外，报告还提到今后可能发生的变化。

尽管丹麦目前的最低竞标规模为 10MW，但丹麦国家电网公司在与投标人达成协议后可以激活竞标的一部分。这可能特别适用于电动汽车，因为基于多个电动汽车用户的竞标非常适合部分竞标这种方式。此外，Nordel 还打开了未来较小竞标规模的大门，这是另一个适合小型终端用户（如电动汽车）的方面。直到目前，北欧国家的竞标在很大程度上都是人工处理的。特别是随着更多的北欧国家转向自动通信投标（丹麦在 2008 年就这样做了，瑞典已经引进了它，挪威有一个解决自动化的项目），这将允许较小的竞标规模。报告还表明将帮助促进需求侧竞标（Nordel，2008）。

上述报告涉及的另一个主题是，其他类型的竞标有可能列入北欧共同的调节竞标清单中，即 NOIS 竞标清单。例如，快速响应竞标可以指定在投标清单上，并作为特别规定使用。其理念是，这些快速竞标在用于正常平衡调节时不应在 NOIS 竞标清单上得到任何优惠待遇，但可以在特殊情况下使用，从而被有序地利用。与此相关的是，报告还建议，可以在 NOIS 竞标清单上列出较慢的竞标，并用作特别规定使用，尽管只有在所有正常竞标使用完时才会出现这种情况。

3.3.6 需求作为调频备用容量

在北欧电网中为维持发电与需求的平衡，电网频率必须保持在 49.9~50.1 Hz 之间。当系统中某处发生崩溃时，频率将下降，必须使用备用容量快速重建系统平衡。目前，这些备用容量主要由发电侧来提供，包括发电机的额外容量和联络线的备用容量，这些电力容量本可以在电力市场上进行交易。值得注意的是，北欧同步系统中每月频率超出预期的 ±100mHz 频段的分钟数是既定目标的 10 倍以上。因此，未来的重点是提高频率的质量（E-bridge，2011）。

今后，调频备用容量也可以由需求侧单元减少其用电量来提供。这可以通过使用频率控制的需求来提供。特别是，如大容量加热器和冰箱的自动调温控制负荷具有循环开/关特性，因此非常适合用作调频备用容量。耗电量小的家庭用电，如电动汽车，也可以提供备用容量。

2011年和2012年，在丹麦博思霍尔姆岛上启动了由丹麦国家电网公司资助的"电力需求作为调频备用容量（DFR）"示范工程。在该工程中，大约200个电力客户安装了自动控制装置，其中涉及适合短时间自动停用或减少用电的用电设备（通常为几秒钟到1min之间）。参与示范工程的四种类型用电设备如下所示：

• 商店中陈列的50个瓶装冷却器，内置自动调节功能，可根据当前频率将冷却器的温度设定点提高2 ℃。

• 房屋内装有50个丹佛斯恒温器控制单元控制电加热器，可根据当前频率调节温度设定点。

• 30个电子管家，作为无线智能家居单元可以控制所选定的用电设备，如冰箱、冰柜、电加热器、热泵等。控制单元在频率下降期间关闭所连接的设备。

• 50个智能控制单元，用于企事业单位等较大用电场合，适合变频用电。

在工程期间记录和分析参与消费者获得的需求侧响应，以评估示范工程的性能。该工程由Østkraft、丹麦科技大学、丹佛斯、Vestfrost和Ea Energy Analysis实施。

3.3.7 通过V2G的频率控制

在美国东部的特拉华大学，从事电网集成车辆（GIV）和车辆到电网（V2G）电源研究的小组开展了一个项目，其中电动汽车（EV）为当地TSO提供频率备用容量服务。

该项目的核心思想是，随着车辆的电气化，电动汽车的储能容量将非常大，这种容量可用于提供各种辅助服务。之所以能达到这种能力，是因为大多数电动汽车每天的行驶里程比电池容量所允许的要少得多，而且电动汽车每天会停放22~23h。其次，与提供辅助服务的能力也有关，因为这意味着，如果插上电源，可以每天22~23h提供这些服务。就效果而言，电动汽车能够提供超过100kW的发电量。但是，配电网和充电对该功率值有所限制。在美国，向电网的馈电功率一般在10~20kW之间。在丹麦，目前这一数字更低，仅约为3.6kW（单相16A连接）。然而，预计在不久的将来，电动汽车用户采用三相16A连接能提供11kW的功率。

特拉华研究小组强调了他们开发的GIV项目的三个主要组成部分为（Kempton, 2010）：

• 电动汽车智能连接，负责控制充电、向服务器报告（容量和当前状态）以及记录、预测未来行程和时间。这个小装置安装在电动汽车的仪表盘下。

• 电动汽车充电设备，包括充电站、互联网接口和电源连接。

• 用于协调电动汽车实时运行的集群调控中心。

TSO需要可预测且安全的电源来提供调频备用容量服务。因此，上述第三条的集群调控中心是工程的一个至关重要的方面。尽管单辆电动汽车的行为通常是不可预测的，但大量电动汽车聚合在一起是可预测的，因此可以提供单一、大型、稳定和可靠的电源（Kempton，2010）。有了这个可支配的电源，集群调控中心就可以在调频备用容量市场上竞标。TSO无法访问单辆电动汽车的有关信息，只能访问整体信息。

特拉华州是区域输电组织（RTO）的一部分，还包括伊利诺伊州、印第安纳州、肯塔基州、马里兰州、密歇根州、新泽西州、北卡罗来纳州、俄亥俄州、宾夕法尼亚州、田纳西州、弗吉尼亚州、西弗吉尼亚州和哥伦比亚特区。在该区域内，调频由RTO通过自动发电控制（AGC）进行控制。该区域的参与者（通常为发电机组）提交逐时发电容量竞标，最小为1MW。通过AGC，RTO根据需要激活所接受的竞标。被接受的竞标要求竞标人在5min内提供上调频率服务或下调频率服务，并且可以要求竞标人在1h内这样做多次。虽然所提供的电能有少量是单独付款的，但合同主要还是按容量付款的，即无论多少次启动备用容量，投标人只会获得相同的容量付款。

作为特拉华州项目的一部分，必须解决一些与标准有关的立法障碍，将"集群调控中心"和"并网电动汽车"等术语纳入州法律，以及与净计量、联网等有关问题。此外，当地配电公司必须核实每辆电动汽车，以便知道每台变压器上可能带有多少电动汽车。然而，只要这一切到位，集群调控中心就可以在调频备用容量市场上投标。

当TSO通知集群调控中心需要调频时，集群调控中心使用一种算法来计算负荷应该如何分配，并向各种电动汽车发送"请求"。该算法每4s重新运行一次，并根据每辆电动汽车的回复，相应地调整调度策略。例如，如果电动汽车无法实际提供它之前送达集群调控中心的内容，则算法将重新运行并发送新的派单。

项目结果

到目前为止，该项目表明功率响应已经非常接近调度命令。由于硅反应极快，其精准度高于任何旋转设备，因此非常适合频率平衡。由于单个电池对于上调频率或下调频率提供很少的备用容量，单辆电动汽车电池的充电状态可以保持在不会导致电池过度损耗的范围内。从财务上讲，集群调控中心接收TSO的付款，然后将付款转发给各个电动汽车车主。

3.4 电动汽车并网的候选电力市场模式

今天的市场建立在大型发电机组上，特别是北欧电力市场建立在大型水力发电机组上。这种情况造就了适合这种发电方式的电力市场特征。例如，如果需求侧响应已经成为北欧电力市场的基础，那么目前电力市场的架构设计可能与现在大不相同。本节与北欧电力市场架构设置做比较，介绍了完全不同的市场方法。

3.4.1 节点电价（输电网中的节点电价）

节点边际电价（LMP）通常称为节点定价，涉及计算输电网中多个物理位置

（称为节点）的市场出清价格。要计算节点电价，需要每个节点的发电量、负荷和输电特性。基于此，节点电价表示该节点中的电价，包括与配电和阻塞相关的网损。这与北欧电力市场架构设置有很大不同，电价是计算整个投标区域的，而阻塞是通过划分到电价区域来处理的。在这两种情况下，输电容量都是无法更改的既定事实，在能源电价中需考虑到这一点。虽然这两个因素都是基于电力市场的，但节点电价是向特定区域输送电力的成本，并更准确地反映特定节点的电力成本。但是，这种精度的获取代价是相应的更高的复杂性。

节点电价背后的理念是，整个系统平衡与电网阻塞在同一迭代中处理。因此，根据Stoft（2002），节点电价有两个主要好处：①它最大限度地减少了发电成本；②它为终端用户提供了真正的用电成本。从电动汽车的角度来看，在配电网中被充分利用的最大好处是不会造成阻塞，同时有助于整体系统获得平衡。

通过提供每个位置的实际电力成本，节点电价的调度更为高效，并发送能够更好地表示每个节点的成本的电价信号。因此，终端用户能接触到其电力的真实价格，然后可以做出相应的反应。节点电价也可以设计为将输电损耗纳入区域电价，这在北欧系统中目前尚未实现。因此，如果挪威北部发电机组发电成本比丹麦南部发电成本略低，理论上这些电力是可以输送给丹麦南部电力用户的边际电力。然而，这对整个电力市场来说效率不高，如果输电成本也反映在区域电价中，就可以实现节能。

一些电力市场已经使用了区域电价，例如新英格兰。虽然新英格兰有900个不同的电价节点，但是它只有8个不同的电价区域，计算出来的节点电价被用作影子电价。仅采用8个不同的电价区域意味着电力用户之间的电价差异较小。另一方面，精确的奖励和电价波动不会被充分利用。如果电力用户非常活跃，所考虑的电价区域必须更多。

3.4.2 综合竞标

在北欧电力市场，只采用了一些相对简单的竞标类型。例如，在北欧电力交易所现货市场有三种类型的竞标：逐时竞标、块竞标和灵活逐时竞标。同时，在调节功率市场，只存在一种竞标类型（X MW，Y 丹麦克朗/MWh）。对于电动汽车充电等需求侧响应来说可能是一大挑战，因为充电的变化（例如充电中断）将会改变后续（同一天或次日）的电力需求。

北欧电力市场的发电机组基于自身的计算确定其边际发电成本，提交竞标。然后，北欧电力交易所将这些竞标汇集起来，以相应的总电力需求为基准公布每个运行小时的最终电价。

在其他区域，采用了更复杂的竞标形式，发电机必须提交含许多参数的竞标。复杂的竞标不同于目前北欧电力市场的特点主要体现在两个方面：首先，竞标类型更具技术性，更为详尽；第二，发电机组组合问题由电力市场来掌控，不像北欧市场发电商只发送关于价格和发电量信息的竞标清单，而且发电机组组合

开放电力市场下电动汽车并网技术

在某种程度上是由竞标者在将竞标送至电力市场之前计算好的。例如，在新英格兰，发电商竞标包括（Coutu，2010）：
- 经济最小值与经济最大值（美元）。
- 最多提供多达10个竞标块（MW，美元）。
- 最小机组起停次数（时段分割）。
  - 当提交竞标后，必须在规定时间内达到竞标发电量才能停机。
  - 当取消竞标时，必须在规定时间内停机。
- 无负荷运行成本（美元）。
  - 机组运行每小时产生的固定成本。
- 消耗的能源量（MWh）。
- 日最大能源可获取量（MWh）。
  - 爬坡率（MW/min）。
- 机组起动时间通告（热、冷、中间）。
- 机组起动成本（热、冷、中间）。
  - 每次重起发电机组产生的成本。

在新英格兰的日前市场，基于上述投入、购标和备用容量要求，TSO 在运行前一天的 12:00 全网机组优化组合计算。资源、排序与组合（RSC），即为机组组合计算确定哪些资源应在哪些小时内运行，某处负荷介于资源每小时最小值和最大值之间，但此时负荷实际大小尚未确定。在下一步中，进行排序、定价和调度，机组排序通过经济调度算法运行，考虑输电线路约束，并确定负荷曲线、需求清算成本、最终成本和节点边际电价。然后，该机组组合计划同时进行可行性测试，创建约束加入到新的 RSC 中。当这个周期成功完成时，日前市场被出清，并在 16:00 发布日前机组组合与调度方案。结果形成基于成本最低的安全约束机组组合、日前逐时节点边际电价和具有经济合同约束力的调度计划（Turner，2010）。

日前市场出清，结果在 16:00 公布后，有 2h 的重新发售期，一般在 18:00 结束。在此期间，电力市场参与者可以将修订的供应报价和修订信息提交给需求侧竞标，以便对任何可调度资产相关需求侧资源进行调度。

新英格兰的绝大多数电力市场行为都是通过日前市场进行的，竞标和招标导致有约束力的经济合同。这些能源预测的偏差在实时电力市场（即平衡调节市场）中处理。日前电力市场招标，以及重新招标期间对这些招标的修订，将转移到实时电力市场，并结合实际负荷、实际外部交易和更新的约束。在实时电力市场中，调度重新运行，新的节点边际电价每 5min 发布一次。运行日结束后，还将公布最终的每小时的实时节点边际电价。实时结算基于日前计划与实际运行之间的偏差，如图 3.4 所示。

第 3 章　未来电力市场模式下的电动汽车

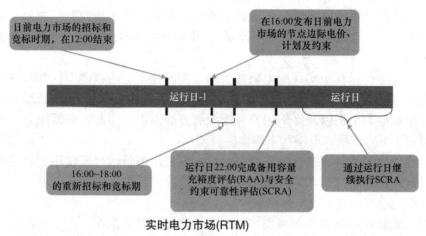

图 3.4　新英格兰日前电力市场（DAM）与实时电力市场（RTM）的情况（Turner，2010）

综合竞标总结

新英格兰和北欧电力市场的主要区别之一是，在北欧电力市场，就竞标而言，参与者必须独立做出明智的决定（并战略性采取行动，例如水力发电），而在新英格兰所有相关参数都提交给 TSO，然后由 TSO 进行优化调度和机组组合。由于 TSO 在新英格兰电力市场可以获取更多信息，而不需要过多猜测，因此预计进行的最优化将带来更高效的调度。在竞标过程中可以囊括其他参数，并将日前电力市场与实时电力市场直接耦合，这非常适合于综合竞标。例如，"储能"或"需求侧响应"这两个方面与电动汽车尤为相关。

3.5　配电网阻塞管理

在未来，随着风电、热泵和电动汽车的大规模并网，配电网的容量会面临诸多挑战。热泵和电动汽车的用电量增加，这本身就会导致一些配电网在高峰时段的容量不足的问题。此外，大规模用电和电价控制需求量相结合，在某些情况下可能会带来新问题。如果需求对电力批发市场电价的反应意味着需求变动大于配电网所能容纳的需求，情况就是如此。

以下讨论仅考虑电动汽车并网情况下，电动汽车慢充电的情景，此时可以根据电价信号优化充电。不考虑电动汽车的其他充电方式，例如快速充电或更换电池。

传统上，用电时产生电力需求，而需求飙升所带来的配电网挑战则通过电网扩容来适应需求的规模和模式来解决。作为替代方案，如果需求是灵活的，可以降低需求峰值（即将某些负荷移动到一天中的另一个小时，以避免电网的短期过负荷）。电动汽车对电力批发市场的电价响应，是引入需求以适应整个电力系统的一种方式。

59

开放电力市场下电动汽车并网技术

  私人家庭住宅（和电动汽车）的需求灵活性必须以简单和自动化的方式包括在内，以便消费者能够灵活轻松地做出响应。如果需求无法控制（例如，如果没有客户或车队运营商想要更改用电计划），并且不存在本地发电，则唯一的选择是电网扩容。

  为了在运行过程中实现配电阻塞管理，需求和发电的调度不仅要基于电力系统平衡（常规电力批发市场），还要基于电网的运行状态（从 DSO 获取）。目前，调度只根据电力市场以及终端用户对能源服务的需求。因此，必须建立一个同时适用于基于电力市场和电网状态调度的新流程。

  可在用户侧或远程进行需求控制。也可以使用电价信号或使用更直接的控制方法进行，例如通过车队运营商。为了有效地控制需求，必须将配电网状态的信息包含在电动汽车响应的基础信息中。

  车队运营商将电动汽车聚集在一起来直接控制电动汽车。以下的控制方式在性质上更为通用，可以通过车队运营商或不通过车队运营商。值得注意的是，在所述的几种方法中都需要若干车队运营商。这是因为，如果只有一家车队运营商做出反应，则无法使用统计方法来预测用电量及其影响。

  至少应满足以下条件：
- 电力需求必须被控制。
- 代表配电网的状态信息必须被包含在电动汽车响应的基础信息中。
- 引入基于电价的方法需要终端用户（通过电力零售商等）的理性行为。

3.5.1 概述

  以下各节介绍了几种处理和避免配电网过负荷的方法，所有方法都是基于用户自愿参与原则进行的。有些方法基于"胡萝卜加大棒"的政策。但是，其他一些方法并非是参与者自愿参与的，因此本章并未考虑。

  首先，从 DSO 的角度介绍了处理配电网阻塞必须克服的困难。其次，介绍了如何处理电网阻塞的一般思路。接下来，介绍了以下几种处理配电网阻塞的解决方案的原则和优缺点：

1）用电网容量的相应付款。
2）分时电价。
3）直接控制。
4）竞标系统。
5）配电网动态电价：
a. 现货电价；
b. 现货电价与调节功率电价；
c. 实际用电功率。

  最后，描述了一种适用于满足最低容量要求的虚拟电厂（多辆电动汽车的总和）的混合方法，该方法适合当前系统，且无需变化。它同时考虑了身处现货市场和调节功率市场的电动汽车，具有社会经济性且相对简单。

3.5.2 配电系统运营商的作用

在输电网中，现货市场中的阻塞是通过电价信号进行处理的。这意味着，如果存在阻塞，则在阻塞之后区域的现货价格会上涨（阻塞之前的区域不能采用较低的竞标）。在调节功率市场中，阻塞是通过跳过排队竞价清单进行处理的，这意味着其竞标价格较高。原则上，如果能够凸显社会经济效益，TSO 可以通过在输电网中强化电网来"消除"阻塞。这意味着，如果消除阻塞（通过电网扩容或技术解决方案）的价格低于现货市场和调节功率市场的"惩罚"成本，那么 TSO 会进行投资。

那么，问题就变成了配电网是否也能做同样的事情？原则上，答案是肯定的。然而，在实际应用中必须克服诸多困难。

1. 配电网的阻塞定位

为了识别阻塞，配电公司必须全面了解配电网。这将需要进行调研，并意味着对测量设备的投资。配电公司还必须确定强化电网的长期边际成本，以便能够将这些成本与使终端用户在给定时期内转移需求所涉及的成本进行对比。对比这两组数据可以判断是加强还是减少或转移需求，这取决于哪个对 DSO 更具成本效益。

根据需求侧响应的实施方案以及响应的自愿参与程度，配电公司的成本可能包括额外的运营费用，以激励终端用户转移需求。

2. 地理区分

如果必须考虑配电网中的状况，则有必要找到一种方法来表示配电网的信号。这个信号就其本质而言在时间和地理上是相互独立的。然而，相关法规往往限制配电公司根据区域因素制定不同电价。同样，在采用可以利用地域电价的若干所述方法之前，可能首先必须对相关法规进行改革。

此外，由于过去的电网扩容，向终端用户解释两个彼此相连的房屋用户为电动汽车充电却电价不同的原因，这也是面临的一项严峻挑战。

3. 电价相关需求的 DSO 工具研发

一般来说，大多数国家的电力需求并不灵活。因此，需求价格依赖模型仍有待开发，并将其纳入能源系统平衡的方方面面。如果 DSO 要发挥主动的需求控制作用，那么 DSO 必须为用户的电价灵活性行为开发模型。或者，需求侧响应可以由集群调控中心、电力零售商或车队运营商来处理，他们最了解其客户，DSO 可能仅提供有关配电网中灵活用电的可用容量信息。在这两种情况下，必须建立合同和法律框架，将有关各方规定的权利、义务和电价机制纳入其中。

需求电价机制模型基于历史数据。在较小的电网规模下（用户数量也较少，因此数据库也小），使用历史需求数据进行衡量的难度将变得更大。

4. DSO 电价机制

成为商业案例的一个重要先决条件是 DSO 的现有经济法规。该条例应考虑到以下两点：①电网投资的全部成本回收，包括投资资本的回报；②灵活的电费和补偿方案使 DSO 能够在长期边际成本的基础上提供服务。后者可能导致电价差异化加剧，如上文所强调的，这可能带来法律和政治上的问题。

3.5.3 综合法：系统平衡与电网阻塞排序

处理电网拥塞可以或多或少地与处理整个系统中的系统平衡相结合。此外，处理配电网中的拥塞或多或少可以基于电力市场。本节根据不同方法的顺序以及电网连接和系统平衡的处理中的结合程度来介绍不同的方法。这三个类别是：

1）并网过程。

2）分步进行：首先系统平衡，其次电网阻塞。

3）分步进行：首先电网阻塞，其次系统平衡。

此外，还可以考虑迭代过程或上述过程的组合。

1. 并网过程

在并网过程中，根据系统平衡和电网约束对需求和发电进行调度，并在同一过程中进行设置。并网过程（在输电网级别）的一个主要示例是当前北欧现货市场，该市场中系统平衡和区域间阻塞在电力市场拆分过程中处理。这种并网过程是在所有情况下实现最优或接近最优社会经济运行的一种（也许是唯一的）方法。

并网过程的缺点可能是理解和执行过程很复杂。此外，如果配电网阻塞要与整个系统平衡综合起来完成，则需要一个优化过程来处理大量的电网节点。

最大的挑战可能是现有电力市场在并网过程中需要进行一些改变（甚至采用一种全新的方法）。这不是一项容易的任务，因为目前的电力市场是北欧共同电力市场正在向欧洲共同市场迈进，这意味着必须完成大量的协调工作。需要若干年才能获得欧洲共同市场的解决办法。

尽管如此，可能实现的措施包括：

- 节点边际电价（LMP）。
- 符合电网拓扑的分层电力市场。DSO 可以与当地电力市场互动以避免电网阻塞，例如通过竞标系统（本地上抬竞标价格以避免电网约束）。
- 引入基于节点上调电价的电价控制策略来避免电网阻塞。
- 电网容量市场（卖方：DSO；买方：终端用户；售电价格曲线在容量限制处将变得陡峭）并与现货市场平行运行。

2. 分步进行：首先系统平衡，其次电网阻塞

在此分步进行过程中，在处理电网阻塞之前会以单独的步骤解决系统平衡问题。可以预期的是，大部分调度必须优先解决系统平衡问题。这是很合理的，因为系统平衡涉及电网的能量容量，而假设电网阻塞则是处于不正常运行状态。这要求电网阻塞管理必须在调度第一步调整中进行。例如，系统平衡在当前现

货市场进行处理，这可能导致需求和发电的调度，而电网在某些关键位置和时间发生过负荷。过负荷可以在第二步中进行处理，例如在某电力市场中 DSO 可以激活用户提供的特定竞标，从而缓解电网的过负荷部分。此时也可以使用非市场方法（直接控制），例如，根据 DSO 和零售商之间的合同协议直接控制需求量和发电量。

该分步进行过程的优点是相对容易理解，先进行系统平衡，然后处理电网阻塞。该解决方案可以作为当前电力市场体系的延伸，这也是其优点所在，因为不必对当前电力批发市场进行修改。

该分步进行过程的缺点是无法获得最佳解决方案，尤其是在电网约束过大以至于影响电力市场正常运行的情况下。原则上，必须再次进行系统平衡，然后可以考虑下面的方法。

3. 分步进行：首先电网阻塞，其次系统平衡

在此分步进行过程中，在解决系统平衡问题之前，会以单独的步骤处理电网阻塞问题。与目前一样，调度预计将在处理系统平衡的步骤中进行设置。该过程一个非常简单（可能不是非常有效）的例子是，DSO 在第一步中宣布对所有终端用户限制用电量（通过车队运营商或电力零售商），并在当前电力市场交易中的第二步用电中进行容量限制。

与这种方法一致，更复杂（但仍然简化）的过程可能是 DSO 首先为次日运行的每个时间段和每个电网节点设置一个电价，如动态电价。其次，终端用户在当前现货市场竞标时应考虑动态电网电价。如果预计发生电网阻塞，DSO 将为特定时间段和节点设置较高的电价。这将导致需求不会在所涉及的时间段内发生竞标，从而避免电网过负荷。如果存在本地发电，则电价也会在需要时发出信号。必须指出，这一概念包括时变和与区域相关的电费。

该分步进行过程的优点是相对容易理解，先处理电网阻塞，然后实现系统平衡。该解决方案可以作为当前电力市场体系的延伸，这也是其优点所在，因为不必对当前电力批发市场进行修改。

该分步进行过程的缺点是无法获得最佳解决方案，尤其是在电网约束过大以至于影响电力市场正常运行的情况下。先处理电网阻塞的另一个缺点是，很难将激励设定在足够准确的水平以避免发生电网阻塞。

以下各节将更详细地介绍不同类型的方法。

3.5.4 使用电网容量所应承担的费用

目前，电力用户有权从配电网中得到自己的最佳用电方案。如果发生电网阻塞，这可能不合适。对于需要超过一定上限的用户，可以采用特别付款。意大利就有这样的例子，它每户的标准限值是 3kW。该系统简单，也便于用户理解。它需要一种本地控制需求的方式，例如，电动汽车充电与否取决于该家庭用户其他的实际用电量。

容量费用可以是年度支付，也可以按季节进行调整，以反映容量短缺。

设置容量费用至关重要，以便在任何时候不超出容量。这意味着每个家庭用户都进行了局部优化。这是一个非灵活的解决方案，可能不会带来经济适用的解决方案，因为个体层面的降低负荷并不总是与系统峰值一致。如果很长时间承担容量费用（例如几个月），则容量费用在无容量问题（如夜间）期间也会变得昂贵。

更优化的解决方案是将用电拆分为非灵活用电和灵活用电，并且仅规定对灵活用电的容量进行限制。这需要拥有大量电动汽车的车队运营商，以便他们可以通过向终端用户发送价格信号或电动汽车充电起停信号，在限制范围内以最优方式对电动汽车进行充电。在这种方法中，电网阻塞与系统平衡在电力批发市场分开处理。但是，仍通过容量费用机制进行连接。

3.5.5 分时电价

使用分时电价（制定日期、夜间、周末电价）可用于管理高峰时段配电网的阻塞。使用分时电价能够使某些习惯性用电（例如开启洗衣机）从高电价时段转移到低电价时段。电力零售商可以采用分时电价，但在此背景下，配电网电价引起了人们的关注。

使用分时电价，终端用户将能够做出反应，例如通过使用简单的计时器。然而，分时电价不支持任何可变响应，因此，它们不能用于避免电价引入的负荷峰值（例如在夜间激活下调功率，增加需求量）。分时电价可在正确方向提供激励，但这不足以时时解决电网阻塞问题。这可能导致配电网约束问题，尤其是在低电价时期。还有一种风险是，峰值并不能够缓解需求，而只是简单地将负荷转移到另一个小时。

3.5.6 累进电价

采用简单的方法，根据实际功耗设置固定费用称为电价。累进电价是固定的，与实际耗电量有关。高功耗收取高电费，低功耗收取低电费。这可以激励客户让他们全天能够平滑需求波动。因此，基于实际耗电量的电价会增加配电网中可传输的电能，特别是在低压电网中。

电价并不直接维持系统的整体平衡。如果固定电价与其他电力市场模式结合使用，就可以做到这一点，例如终端用户参与辅助服务市场（如调节功率市场或备用容量市场）。

该方法的优点是简单，DSO实施起来相对容易，这是因为所有用户的电价固定、相同，且事先知道。

该方法与系统平衡没有直接联系，但是假设电力需求曲线表示电网需要平衡或负荷，则两者存在间接联系。当实际用电曲线表示需要系统平衡时，它是一种合适的方法。如今，现货价格与需求密切相关（即在工作日的16：00~19：00之间电力需求较高时，此时电价也相对较高）。然而，将来该方法将变得不再准确，这是由于整个电力系统中会有越来越多风电并网的需要（即电力需求在 16：00~19：00 之间仍然很高，但当这些时段风力很大时，电价不一定会升高）。

3.5.7 直接控制：调节管理

管理配电网阻塞的另一种方法是允许电网公司直接控制。这可以通过使用远程控制选择相关用电设备（例如电动汽车和热泵）降低用电量。该控制方案可以一天内系统地使用以避免连续性过负荷。

在美国，经常使用空调来调节电网功率平衡。当必须降低负荷时，空调只允许循环起停，例如 50% 的时候打开。通过适当调整空调用电时段与用电资费来平衡用户的用电需求及参与意愿。美国的这种系统方案经常用于解决大面积功率平衡问题。这种用电周期仅在需要时激活，因此这种类型的控制比较精确。但是，激活该系统通常需要一种或几种标准化技术（例如空调）。目前暂不考虑其他类型的需求，虽然也可能具有控制潜力。

另一种方法可用于电网系统层面，以满足某些峰值负荷情况下的发电容量的不足。

同样的概念也适用于配电网中的阻塞管理。这将需要根据市场价格或技术测量发出信号（地理位置上取决于利润水平），例如电网的过负荷。

这种方法的电力市场方面与可能引入的补偿机制有关。理想情况下，补偿应分为考虑到阻塞风险的程度，并应反映潜在减少的影响和时间。补偿可以计算为电力批发市场价格转移负荷的两个时间的电价差额，以及因此所承受停电带来的损失。补偿将反映电网扩容的替代成本，也就是说，如果补偿款过高，电网公司将选择强化电网。应该注意的是，确定补偿并不简单，因为它要求对电网和电网成本有全面的了解。

根据这种方法，电网阻塞要与系统平衡和电力批发市场分开处理。然而，三者之间仍然可以通过补偿机制取得关联。

3.5.8 竞标系统

在北欧输电系统中，竞标系统用于管理现货市场中的阻塞。根据发电和需求竞标，计算电价以便最大限度使用输电容量。此外，在调节功率市场中采用另一种竞标系统作为补充，其中发电和需求竞标放到排队竞标清单之中。从最便宜的竞标开始，TSO 会在需要时激活竞标。如果某一竞标由于输电网阻塞问题无法得以使用，则在处理阻塞问题时可将其在排队竞标清单之中忽略。

理论上，同样的概念可用于配电网。例如，单个用户或车队运营商可以向电网公司发送竞标，说明他们可以减少的需求量以及相关地理区域的要求电价。必要时，电网公司可以根据地理位置激活最便宜的竞标。竞标系统也可用于处理自动备用容量。

在这种概念下，需要许多关于降低需求量或发电量的竞标，并且该系统将导致很多配电网区域有各自的不同电价。与输电网相比，配电网的这种市场类型的参与者很少。因此，竞争可能非常小，可能产生风险博弈。

设计竞标系统的挑战在于能够为智能电网投资提供激励而不是强化电网。

3.5.9 配电网动态电价机制

反映潜在边际成本的动态电价可以向终端用户发出电价信号，表明特定终端用户引起的阻塞给整个系统所带来的实际成本。这种动态电价在时间和地点上有所不同。动态电价的基本原则是，让电价在特定时间和电网的特定区域反映电力需求增加（或发电）的边际成本。动态电价将激励终端用户调整其需求或发电量，并根据对电网负荷的贡献成本获取收益。因此，从社会经济和个人角度来说，终端用户根据边际成本获得电价信号，可以有效地采取行动从而获取收益。

如果强化电网的社会经济成本低于终端用户灵活响应的社会经济成本，则应强化电网。需要注意的是，这需要 DSO 能够建立明确的商业计算案例（见 3.5.2 节），以便能够在长期规划中纳入短期灵活性（不能低估其复杂性）。

丹麦能源局下属工作组发表了一份报告，调查动态电价影响的可能性（Energistyrelsen，2010）。报告指出，DSO 的任务是尽可能确定其长期边际成本，并据此确定电价。当电价反映长期边际成本时，终端用户做出的决定能确保用户和 DSO 的成本效率。DSO 不会不必要地强化电网，终端用户不会为电网扩容而支付超过影子电价的价格。然而，应当指出，每个定义的长期边际成本是平均值，动态电价是短期逐时数值。制定何时投资的方法必须在两组数据之间建立起联系。

相关设置可以包括以下因素：
- 配电网付款是动态的，并随时间和地点而变化。
- 在没有发生阻塞的电网中正常支付电费。
- 当发生预期容量问题时，电网公司会为每个位置每小时公布附加电费。电费应足够高以解决容量问题（在处理系统平衡之前或之后）。
- 当此阻塞管理的费用超过电网扩容的周期性成本时，将进行电网扩容。

电价水平取决于容量问题的大小与用户减少耗电意愿之间的平衡。暂时性高电网电价所带来的利润可用于在不受限制的时期内降低受影响地区的电价，从而使所有地区的平均电价相同。这可能并不简单，为此必须制定相关方案。代表电网阻塞的动态电价比所有的普通电网电价都要高。如果未发生电网阻塞，则动态电价为零。这可以通过普通需求和灵活需求之间的分配来计算。

1. 配电网动态电价：现货价格

以下方法以与现货市场相互作用的配电网电价作为其起点。

一般来说，当预计出现容量问题时，电网公司会在日前公布每小时和每个区域的附加电价。该资费应该有足够大的规模来解决容量问题。该方法意味着现货价格和电网电价是在日前设定的，因此两者之间可以相互作用，并且用户可以对这两个价格信号的总和做出反应。电力用户收到的信号由两部分组成（不含税

等):

$$总电价 = 现货电价 + 配电网电价$$

该方法相对简单，因为它并不要求用户必须提交其预期用电量的竞标或计划，并且不需要实时测量其用电量。该方法与输电网中处理阻塞的方式非常相似，但有些简化。电网公司必须估计预期用电量，并且可以使用基于历史数据的模型来估计此预期用电量。面临的挑战是需要为这一小部分用户建立一个可靠的数据库。地理区域电网中的电压级别越低（用户越少），获取可靠数据库就越困难。

在现货之前或之后是否处理配电网中的阻塞，或者采用混合方法，将取决于容量是否足够小，以便忽略不平衡。例如，如果可以忽略不平衡，电网阻塞可以在现货之前处理，并且电价可以在宣布现货价格之后公布。如果系统不平衡不可忽视，那么电价必须在运行日 12:00 之前进行预测，并将其间接地包含在现货市场的竞标中。

2. 动态配电网电价：现货电价与调节功率电价

如果电动汽车（或一般需求）对日前设定的现货价格做出反应，则只需如上所述，每天对电网阻塞做出一次响应就足够了。但是，如果电动汽车也要对不断更新的调节功率电价做出响应，如果每天只考虑一次电网约束，则会导致电网阻塞。例如，一场意外的大风会使调节功率市场的电价非常低。这可能会促使基于电价信号的用电设备增加电力需求（例如电动汽车开始充电）。如果未在同一时间点处理电网约束，则配电网会存在过负荷的风险。这意味着电力用户收到的信号必须由三部分组成（不含税等）：

$$总电价 = 现货电价 + 调节功率电价 + 配电网电价$$

在电动汽车同时对现货电价和调节功率电价做出反应的情况下，配电网电价必须根据调节功率电价进行持续更新。与上述仅使用现货价格的方法相比，这更加复杂，因为电力用户必须每天收到几次更新的电价信号。然而，这种方法仍然并不要求用户必须根据其期望用电量提交竞标或计划。

与仅使用现货电价的情况一样，不需要实时测量用电量。电网公司必须估算预期用电量。同样，可以使用基于历史数据的模型，在创建可信的数据库方面也存在同样的挑战。

3.5.10 对比

如上所述，可以考虑几种电网阻塞管理的解决方案。这几种方法的特征如表3.2 所示。

值得注意的是，上述所有方法都基于客户自愿参与的。此处不考虑基于或多或少非自愿参与的其他方法（例如基于电网技术规范的 DSO 交付条款）。

表 3.2　各类方法的特征

方法类别	能否解决传统负荷峰值和电价诱发的负荷峰值问题	精确度：是否仅在需要时减少需求量，且减少量合理	执行简易程度	评价
为使用电网容量付款	两者	不精确	简单	在没有电网容量约束时是否影响需求量
直接控制	两者	精确	简单	仅对有限的一些技术有效
分时电价	传统负荷峰值	不精确	简单	对于个体行为变化最为有用
竞标系统	两者	精确	复杂	对于个体用户执行起来过于复杂，车队运营商可以采用
动态电价（与现货电价相关）	传统负荷峰值	精确	简单	预测需求相对简单，尽管受现货电价影响
动态电网电价（与现货电价、调节功率电价相关）	两者	精确	复杂	将调节功率市场中的高电价激励与随时可能出现的低电价相结合是一大挑战

在选择使用哪种方法时，一些需要考虑的重要因素包括：

- 现有解决方案能否在有限的修改下融入当前的能源市场之中（或者至少对现有市场概念的演化发展为新方法是可行的）。
- 该解决方案必须能够处理不同类型的参与者，含商业参与者和非商业参与者，以及代表若干同一电网位置电力用户的商业参与者（贸易商、虚拟电厂等）。
- 解决办法应尽可能包括调度的社会经济方面及电网强化的决定。
- 对于终端用户来说，解决方案应该很容易理解。

在配电网阻塞管理中考虑终端用户对电价信号的响应是一个全新的、未经检验的领域。目前对配电网的了解对所有方法而言都是不够的。此外，必须开发处理配电网阻塞和预测电力用户响应的新方法。尤其，绘制配电网阻塞图、终端用户的地域差异、通过补偿机制定价以及开发包括需求导向型电价的新工具是处理配电网阻塞之前需要以一种新的方式来克服的困难。

3.5.11　电动汽车作为虚拟电厂运行

通过虚拟电厂（VPP）处理电网阻塞是另一种方法。具有电力系统平衡（现货市场和调节功率市场）和电网阻塞管理（动态电价）的情景如下所示：

1）可以预测未来 24h 内的电网阻塞，并设置特定地理区域和时段的电价（动态电价）。

2）现货市场的 VPP 竞标考虑以下两种电价：①预测现货市场电价；②每个小时和每个区域的电网电价（每个小时和每个区域：预测现货市场电价与电网电价的总价）。

3）现货价格由现货市场制定，VPP 内整个车队整体充电时间表将根据激活的竞标来确定。

4）VPP 制定单独的充电计划，并将其分配给电动汽车。

5）VPP 和其他电力零售商在以前由 DSO 指定的不同电网位置提供上调频率和下调频率的功率服务。

6）在运行过程中，由于需求和发电量偏离计划（或 DSO "错误"设置的电价），可能会发生电网越限问题。

7）如果线路发生阻塞，DSO 会激活步骤 4）中的局部特定调节功率（可能需要"计数器激活"以避免系统平衡的影响，以及必须开发一种能够促使 TSO 和传统调节功率市场相协调的方法）。

此方法是现货市场的动态电价的组合，对于调节功率市场，先维持系统平衡，然后处理调节功率市场的阻塞问题。步骤 5）~7）可以替换为按电价控制的方法。

参考文献

[1] Coutu, R. (2010) Unit commitment and dispatch. Presentation, ISO New England.
[2] Demonstration Project (2011) Electricity demand as frequency controlled reserves, 2011, http://www.ea-energianalyse.dk/projects-english/927_electricity_demand_as_frequency_controlled_reserve.html (accessed February 2013).
[3] E-bridge (2011) Analysis & review of requirements for automatic reserves in the Nordic synchronous system. Intermediate Technical Report. E-bridge, 21 September.
[4] Energinet.dk (2010) Udvikling af rammer for regulerkraft – Indpasning af mindre forbrugsenheder og andre mindre enheder i regulerkraftmarkedet (Development of a framework for regulating power – incorporation of minor consumption units and other smaller units in the regulating power market), May.
[5] Energistyrelsen (2010) Redegørelse om mulighederne for og virkningerne af dynamiske tariffer for elektricitet, June 2010.
[6] Kempton, W. (2010) The grid-integrated electric vehicle. Presentation at Electric Vehicle Integration into Modern Power Networks course, Technical University of Denmark, Department of Electrical Engineering, Lyngby, Denmark, September.
[7] Nordel (2008) Harmonisation of balance regulation in the nordic countries, December.
[8] Stoft, S. (2002) *Power System Economics: Designing Markets for Electricity*. John Wiley & Sons, Inc., New York, NY.
[9] Turner, D. (2010) Energy markers: overview of the day-ahead marker (DAM). Presentation, ISO New England.

第 4 章

综合电力交通系统的投资与运营

Nina Juul[1], Trine Krogh Boomsma[2]
1. 丹麦科技大学管理工程系,丹麦罗斯基勒
2. 哥本哈根大学数学系,丹麦哥本哈根

4.1 引言

电动汽车通常被视为电力系统的另一种负荷。此外,电动汽车的投资很高。单独分析电力系统和道路交通系统的最佳投资都会导致电动汽车的投资成本过高,而电力系统侧只对可再生能源进行一些投资。然而,在对综合电力交通系统的最佳投资和运营进行分析后,电动汽车成为投资的最佳选择,这反过来又促进电力系统中可再生能源渗透率的提高。

随着可再生能源发电的增加,电力系统面临着在系统其余部分中具有足够灵活性的问题。电动汽车可以提供大量灵活性,以及实现削峰填谷和调节功率。只关注交通系统,投资电动汽车收益不大。然而,随着电力系统收益的实现,从社会经济角度来看,投资电动汽车收益颇多。

这涉及电力和道路交通系统的综合一体化的若干方面。专家学者已对各个领域进行了研究,例如对电力系统、用户、基础设施、转换路径的潜在好处以及影响和收益的量化。Kempton 和 Tomic(2005a)介绍了汽车到电网(V2G)的概念和 V2G 的潜在优势。Kempton 和 Tomic(2005b)讲述了电动汽车的商业模式并对其相关调度进行了探讨。

不少论文紧随其后发表,并表达了对这一领域的兴趣。某些特定服务所带来的潜在收益已经引起人们的关注,如日本的削峰填谷(Kempton 和 Kubo,2000)、管理及辅助服务(Tomic 和 Kempton,2007)等方面。2002 年,Brooks 对纯电动汽车(BEV)并网进行了调研,并着重研究了 BEV 提供辅助服务所带来的收益。2006 年,Moura 对所提供的不同类型服务的成本进行了对比,并将电动汽车所提供不同类型的服务与目前提供相关服务的技术进行了比较。总的来说,从这些论文中可以发现,引入电动汽车是有益的,尽管在电价不发生变化的情况下仅将其用于削峰填谷所带来的利益(在日本)并不是很大(Kempton 和 Kubo,2000)。

迄今为止,电力和道路交通的综合一体化对发电的影响已微乎其微。2008 年,McCarthy 等人为加利福尼亚州能源市场开发了一个简化的调度模型来研究电动汽

车作为能源系统一部分所带来的影响。然而，这种模式没有考虑到发电的波动性，因此需要考虑灵活性。2010年，Kiviluoma和Meibom在丹麦电网中按照风电、热泵和插电式混合动力电动汽车（PHEV）不同份额建立各种场景，在各场景下对比电网投资及CO_2排放量。然而，此论文不包括对车队的投资。2008年，Lund和Kempton为综合电力交通系统建立了基于规则的模型，重点研究V2G在不同风电渗透率下的价值所在。

Juul和Meibom（2011a）为综合电力交通系统建立了更为详细的投资模型。这里详细介绍了这一模型。与上述论文相比，该模型能够更详细地分析未来投资相互作用的影响，并对电力系统的变化和收益提供更深入的见解。上述分析并不包含不同类型车辆的投资计算，但2008年Ibáñez等人在案例分析中将其引入，Juul和Meibom(2011a)说明了详细交通系统模型的使用。Juul和Meibom(2011b)展现了在交通部门引入电力以及有关车辆类型和电力系统配置的投资决策对整个电力系统所产生的影响，例如就发电机储能装置的最佳组合、油耗和CO_2排放等方面。

本章是以Juul和Meibom（2011a、b）的论文和Juul的博士论文（2011）为基础完稿的。

4.2 道路交通系统

在道路交通系统中，客运车辆几乎都是内燃机（ICE）车辆，例如丹麦的道路交通系统。混合动力汽车和装有小电池的BEV数量正在增加，但截至目前，电动汽车仅占丹麦客运道路运输的0.01%（丹麦统计局，2010）。

4.2.1 未来道路交通系统及其与电力系统并网展望

大规模可再生能源发展需要改变道路交通系统。交通运输业的可再生能源可以是生物燃料、电力或燃料电池。生物燃料的可获取能源有限，电力系统对此不感兴趣。因此，本章的重点是电动汽车，及其与电力系统并网。电动汽车的类型主要包括：

• BEV：只靠电驱动行驶。不含可扩展的发动机或燃料电池。因此，BEV在电池充电之前的行驶里程有限。

• PHEV：带有电池，能在城市或类似短距离内行驶。除电池之外，PHEV还有发动机，例如使用柴油作为燃料。发动机可视为增程器，确保PHEV可以长距离行驶。

• 燃料电池电动汽车（FCEV）：像PHEV一样配有电池。除电池之外，FCEV还有燃料电池，例如以氢作为燃料。

此外，还考虑ICE车辆以便分析最佳投资。这些使用柴油、汽油作为燃料发动机的车辆，仍旧是当今道路上行驶车辆的主流。

4.3 能源系统分析模型 Balmorel

Balmorel 模型最初是 2001 年 Ravn 等人为支持波罗的海区域的能源系统分析而开发的,侧重于研究电力和热电联产部门。在 Balmores 模型中,专家、研究人员可以分析经济、能源或环境领域的各个方面,包括所分析区域内所有国家中能源行业的未来配置。

Balmorel 是一种确定性的局部均衡模型,并假设在完全竞争的环境下。该模型将社会剩余最大化,其约束条件如下:①技术限制,例如发电和输电容量限制,以及热电联产中电力与热力之间的关系;②地理区域的可再生能源潜力;③热电平衡方程。能源行业经历了价格不变的电力需求。因此,将成本降至最低以实现社会剩余最大化。Balmorel 产生投资和调度,从而实现电力系统的经济优化配置和运行。电力市场价格可以从边际系统运行成本中得出。更改输入数据需考虑灵敏度和方案分析。

在 Balmorel 模型中,各国被划分为由输电线路连接的区域。然后,区域进一步细分为若干地域。电力和交通运输需求在区域一级是平衡的,而区域供暖在地域一级是平衡的。Balmorel 具有每年优化范围及逐时的时间分辨能力。长期投资通常以聚合时间步长或数周运行。对于某些场景,逐时的时间分辨能力很重要,因此经常将数周时间聚合在一起。在可再生能源渗透率很大的场景下,逐时变化很重要。否则,所需的灵活性会被低估。此外,使用年度时间范围隐含假设条件不会逐年变化。这是一个相当关键的假设,因为计算上难以解决,例如在 20 年的时间范围内所包含的小时数。

模型中的投资决策基于需求和技术成本,包括给定年份的年度投资成本。在 Balmorel 模型中的投资同时具有内源性和外源性。如果是内源性投资,则仅在给定的电力系统配置下优化电力系统的运行。此外,可以预先提供一些容量,使模型能够根据给定的配置优化剩余投资。需要现有热电联产系统详细的数据,而投资却用在了每个地区的发电厂技术水平上,用于每个区域的热力生产。

Balmorel 模型的建模方式允许附加组件(Ravn, 2010)。有可能为将某一区域的更多具体模型纳入需要调查与之相关的能源系统的其他部分。附加组件将成为模型的一部分,因此选择时,能量系统模型和附加组件可被视为一个模型。以前曾为分析氢和详细的废物处理等提供附加组件(Karlsson 和 Meibom, 2008; Munster 和 Meibom, 2011)。本章中提出的电动汽车模型就是 Balmorel 模型的附加组件。

4.4 电动汽车模型

根据输入数据,包含道路交通系统的 Balmorel 模型将总成本降至最低。该模型必须满足对交通运输需求和电力潮流平衡的限制。交通系统与 Balmorel 的

第4章 综合电力交通系统的投资与运营

相互作用包括将交通系统使用的电力添加到整个能源系统的电力平衡方程中（电动汽车反馈给电网的电力很少）。该模型的输出是综合电力交通系统的最优配置与运行。

该交通系统模型包括运输需求、车辆技术和V2G功能都是作为Balmorel的附加组件开发的。本节详细介绍了在Juul和Meibom（2011a）中描述的交通系统附加组件的一些详细信息。将Balmorel模型扩展包含道路交通系统，分析如下：

- 在道路交通系统中直接使用电力，或通过氢气或其他运输燃料间接发电对电力系统造成的经济和技术影响。
- 在电力系统中引入V2G技术的经济和技术影响。也就是说，BEV和PHEV能够将电力反馈到电网中。
- 当同时考虑到电力系统收益以及车辆的投资和燃料成本时，不同车辆技术之间的竞争。

交通运输模式包括交通服务需求、投资和运行成本以及交通系统中的电力平衡。在第一个版本中，只模拟了使用客运车辆的道路交通。将其他类型的道路交通服务（例如货物运输）纳入模型是一个数据可用性和收集问题。

4.4.1 假设

在为电动汽车建模时，假定基础设施已到位。此外，还做了以下假设：

- 车辆可以组合成车辆技术。例如，有限数量的BEV可用于代表所有类型的BEV。
- 对于每种车辆技术，停放的所有电动汽车的电池将聚合成一个大电池。这对模型的结果没有影响。但是，如果想要每辆电动汽车都优化使用，则需要单独考虑电池。然而，这将花费大量的计算时间。
- 交通模式按每周平均小时数来计算。假设交通模式已知，这使得提取平均值成为可能（参见4.5.2节）。由于全年缺乏逐时行驶模式的数据，交通模式取平均值。
- 再生制动能量进入车载电力储能，假定与行驶公里数成比例。由于我们没有各类行程期间的制动频率数据，这似乎是一个合理的假设。
- 电动汽车能耗可分为辅助设备负荷和驱动车辆的能耗。前者假定从电源总线获取电能，而驱动功率则源于电动机或发动机，这具体取决于动力系统的类型。辅助设备负荷和驱动功率的能耗均假定与每个时间段内行驶的里程成正比。
- 平均逆变器损耗分配给涉及AC/DC和DC/AC变换的所有潮流。
- 由于使用燃料和电池之间的价格差异相当高，并且发动机和电动机之间也存在效率差异，所以假定PHEV和FCEV都是使用电动机直到储能耗尽。此外，这种假设似乎是合理的，因为目前研发的电池在能量耗尽之前似乎都没有损失效应。电池的放电深度与电池发生任何损失效应时相差甚远。因此，电动汽车在切换到发动机电源之前，都能使用电池进行加速和行驶。

- 由于该模型是一种投资模型，因此引入所有必要的决策变量才能使优化模型得到正确结果，且在合理的时间范围内得以解决，这很具有挑战性。因此，假定车辆离开电网时蓄电池的荷电状态是固定不变的。如果荷电状态是时变的，模型将变为非线性。因此，鉴于负荷系数，电动汽车离开电网时，应带有与之相关确有固定平均储能容量。但是，如果缺少投资的话，负荷系数就是可变的。4.4.5节将对此进行评论。在模型中，使用电动机与发动机也可考虑在模型内进行内源性优化，这是今后研究的一个课题。

4.4.2 成本

在 Balmorel 中将交通成本加入到目标函数中。交通成本包括投资成本、运行管理成本、燃料成本及 CO_2 排放成本。所有类型的电动汽车的投资成本 $C_{a,v,t}^{\mathrm{invveh}}$ 与运行管理成本 $C_{a,v,t}^{\mathrm{OMveh}}$ 都是一致的，如式（4.1）所示。其中，不同类型电动汽车的燃料成本及 CO_2 排放成本有所不同。决策变量 $N_{a,v}$ 为区域 a 内 v 类型电动汽车的数量。

$$\sum_c \sum_{a \in c, v, t} \left[\left(C_{a,v,t}^{\mathrm{invveh}} + C_{a,v,t}^{\mathrm{OMveh}} \right) N_{a,v} \right] \quad (4.1)$$

式（4.2）中，$C_{a,v,t}^{\mathrm{fuelveh}}$ 为区域 a 内 v 类型电动汽车在每个时间步长 t 内电动汽车在脱网情况下利用燃料驱动时燃料与 CO_2 排放总成本；$C_c^{CO_2}$ 为 c 国 CO_2 排放成本；$\mathrm{Em}_v^{CO_2}$ 为每 MWh 的 CO_2 排放量；Dr_v 为年度行驶里程；$\mathrm{Cons}_v^{\mathrm{fuel}}$ 为单位里程的燃料消耗量。

$$\sum_c \sum_{a \in c, v, t} \left[\left(C_{a,v,t}^{\mathrm{fuelveh}} + C_c^{CO_2} \mathrm{Em}_v^{CO_2} \right) N_{a,v} \mathrm{Dr}_v \mathrm{Cons}_v^{\mathrm{fuel}} \right] \quad (4.2)$$

式（4.3）中，$O_{a,v,t}^{\mathrm{EnGen}}$ 为并网点电动汽车的总燃料与 CO_2 排放成本，取决于发动机的使用情况，这与电动机的使用情况相反；η_v^{Eng} 为总发动机效率。

$$\sum_c \sum_{a \in c, v, t} \left[\left(C_{a,v,t}^{\mathrm{fuelveh}} + C_c^{CO_2} \mathrm{Em}_v^{CO_2} \right) \frac{O_{a,v,t}^{\mathrm{EnGen}}}{\eta_v^{\mathrm{Eng}}} \right] \quad (4.3)$$

PHEV 的成本

2008 年，Karlsson 和 Meibom 在 Balmorel 模型中描述了氢附加组件。激活氢附加组件使氢气制造成为模型的一部分。为了获取制氢成本，FCEV 的氢气需求必须添加到现有的氢气需求中，作为氢平衡方程的补充。式（4.4）中，非插电式电动汽车的氢气需求取决于车辆数量、氢气消耗量 $\mathrm{Cons}_v^{H_2}$ 和年度行驶里程：

$$\sum_{a,v,t} \left(\mathrm{Cons}_v^{H_2} N_{a,v} \mathrm{Dr}_v \right) \quad (4.4)$$

对于插电式电动汽车，式（4.5）中的氢需求取决于燃料电池 $O_{a,v,t}^{FC}$ 的输出及燃

料电池的效率 η_v^{FC}：

$$\sum_{a,v,t}\left(\frac{O_{a,v,t}^{FC}}{\eta_v^{FC}}\right) \tag{4.5}$$

对于电力和氢气，通过增加电力或氢气需求将燃料和 CO_2 排放成本包括在内。因此，式（4.4）和式（4.5）分别对应于没有燃料和 CO_2 排放成本的式（4.2）和式（4.3）。所有费用都计入交通系统配置的总成本中。

4.4.3 交通需求

至于电力和热力，每个区域的交通需求 D_r^{tsp} 都必须满足需求。供应量等于电动汽车数量、平均每辆车的年行驶里程及车辆技术 v 下可利用容量 UC_v 的乘积，即每辆车被行驶的耗能部分。

$$\sum_{a\in r,v}\left(N_{a,v}tDr_v UC_v\right) = D_r^{tsp} \tag{4.6}$$

4.4.4 功率流

除约束条件式（4.6）之外，其他所有的约束条件均与功率流相关。功率流根据驱动系统进行建模。为了将所有类型的电动汽车涵盖在内，驱动系统主要分为以下 3 种类型：

1）非插电式电动汽车；
2）BEV；
3）插电式电动汽车，含 PHEV 和 FCEV。

对于每个驱动系统，都要对车辆中的功率流建模。对于非插电式电动汽车，仅考虑年行驶里程和油耗，因为它们不与电力系统交互作用。

如图 4.1 所示，电动汽车与插电式电动汽车的驱动系统配置是相似的。ICE 汽车不使用电力来驱动，只作为计算成本纳入系统。图中显示了车辆中不同装置单元之间的交互作用，包括并网。功率可以在驱动车轮与储能装置之间双向流动，也可在储能装置与电网之间双向流动。储能装置与电网之间电流的双向流动类似于负荷功率从电网到车辆（V2G）与去负荷功率从车辆到电网（G2V）。

需要将车辆划分为若干子系统，以模拟驾驶及电力和道路交通系统之间的相互作用。整个系统至少需要划分为储能、发动机、燃料电池和系统的其余部分。进一步的划分使我们能够研究改进特定子系统产生的影响。

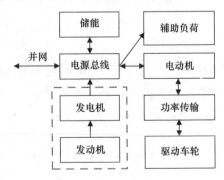

— — PHEV驱动系统应用实例

图 4.1 电动汽车的驱动系统配置

根据驱动系统配置，图 4.2 简要描述了功率流。充电时，电动汽车将连接到电网，插入电源和未插入时都必须对功率流向进行建模。功率流模型反映了再生制动能量进入车载储能装置的假设，并通过行驶效率进行建模。图中仅显示具有多个流入或流出功率的子系统。只有一个进出功率流（例如电动机）的子系统只需要通过子系统的效率进行比例缩放。

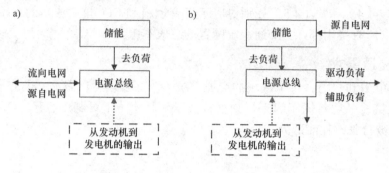

图 4.2　插电式电动汽车 a) 与非插电式电动汽车 b) 的功率流模型

与电力系统相关的是每个时间步长内电动汽车的可用储能。这基于不同车辆储能装置的可用性，并通过车辆插入电源时的功率模型来捕获（见图 4.2a）。插电式电动汽车的"从发动机到发电机的输出"类似于电动汽车可以使用发动机或燃料电池向电网发电的想法。为了优化电动机及 FCEV 和 PHEV 在驾驶时使用燃料电池、汽油或柴油发动机的使用，假定电动机在储能耗尽前一直可以使用。这一假设得到了与柴油、汽油和氢气相比更便宜的电力支持。因此，车辆在未插入电源时的功率流模型（见图 4.2b）是基于在使用发动机之前储能全部耗尽的假设。

1. 车载电力储能平衡

车载电力储能装置可从电网充电。模型中的充放电损耗与储能装置放电负荷 $S_{a,v,t}^{\text{Unld}}$ 成正比，充放电效率为 η_v^S。车载电力储能 $S_{a,v,t}^{\text{PI}}$ 取决于储能的最后时期，源于电网的能量 $\text{Gr}_{a,v,t}^{\text{fr}}$（决策变量，为了与充入储能装置内的电能一致，需要与逆变器效率 η_v^{inverter} 成比例），由储能装置流向电源总线的电能（决策变量，由于放电的可能性），充放电损耗 $S_{a,v,t}^{\text{Leav}}$（在时间 t 内电动汽车放出的电能）和 $S_{a,v,t}^{\text{Arr}}$（在时间 t 内电动汽车充入的电能）。

$$S_{a,v,t}^{\text{PI}} = S_{a,v,t-1}^{\text{PI}} + \text{Gr}_{a,v,t}^{\text{fr}} \eta_v^{\text{inverter}} - \frac{S_{a,v,t}^{\text{Unld}}}{\eta_v^S} - S_{a,v,t}^{\text{Leav}} + S_{a,v,t}^{\text{Arr}} \quad \forall a \in A; v \in V; t \in T \quad (4.7)$$

计算电动汽车在时间 t 内放出的电能是基于假设所有车辆都在一个平均储能的水平，是以电池容量 LF_v 的百分比及负荷系数计算。此外，根据关于丹麦交通习惯的统计数据，假定所有车辆都在行驶后停放 11h。γ_v^S 为储能装置容量；$\text{PP}_{a,v,i,j}$ 是区域 a 中车辆类型 v 的插电模式。插电模式定义为电动汽车在第 i h 离开并在第 j h 返回电网的百分比。

$$S_{a,v,t}^{\text{Leav}} = \sum_{j=t}^{t+11} \text{PP}_{a,v,t,j} \text{LF}_v \gamma_v^S N_{a,v} \quad \forall a \in A; v \in V; t \in T \quad (4.8)$$

电动汽车在时间 t 内所能达到的储能水平取决于电动汽车离开时的储能，因此与电池容量、行驶中耗能 E_v^{Dr}、制动能量 E_v^{Brk} 有关。当然，后两者取决于行驶里程，其中 $\text{DD}_{v,1}$ 为行驶的总小时数，$\text{DD}_{v,0}$ 为电动汽车返回后的时间点。取函数的最大值，并且储能永远也不可能为负：

$$S_{a,v,t}^{\text{Arr}} = \sum_{i=t-11}^{t} \max\left\{ \text{PP}_{a,v,i,t}\left(\text{LF}_v \gamma_v^S - \left[(t-i)\text{DD}_{v,1} + \text{DD}_{v,0}\right]\left(\frac{E_v^{\text{Dr}}}{\eta_v^S} - E_v^{\text{Brk}}\right)\right); 0 \right\} N_{a,v} \quad (4.9)$$

$\forall a \in A; v \in V; t \in T$

式中，E_v^{Dr} 取决于驱动耗能 $\text{Cons}_v^{\text{EPrp}}$、附加负荷 $\text{Cons}_v^{\text{EAcc}}$、电动机效率 η_v^{mot} 及功率传输效率 η_v^{trans}：

$$E_v^{\text{Dr}} = \text{Cons}_v^{\text{EAcc}} + \frac{\text{Cons}_v^{\text{EPrp}}}{\eta_v^{\text{mot}} \eta_v^{\text{trans}}} \quad \forall v \in V \quad (4.10)$$

E_v^{Brk} 取决于传输至储能装置的可再生制动能量 RE_v^{Brk}、电动机效率 η_v^{mot}、电源总线效率 η_v^{PB} 及传输效率 η_v^{trans}：

$$E_v^{\text{Brk}} = \text{RE}_v^{\text{Brk}} \eta_v^{\text{mot}} \eta_v^{\text{PB}} \eta_v^{\text{trans}} \quad \forall v \in V \quad (4.11)$$

2. 电源总线平衡

电源总线的进出电能应该时刻保持平衡。对于插电式电动汽车，源自电源总线的电能 $\text{Gr}_{a,v,t}^{\text{to}}$ 只会传输到电网。进入电源总线的电功率源于发电机的 $O_{a,v,t}^{\text{EnGenPI}}$ 或车载储能 $S_{a,v,t}^{\text{Unld}}$：

$$\text{Gr}_{a,v,t}^{\text{to}} = \left(O_{a,v,t}^{\text{EnGenPI}} \eta_v^{\text{gen}} + S_{a,v,t}^{\text{Unld}}\right) \eta_v^{\text{PB}} \quad \forall a \in A; v \in V; t \in T \quad (4.12)$$

式中，对于 BEV，$O_{a,v,t}^{\text{EnGenPI}} = 0$；对于 FCEV，$O_{a,v,t}^{\text{EnGenPI}} = O_{a,v,t}^{\text{FCPI}}$。该式包括电动汽车在停放时通过发电机产生电能的可能性。

3. 由发动机到发电机的功率输出

由于发动机在每个时间段的功率使用需要被跟踪，因此需要计算燃料消耗和 CO_2 排放量。插入电源的电动汽车从发动机到发电机的输出通过式（4.12）进行计算。当假设车辆在打开发动机之前耗尽蓄电池时，计算未插入电源的电动汽车从发动机到发电机的输出是查找车辆开始使用发动机的时间步长的问题。在图 4.3 中，x 轴上方的区域类似于车载储能的使用，x 轴下方的区域类似于发动机的使用。

要找到与 x 轴的交点，我们需要区分 3 种运行情况：C 区，车辆在储能耗尽之前接入电网；B 区，车辆在储能耗尽之时接入电网；A 区，车辆在储能耗尽之后接入电网。第一种情况不涉及发动机的使用，因此不按以下方法进行处理。

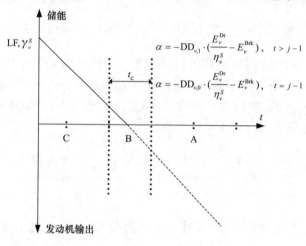

图 4.3　储能与发动机的时变使用情况。α 为斜率，$\text{LF}_v\gamma_v^S$ 为电动汽车脱离电网时的剩余储能，t_c 为车载储能耗尽的时长

储能耗尽时的行驶距离为

$$\text{DD}_v^{\text{deplete}} = \begin{cases} (t_c-i)\text{DD}_{v,1}+\text{DD}_{v,0}, & t_c=j \\ (t_c-i+1)\text{DD}_{v,1}, & t_c<j \end{cases}$$

电动汽车在时段 $i=1, 2, \cdots, t$ 时离开电网，并在时段 $j=i, i+1, \cdots, i+11$ 时返回电网。为了找到车载储能耗尽的时段 t，进行如下计算。

如果 $t_c=j$，t_c 为设定蓄电池剩余容量等于 0 的时刻，那么计算电动汽车在满小时数行驶与返回时刻行驶时的计算容量为

$$\text{LF}_v\gamma_v^S - \left[(t_c-i)\text{DD}_{v,1}+\text{DD}_{v,0}\right]\left(\frac{E_v^{\text{Dr}}}{\eta_v^S}-E_v^{\text{Brk}}\right) = 0 \quad \forall v \in V; t \in T \tag{4.13}$$

如果 $t_c<j$，t_c 为可以同样方式获取，且仅当满小时数行驶时计算的可用容量除外。

$$\text{LF}_v\gamma_v^S - (t_c-i+1)\text{DD}_{v,1}\left(\frac{E_v^{\text{Dr}}}{\eta_v^S}-E_v^{\text{Brk}}\right) = 0 \quad \forall v \in V; t \in T \tag{4.14}$$

t_c-i 为车载储能耗尽之前的可行驶小时数，然后电动汽车开始使用发动机。t_c-i 可由式（4.13）与式（4.14）确定。

每种电动汽车类型均可计算其 t_c-i，这是由于每种电动汽车的其他参数都是固定不变的。电动汽车在时段 i 离开与在时段 j 返回的各类组合情况下，计算由发

动机到发电机的输出。$\sum_{i=1}^{t}\sum_{j=t}^{t+11}\mathrm{PP}_{a,v,i,j}$ 为区域 a 时段 t 内所有电动汽车未插电的总份额。在时段 t 内从发动机到发电机的输出计算取决于 t 与 t_c 的大小关系。在 A 区，电力储能耗尽（见图 4.3），每小时行驶内发动机的输出为

$$O_{a,v,t>t_c}^{\mathrm{EnGenNPI}} = \sum_{i=1}^{t}\sum_{j=1}^{t+11} N_{a,v} \mathrm{PP}_{a,v,i,j} \mathrm{DD}_{v,1}\left(\frac{E_v^{\mathrm{Dr}}}{\eta_v^S} - E_v^{\mathrm{Brk}}\right) \quad \forall v \in V; t \in \{t' \in T : t' \in t_c\} \quad (4.15)$$

如果在 B 区，电力储能在时刻 t_c 耗尽（见图 4.3）。由发动机到发电机的输出为

$$O_{a,v,t=t_c}^{\mathrm{EnGenNPI}} = -N_{a,v}\sum_{i=1}^{t}\sum_{j=t}^{t+11}\left\{\mathrm{PP}_{a,v,i,j}\left[\mathrm{LF}_v \gamma_v^S - (i_c - i + 1)\mathrm{DD}_{v,1}\left(\frac{E_v^{\mathrm{Dr}}}{\eta_v^S} - E_v^{\mathrm{Brk}}\right)\right]\right\} \quad (4.16)$$

$$\forall a \in A; v \in V; t \in \{t' \in T : t' \in t_c\}$$

在式（4.15）与式（4.16）中，如果电动汽车在考虑之中的时段内，那么 $\mathrm{DD}_{v,0}$ 将包含在内，也就是说 $j=t$。因此，可用 $(t_c - i)\mathrm{DD}_{v,1} + \mathrm{DD}_{v,0}$ 来替代 $(t_c - i + 1)\mathrm{DD}_{v,1}$。

最后，在 C 区，电动汽车仅使用电力储能，这是式（4.15）与式（4.16）的结果之和，它给出了在时段 t 内电动汽车在未插电情况下由发动机到发电机的总输出。由发动机到发电机的总输出为

$$O_{a,v,t}^{\mathrm{EnGen}} = O_{a,v,t>t_c}^{\mathrm{EnGenNPI}} + O_{a,v,t=t_c}^{\mathrm{EnGenNPI}} + O_{a,v,t}^{\mathrm{EnGenPI}} \quad \forall a \in A; v \in V; t \in T \quad (4.17)$$

至于电动汽车插电时，对于 BEV，则有 $O_{a,v,t}^{\mathrm{EnGenNPI}} = 0$；对于 FCEV，则有 $O_{a,v,t}^{\mathrm{EnGenNPI}} = O_{a,v,t}^{\mathrm{EnGen}}$ 和 $O_{a,v,t}^{\mathrm{EnGen}} = O_{a,v,t}^{\mathrm{FC}}$。

4. 储能水平

储能水平位于 0 与可用的总储能之间。

$$0 \leqslant S_{a,v,t}^{\mathrm{PI}} \leqslant N_{a,v}\left(1 - \sum_{i=1}^{t}\sum_{j=t}^{t+11}\mathrm{PP}_{a,v,i,j}\right)\gamma_v^S \quad \forall a \in A; v \in V; t \in T \quad (4.18)$$

5. 车载储能装置充放电的容量约束及其与电网之间的功率流、发动机输出

这些约束条件分别取决于负荷率 γ_v^{Sld}、去负荷、并网及发动机输出在每一时间步长乘以插电时的电动汽车数量。例如，在每一时间步长内电动汽车插电时流入储能装置的功率为

$$\mathrm{Gr}_{a,v,t}^{\mathrm{fr}} \eta_v^{\mathrm{inverter}} \leqslant N_{u,v}\left(1 - \sum_{i=1}^{t}\sum_{j=t}^{t+11}\mathrm{PP}_{a,v,i,j}\right)\gamma_v^{\mathrm{Sld}} \quad \forall a \in A; v \in V; t \in T \quad (4.19)$$

相似的约束条件可应用于车载储能的去负荷、与电网之间的双向功率流、发动机输出，尽管这里并未显示出。

6. 在 Balmorel 模型中加入潮流平衡方程

为了平衡电力系统中的潮流，由交通系统到电力系统的净功率应添加到 Balmorel 模型中的电力平衡约束条件之中。

$$+\sum_{a\in r,v}\left(\mathrm{Gr}_{a,v,t}^{\mathrm{to}}-\mathrm{Gr}_{a,v,t}^{\mathrm{fr}}\right)\quad \forall t\in T \tag{4.20}$$

4.4.5 可变负荷系数

如前所述，投资模式不允许电动汽车在内源性优化电池负荷下离开。但是，通过排除投资选项，可以通过优化电池负荷获得结果。为了使模型中的负荷系数随时间而变化，变量必须是时变的。因此，LF_v 将更改为 $\mathrm{LF}_{v,t}$。此外，车辆分组需要进一步详细说明。因此，4.5.2 节中给出的行驶模式需要按以下方式分成多个组以便获得更有效的分析。

4.4.6 BEV

由于蓄电池尺寸，BEV 的行驶里程比其他电动汽车要短。因此，需要不同的行驶模式、插电模式等。为了确保涵盖各类行程，其他车辆类型将涵盖长途。因此，最终行驶模式在了解 BEV 市场份额之前不得而知。这使得 BEV 的计算成为一个迭代过程。

由于高成本的计算时间，选择让模型使用与其余车辆相同的行驶模式投资于 BEV。如果投资 BEV 是最佳选择，将相应地引入行驶模式和充电模式，并重新运行该模型。

4.4.7 电动汽车对容量可信度方程的有利影响

为了确保电力系统配置能随时满足需求，引入了容量可信度方程。此方程可确保系统中有足够的发电能力，以满足峰值负荷需求，即任何 24h 期间的最大负荷需求。峰值负荷通常发生在早上起床和晚上人们下班回家开始做饭时。在现有的 Balmorel 模型中，假设峰值负荷时刻，区域 a 时刻 t 所有可调度发电厂发电机组容量 $\gamma_{a,p,t}^{\mathrm{dispatch}}$ 中的 99% 是可用的，并且风电机组容量 $\gamma_{a,p,t}^{\mathrm{wind}}$ 的 14% 可用于满足峰值负荷。区域 a 的容量可信度方程为

$$\sum_{a\in c,p}\left(0.99\gamma_{a,p,t}^{\mathrm{dispatch}}+0.14\gamma_{a,p,t}^{\mathrm{wind}}\right)\geqslant D_{c,t}^{\mathrm{peakload}}\quad \forall c\in C; t\in T \tag{4.21}$$

有人可能会说，电动汽车可以在峰值负荷时提供容量，从而对容量可信度方程产生有利影响。将行驶模式与峰值负荷时间进行比较，显然大多数车辆在峰值负荷时段处于停放状态。假设电动汽车在停放时已接通电源，则车辆可在峰值负荷时段对于电网处于可用状态。

为了将电动汽车纳入容量可信度方程，需要估计可用的电池容量。有些车辆将很快离开电网，因此，它们的车载储能将受到限制。此外，有些电池刚刚使用过，只有部分或没有电池容量可用。因此，在峰值负荷时段，可用能量有限。如 Letendre 和 Kempton（2002）所示，至少 92% 的车辆始终处于停放状态。保守估

计,在峰值负荷期间只有 70% 的 PHEV(相当于 92% 的 3/4)与 76% 的 BEV(相当于 92% 的 5/6)对于电网处于可用状态。预计 BEV 所占份额较大是由于行驶里程较短,因此其中较大部分 BEV 一直处于停放状态。

为了了解电动汽车可以卸载多少负荷及它们对容量可信度方程的贡献程度,因此需要估计峰值负荷开始时的储能水平。假设在峰值负荷开始时平均储能率为 50%,则假定用于峰值负荷的电池的可用容量平均为 30% 似乎是保守的。根据上述估计,道路交通对于容量可信度方程的影响程度为

$$0.3\sum_{a\in c}\left(N_{a,\text{BEV}}\times 0.76\gamma_{\text{BEV}}^{S}+N_{a,\text{PHEV}}\times 0.7\gamma_{\text{PHEV}}^{S}\right) \quad (4.22)$$

不过这只是很短的时间,因为电池的荷电状态将降低,并将达到最低荷电状态。

电网容量对于电动汽车的电池放电同样有约束条件。假设每辆电动汽车的并网容量为 γ^{Gr}=6.9kW,对应于标准的 230V 并网电压,三相电流为 10A。因此,BEV 的储能应该是最差的,但是 PHEV 的储能容量显然不是。

将 PHEV 的储能容量缩放 2/3(一种估计,确保储能是可持续的)来改变电动汽车的影响程度:

$$\sum_{a\in c}\left(N_{a,\text{BEV}}\times 0.76+N_{a,\text{PHEV}}\times 0.7\times \frac{2}{3}\right)\gamma^{\text{Gr}} \quad \forall a \in A \quad (4.23)$$

下面进行计算来验证容量的可用性。以拥有 100 万辆插电式电动汽车车队为例,假设这些插电式电动汽车储能均处于半满状态。然后,需要 3h 以上才能耗尽车载储能,PHEV 和 BEV 的车载储能分别剩余 5% 和 20%。峰值负荷通常持续 1~2h,因此,即使离开电网的车辆比接入的要多,储能也能持续。

包含电动汽车的容量可信度方程为

$$D_{c,t}^{\text{peakload}} \leq \gamma^{\text{Gr}}\sum_{a\in c}\left(N_{a,\text{BEV}}\times 0.76+N_{a,\text{PHEV}}\times 0.7\times \frac{2}{3}\right)+\sum_{a\in c,p}(0.99\gamma_{a,p,t}^{\text{dispatch}}+0.14\gamma_{a,p,t}^{\text{wind}}) \quad (4.24)$$

$\forall c \in C; t \in T$

4.5 案例分析

为了说明综合电力交通系统的优越之处,将模型应用于 2030 年的北欧案例。本节介绍了不同的方案,并分析了电力交通系统的最佳配置于运行的影响。

为了能够在合理的计算时间内运行该模型,挪威、瑞典和芬兰分别代表一个区域。德国被划分为两个区域,拥有大量风电资源的德国北部电网与负荷中心的南部电网之间存在输电瓶颈。丹麦分为两个地区,丹麦西部电网与欧洲互联电网同步,丹麦东部电网与北欧电网同步。

运行这个模型需要许多输入,例如燃油价格、CO_2 价格、需求数据、车辆和

开放电力市场下电动汽车并网技术

电力系统技术数据,这些都是外部给出的。在基本情况下,假设价格弹性不变,如 Karlsson 和 Meibom(2008),假定石油价格为 120 美元/桶。CO_2 价格假定为 40 欧元/t。应在区域一级提供数据,例如表 4.1 中的需求数据。目前,丹麦两个区域之间的输电能力为 600MW,但到 2030 年输电能力将达到 1.2GW,输电线损率为 1%。

表 4.1 2030 年需求输入数据(对于欧盟国家,数据源于是欧盟委员会、能源和交通理事会(2010)。对于挪威和瑞典的需求量已按照目前的数据进行成比例缩放)

需求	丹麦东部电网	丹麦西部电网	瑞典	挪威	芬兰	德国
电力 /(TWh/年)	16	24	153	133	104	620
集中供热 /(TWh/年)	12	15	46	3	56	102
交通 /(10^9 人·km/年)	31	41	148	69	86	1262

为了使 Balmorel 平衡电力供需,必须提供新技术进行投资。表 4.2 显示了 2030 年基本案例中可供投资的技术。分析的重点是技术之间的竞争和更多的可再生能源的并网,这一系列技术被认为是一个良好的基础。

表 4.2 仿真中的技术投资选项。蓄热和储氢的储能容量投资成本为 10^6 欧元/MWh

相关技术	来源	燃料	投资成本[①] /(10^6 欧元/MW)	可变运行维护成本 /(欧元/MWh)	固定运行维护成本 /[10^3 欧元/(MW·年)]	效率[②]
陆地风电	丹麦能源局(2010)	—	1.22	11.5		1
海上风电	丹麦能源局(2010)	—	2.2	15		1
采煤,汽轮机	丹麦能源局(2010)	煤	1.1	—	34	0.51
开式循环燃气轮机	丹麦能源局(2010)	天然气	0.57	3	8.6	0.42
联合循环燃气轮机,冷凝	Delucchi 等(2000)	天然气	0.56	3.4	21.4	0.58
联合循环燃气轮机,提取	丹麦能源局(2010)	天然气	0.47	4.2		0.61
中型生物质能热电联产发电厂	丹麦能源局(2010)	木材	1.6	3.2	23	0.485
小型生物质能热电联产发电厂	丹麦能源局(2010)	木材废料	4	—	140	0.25
核能	Delucchi 等(2000)	铀	2.81	7.7	55.5	0.37
蓄热	Ellehauge 和 Pedersen(2007)	—	0.00178			0.99
热泵	丹麦能源局(2010)	电力	0.55		3	3
电热锅炉	丹麦能源局(2010)	电力	0.06	0.5	1	0.99
生物质能供热锅炉	丹麦能源局(2010)	木材	0.5		23.5	1.08
天然气供热锅炉	丹麦能源局(2010)	天然气	0.09		0.32	1

① 投资成本按 3% 的贴现率计算(低利率是由固定电价引起的)。
② 热泵的性能系数。

至于电力系统，平衡运输供求需要不同技术的投资机会。为了通过引入大量电动汽车来整合更多的可再生能源，决定考虑四种不同的车辆技术：柴油 ICE、PHEV（柴油）、插电式 FCEV 和 BEV。这四种技术在成本和为电力系统带来效益方面相互竞争。

4.5.1 车辆技术

车辆可以分为两类：ICE 式和电动汽车式，后者涵盖所有使用电池行驶的车辆，包括混合动力和全电动。从建模的角度来看，令人关注的车辆是那些插电式电动汽车（PHEV、BEV）。

开发的 Balmorel 模型支持不同的车辆技术，包括：

- ICE：不受电网影响，只对燃料和 CO_2 成本产生影响。选用柴油作为驱动燃料是因为其燃油经济性优于汽油车。
- PHEV：受电网影响，可以从电网充电，也可以向电网放电（V2G）。PHEV 原则上可以在电动机运行时为电网供电，因其效率低下且不环保，因此其可持续性是有争议的。
- BEV：受电网影响，可与电网双向充放电（放电能力有限）。
- FCEV：这些类似于运行燃料电池的 PHEV，例如氢作为增程燃料来替代传统发动机。在这种情况下，通过运行燃料电池为电网提供备用电力，可以维持可持续性。此解决方案的低效率值得探讨。

表 4.3 提供了基本案例中四种车辆技术的成本和储能容量。如表中所示，储能容量的大小反映了电池的可用大小。目前，电动汽车的效率约为 5km/kWh（Delucchi 等人，2000；Denholm 和 Short，2006；Short 和 Denholm，2006），这使我们相信，到 2030 年，电动汽车的效率将达到 7km/kWh。到 2030 年，BEV 的电池容量可提供约 350km 的行驶里程。对于 PHEV，其电池容量可与 BEV 一样大，但避免额外重量及权衡额外行驶里程和额外成本，电池的日常行驶里程约为 65km 最为合理。

表 4.3　车辆技术投资选项（Nguyen 和 Stridbaek，2007）

车辆类型	投资成本 /（欧元/年）	运行维护成本 /（欧元/年）	电力储能 /kWh
ICE	1065	1168	0.8
BEV	1513	1101	50
PHEV	1484	1168	10
FCEV	1893	1101	10

同样对 FCEV 也进行了分析。然而，到 2030 年，其成本价格仍然太高以至于无法对 FCEV 进行投资。因此，这些在案例研究的其余部分将不予考虑。

4.5.2 行驶模式与插电模式

每种车辆类型都与从历史行驶模式（丹麦交通运输部）中提取的特定插电模

式相关。插电模式由每个时间步长的百分比组成,每对表示在特定时间步长 i 时离开并在时间步长 j 时返回的车辆百分比,从而返回 $j-i$ 的未来时间步长内。在 24h 的时间内,给每一个离开后返回的组合都赋予一个百分数。假定所有电动汽车在未行驶时都处于插电状态。

1. 将丹麦交通习惯转换为 Balmorel 模型中的数据

2006 年丹麦交通运输部对国内交通习惯进行了调查。交通习惯包括与行程和交通运输有关的许多数据,包括步行、骑自行车和驾驶车辆。以下车辆数据与我们的分析相关:

- 行程的出发时间:一天中每小时的时间。
- 行程花费的时间:将时间划分为若干时间间隔。在调查中,第 1h 分为 6 个时间间隔,第 2h 分为 2 个时间间隔,第 3h 为 1 个时间间隔,第 4~5h 为 1 个时间间隔,第 6~10h 为 1 个时间间隔,最后,第 11h 及以上是一个间隔。由于 Balmorel 模型使用逐时的时间刻度,因此调查数据进行了相应的调整。
- 不区分驾驶人与乘客:只考虑驾驶人的行程,而忽略乘客信息。
- 每个工作日的交通量:在特定工作日每人的平均行车里程。

根据上述数据提取行驶模式(见表 4.4)。由于 Balmorel 模型采用逐小时时间步长,因此数据会相应地变化。前 3h 很容易发生变化。

表 4.4 由丹麦交通运输部调查(基于分钟)转换的 Balmorel 行程(基于小时)

Balmorel 小时	算法估算	调查分钟数
1	总和	1~5
		6~10
		11~20
		21~30
		31~45
		46~60
		61~90
2	总和	91~120
3	等于	121~180
4	2/3	181~300
5	1/3	
6	1/3	
7	4/15	301~600
8	1/5	
9	2/15	
10	1/15	
11	等于	≥ 601

对于第 4~5h,计算近似值,确认行程数随行程长度的增加而减少。间隔内 2/3 的行程分配给第 4h,而 1/3 的行程分配给第 5h。下一个时间间隔也会面临同样的挑战。最后一个时间间隔所包含的观测值很少。因此,所有这些车辆行驶的

最长时间为11h。

更改时间间隔后,每小时离开的车辆数量将拆分到这些时间间隔内。因此,它们被拆分为行程需要多个小时(见表4.5)。然后,这些数字将变为在特定小时内(例如7点钟)离开车辆的百分数,然后在1~11h后返回,那么对于每小时而言该百分数为100%。根据相同的数据,能够找到每小时离开车辆的比例。因此,将给出的两个百分数相乘可以类推出在24h内每个时间间隔内的行驶模式,但没有工作日之间的差异信息。

表4.5 行驶模式按小时转换为行程。对于24h时间间隔每小时内,1~11h后回家的车辆百分比

返回时间 离开时间	1	2	3	4	5	6	7	8	9	10	11
1	85%	9%	2%	2%	1%	0%	0%	0%	0%	0%	0%
2	82%	5%	9%	2%	1%	0%	0%	0%	0%	0%	0%
3	66%	11%	0%	0%	0%	8%	6%	5%	3%	2%	0%
4	71%	12%	3%	9%	5%	0%	0%	0%	0%	0%	0%
5	71%	21%	2%	3%	1%	1%	1%	0%	0%	0%	0%
6	79%	12%	5%	2%	1%	0%	0%	0%	0%	0%	0%
7	83%	12%	3%	1%	1%	0%	0%	0%	0%	0%	0%
8	84%	10%	3%	1%	1%	0%	0%	0%	0%	0%	0%
9	78%	13%	4%	2%	1%	1%	0%	0%	0%	0%	0%
10	76%	13%	5%	4%	2%	0%	0%	0%	0%	0%	0%
11	78%	11%	4%	3%	1%	1%	0%	0%	0%	0%	0%
12	80%	10%	4%	3%	1%	1%	1%	0%	0%	0%	0%
13	79%	11%	5%	2%	2%	0%	0%	0%	0%	0%	0%
14	82%	10%	4%	2%	2%	0%	0%	0%	0%	0%	0%
15	83%	11%	3%	2%	1%	0%	0%	0%	0%	0%	0%
16	85%	10%	3%	1%	1%	0%	0%	0%	0%	0%	0%
17	84%	10%	3%	1%	1%	0%	0%	0%	0%	0%	0%
18	86%	9%	2%	2%	1%	0%	0%	0%	0%	0%	0%
19	86%	9%	2%	2%	1%	0%	0%	0%	0%	0%	0%
20	85%	12%	2%	1%	0%	0%	0%	0%	0%	0%	0%
21	85%	11%	2%	1%	1%	0%	0%	0%	0%	0%	0%
22	86%	9%	2%	2%	1%	0%	0%	0%	0%	0%	0%
23	88%	9%	1%	0%	0%	1%	1%	0%	0%	0%	0%
24	88%	7%	4%	0%	0%	0%	0%	0%	0%	0%	0%

根据对交通习惯的调查,可找出每个工作日的权重。将24h内行驶模式与其权重相乘可以给出一个相当详细的每周行驶模式。可以说,行驶模式具有季节性,且与节假日息息相关。然而,这些数据并不是那么详细,平均每周数据应该给我们描绘出一幅电力系统和道路交通系统之间相互作用的画面。根据交通调查,不同工作日车辆的行驶情况得以区分。

假定每辆车在满小时行驶时大致行驶里程为100km，在返回电网的小时内行车里程约为36km。因此，这2h的行程里程为136km。

对于BEV来说，行驶模式更加不确定。首先，BEV不能开得很远。因此，要么其他车辆需要较长的行程，要么我们的驾驶习惯将不得不改变。这两件事情都可能发生。然而，对BEV与PHEV进行对比分析的过程中，根据丹麦统计（2009），一些家庭中出现了第2辆甚至第3辆车。对于一些分析，假定所研究车辆都是BEV。这些BEV占丹麦所有车辆的25%。然后，相应地调整行驶模式，使用350km行驶里程（受电池容量所限），将BEV行驶的前3h（无论车辆什么时候离开）包括在内。因此，其余车辆的行驶模式也必须做出调整。为了弥补BEV不能长途行驶的不足，其余车辆中较大一部分是长途行驶。

假设所有车辆在停放时都接通电源，则插电模式直接从行驶模式中推导出来。但是，也可以使用其他插电模式。

4.6 场景

重点是根据电动汽车的灵活性来调研电网的最优配置。引入V2G有何影响，引入一定比例的BEV会带来什么影响？V2G对电网的配置产生一定的影响，因为能够将电力馈送回电网比柔性需求具有更大的灵活性。这很可能意味着在V2G设施可用的情况下能引入更多的风电。

为了对上述情况进行调研，建立了多个场景。首先，将运行4.5节中描述的基本案例，并分析其结果。基于此，将首先单独更改以下内容，然后同时更改其中一些场景，从而创建许多不同的场景，见表4.6。

表4.6 场景

场景	V2G	G2V	BEV	石油	CO_2
基准	+	+			
无V2G		+			
无V2G无G2V					
BEV	+	+	+		
高燃油	+	+		高	
高CO_2	+	+			高
高燃油高CO_2	+	+		高	高
低燃油	+	+		低	
低CO_2	+	+			低
低燃油低CO_2	+	+		低	低

- 包括G2V和V2G设施。
- 燃料价格敏感度定为90~130美元/桶。
- CO_2价格敏感度设置为10~50欧元/t。

- 将BEV作为家中的第2辆或第3辆车。丹麦统计局（2009年）显示，在丹麦25%的行程都是用这些车辆行驶的。因此，25%的行程将由该模型中的BEV来完成。

4.7 结果

将该模型在配置2.99GHz处理器和7.8GB RAM的计算机上运行。运行7周含168个时间步长的计算时间约为3h。

4.7.1 成本

如图4.4所示，综合电力道路交通系统的总成本因场景不同而不同。基本场景的总成本为203×10^9欧元。由于电池成本的原因，强制要求BEV进入该系统会增加成本。

当然，电力系统和交通系统之间没有产生关联，就会继续产生对ICE的投资。引入G2V，使得投资电动汽车成为可能，可节省62亿欧元。在此基础上，继续引入V2G可再节省0.18亿欧元，如图4.4所示。

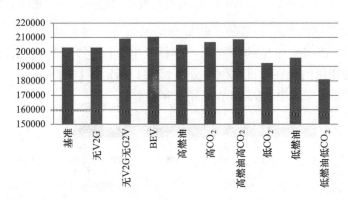

图4.4 在不同场景下对综合电力与交通系统进行优化投资和运行的总费用（10^6欧元）

4.7.2 投入与产出

在7/10的场景中，投资PHEV是有利的。在其他三种场景中，所有或几乎所有的投资都放在了IEC上。第一种场景是强行引入电动汽车（车辆和电网之间没有关联，因此电动汽车无法充电），另外两种场景是低油成本场景和低燃油、低CO_2的成本场景。

另一方面，发电厂的投资因场景不同而变化。对丹麦而言，引入PHEV可增加对风电的投资，并将风力发电量提高到5.9TWh（见图4.5和图4.6）。风力发电量的年增量超过PHEV的所需的年用电量（5.4TWh/年）。因此，在丹麦综合电力交通系统中，电动汽车可凭借风力发电得以持续发展。

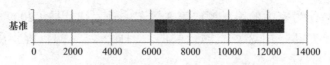

图 4.5 丹麦电力系统的年化石燃料基准发电量

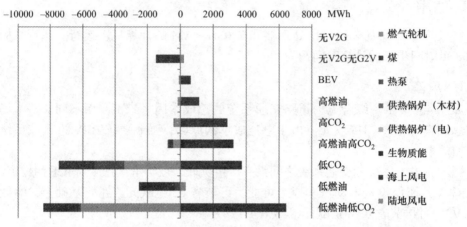

图 4.6 丹麦电力系统中各类型发电量与年化石燃料基准发电量的偏差

下面聚焦于德国的电力系统,除低燃油场景外,煤炭的投入与产出如图 4.7 和图 4.8 所示。德国发电量的特点为:年核发电量固定为 129TWh,煤和褐煤的年发电量则是变化的(在基准案例中分别为 431TWh 和 150TWh)。因此,德国的 PHEV 使用煤和褐煤发电(95.1TWh/年)来行驶。

图 4.7 德国电力系统的年化石燃料基准发电量

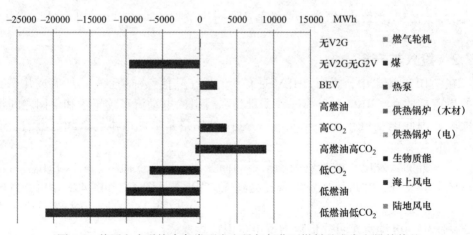

图 4.8 德国电力系统中各类型发电量与年化石燃料基准发电量的偏差

第4章 综合电力交通系统的投资与运营

对挪威来说,投资主要是风能,而发电主要依靠水力发电,如图4.9和图4.10所示。由于对邻国电力的进出口取决于这些国家可供选择电力的价格,因此风电的投资和发电量因场景不同而发生变化。此外,挪威水力发电量稳定在128TWh左右,这相当于基础发电量的72%。带有水库的水力发电站的设施有助于挪威和邻国的大规模风电的并网。在挪威,PHEV电力交通运输的年用电量为5.2TWh。

图4.9 挪威电力系统的年化石燃料基准发电量

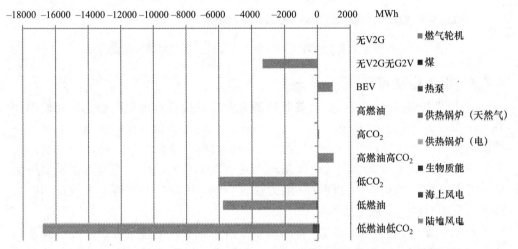

图4.10 挪威电力系统中各类型发电量与年化石燃料基准发电量的偏差

在瑞典,大多数场景下大部分投资都投向了风力发电,有些投资用于燃气轮机和热泵。对瑞典和挪威来说,有趣的是,无论是否包括年用电量为11.1TWh的PHEV,电力系统中几乎没有差别,如图4.11、图4.12所示。同样,这是由于电力进出口的变化。由于水力资源丰富,瑞典和挪威是电力净出口国,它们在投资增加发电容量之前减少出口的成本更低。

芬兰电力系统的特点是,在多数情况下,除了低石油、低CO_2发电类型外,风电投资很高。该系统中引入了年用电量为6.4TWh的PHEV,可使煤电增加9TWh,并略微减少对燃气轮机和热泵的投资。后者表明,燃气轮机和热泵提供的一些弹性电力能被PHEV提供的弹性电力所替代。

图4.11 瑞典电力系统的年化石燃料基准发电量

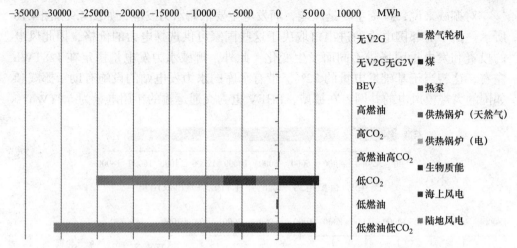

图4.12　瑞典电力系统中各类型发电量与年化石燃料基准发电量的偏差

4.7.3　引入电动汽车

在引进电动汽车时，丹麦、瑞典和挪威皆可以投资可再生能源了，而德国和芬兰主要投资于化石燃料发电厂。所有国家的可再生能源都比较丰富。然而，芬兰即使没有引入电动汽车，投资也达到了资源目标。我们认为，德国对煤炭的投资是由于资源较少以及邻国输电线路送来的电能（丹麦除外，不包括在模型中）。德国北部与南部负荷中心之间存在电力输送瓶颈。因此，该国需要大量备用电力容量，从而对煤电发展更为有利。

丹麦、挪威和瑞典的电动汽车都依靠可再生能源发电提供电力。芬兰和德国的电动汽车同样最好也使用可再生能源。为了在芬兰实现这一点，需要其他类型的可再生能源，如光伏发电。在德国，考虑到输电线路可能会改变结果，仍有待分析。否则，除了采用电动汽车提供的灵活性外，还需要其他奖励措施。

当将电动汽车排除在电力系统之外（无V2G无G2V）时，如图4.13所示，电价出现较大变动。G2V、PHEV的引入，消除了电价的波动性，表明发电会变得更加稳定。因此，PHEV提供满足需求所需的灵活性。此外，引入V2G可以削除德国电力系统的一些电价峰值。有趣的是，除瑞典外，电价并没有随着能源系统中引入PHEV而上涨。这是因为更好地利用了基本负荷发电厂能够使发电更加稳定。因此，除了电力系统运行成本较低外，PHEV确实会为电力系统带来好处，无论它们是否使电力系统更具可持续性。

引入25%的BEV可改变电力系统和发电领域的投资。一般来说，燃气轮机的投资和使用会减少。如图4.6、图4.10所示，丹麦和挪威风力发电的投资和使用会增加。在德国（见图4.8）和芬兰（见图4.14、图4.15），煤炭汽轮机发电量会增加。除了瑞典，所有国家的电价都趋于平滑，并与没有BEV的电价持平。因此，BEV为电力系统提供了灵活性，实现了风电与煤电的高渗透率和更稳定的发电。

第 4 章　综合电力交通系统的投资与运营

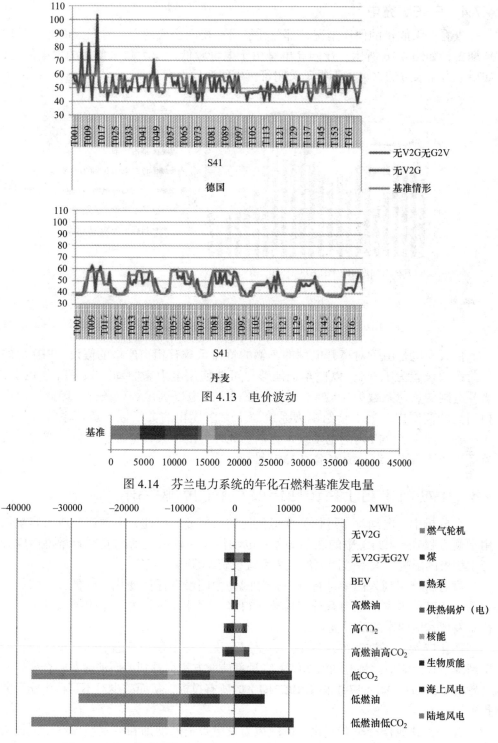

图 4.13　电价波动

图 4.14　芬兰电力系统的年化石燃料基准发电量

图 4.15　芬兰电力系统中各类型发电量与年化石燃料基准发电量的偏差

4.7.4 PHEV 充电

查看一天能量的使用情况,部分耗能是在夜间完成的,尽管白天的充电量比预期多,如图 4.16 所示。夜间充电是由于电价较低,及大量未使用的发电能力,如果电力需求过低,可能不得不关闭可再生能源发电。

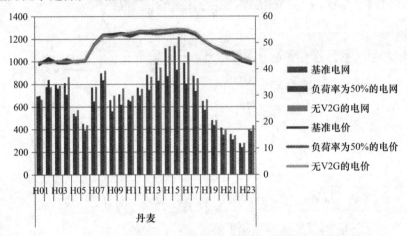

图 4.16 从电网流向电动汽车的电能(MWh)与平均电价

白天充电是由于对离开电网的车辆的负荷系数有相当严格的假设。PHEV 的负荷系数设置为 100%,以便车辆能够尽可能使用电力来驱动。如果所有 PHEV 离开电网的负荷系数为 100%,则需要在白天充电以满足约束条件,因此固定在相当高的范围内。这不会给电力系统留下太多优化的灵活性。负荷系数降低到 50% 确实减少了 24h 内的电动汽车充电。此外,由于某些柴油机车辆的增加,负荷系数降低会使系统总成本增加 33 亿欧元。

4.8 电动汽车对于容量可信度方程的影响结果

在分析中,电动汽车可作为峰值负荷的一部分。因此,电动汽车成为容量信用平衡方程式(4.24)中的能动部分。电动汽车在峰值负荷期间对容量可信度会产生积极的影响,大多数国家的电力系统投资都发生了变化。

没有将德国列入图中进行分析,是因为德国没有任何变化。此外,德国的电力系统比其他国家的电力系统规模要大得多。因此,将德国的结果纳入其中,将很难发现其他国家的结果变化。

图 4.17 显示了在基准情况下,容量可信度方程中是否考虑电动汽车的两种投资情况。有趣的是,将电动汽车纳入容量可信度方程会看到如何消除对联合循环燃气轮机(CCGT,图 4.17 中称为 CC-NG)的所有投资,从而减少对不可再生能源的投资。

此外,其他投资略有变化。挪威风力发电投资的增加和芬兰燃煤汽轮机投资的减少是最大的变化。

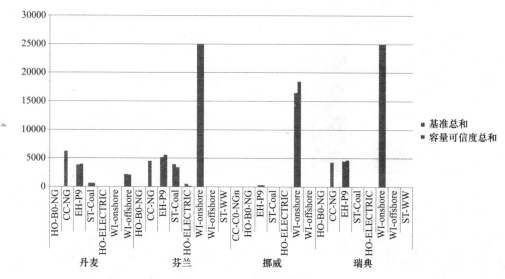

图 4.17　2030 年的投资（MW）

图 4.18 所示的各国发电量更为有趣。在这里，很明显，不再投资的 CCGT 实际上很难为电力系统提供任何负荷！因此，这些发电厂只用于满足对峰值负荷时容量的约束条件。

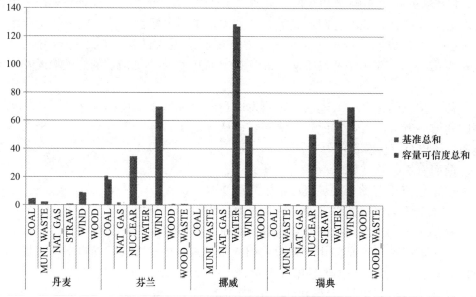

图 4.18　2030 年的各类型燃料发电量（MW）

作为挪威和芬兰投资变化的结果，挪威风电发电量增加，芬兰煤电发电量减少。这也导致 CO_2 排放量减少，如图 4.19 所示。丹麦的 CO_2 排放量略有增加，原因是煤电使用率略高，可再生能源发电利用率较低，例如风电。这可能是由于风电渗透功率越大，电力系统灵活性越高。因此，煤电仅占据发电量的一小部分。

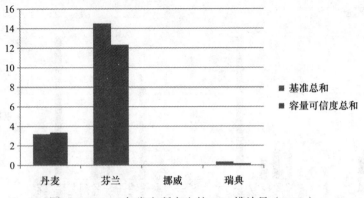

图 4.19 2030 年发电所产生的 CO_2 排放量（TWh）

4.9 讨论与总结

结果是在所有人在整体最优规划下都采取理性行为的情况下进行的最优投资。当然，情况并非总是如此，建模不能捕捉所有个人的思维和行为，而只能给决策提供一种方案。

从北欧电力和道路交通系统的运行模式来看，很明显除了在低油价的场景下，PHEV 的投资策略是最优的。此外，无论电力系统的配置如何，PHEV 对各国电力系统都有好处。它们在灵活充电方面提供了灵活性，并在电力和交通系统中节省了大量成本。在加入 V2G 后，PHEV 具有更大的优势，尽管与引入 G2V 节省的 62 亿欧元相比，0.18 亿欧元的总节省成本很小。灵活性的好处也反映在电价上。

需要注意的是，引入电动汽车对发电量波动和基本负荷都有好处，这一点从德国的结果就可以看出。此外，伴随着可持续能源目标引入电动汽车是确保整个能源系统更具可持续性的好方法。

简而言之，总结如下：

- 电动汽车有助于大规模可再生能源并网。
- 电动汽车可以减少交通系统和电力系统的 CO_2 排放量。
- 引入电动汽车可以降低综合电力交通系统的整体系统成本。
- 化石燃料发电厂发电可从电网引入电动汽车中获益，从而可保持更加稳定的发电量。这一点从德国的发电和电价结果中可见一斑。
- 水力发电提供了灵活性，电动汽车仍然可从中获益。
- PHEV 提供的灵活性足以应对电力系统中可再生能源发电的大多数变化。因此，在引入 25% 的 BEV 时，投资变化主要是支持电力需求量增加。

因此，电力和道路交通系统的整合为电力系统带来了灵活性，并激励道路交通系统转向电动汽车。

第 4 章 综合电力交通系统的投资与运营

4.10 结论

本章介绍了道路交通的优化模型。该模型与现有的能源系统分析模型 Balmorel 整合在一起,从而能够分析综合电力交通系统的配置和投资。两个系统的整合考虑到电动汽车可控充放电在节省成本和可再生能源并网方面带来的收益。

结果表明,电动汽车可为电力系统提供灵活性,从而在优化投资中提高可再生能源渗透功率。另一方面,交通系统也能从电动汽车并网中获取收益。

参考文献

[1] Brooks, A. (2002) Vehicle-to-grid demonstration project: grid regulation ancillary service with a battery electric vehicle, *Final report*, AC Propulsion.

[2] Danish Energy Authority (2010) Technology data for energy plants, http://www.ens.dk/Documents/Netboghandel%20-%20publikationer/2010/Technology_data_for_energy_plants.pdf, (accessed January 2013).

[3] Danish Statistics (2009) Familiernes bilrådighed (faktiske tal) efter område og rådighedsmønster.

[4] Danish Statistics (2010) Bestanden af personbiler pr. 1. januar efter tid, drivmiddel og egenvægt.

[5] Delucchi, M., Burke, A., Lipman, T., and Miller, M. (2000) Electric and gasoline vehicle lifecycle cost and energy-use model, *Research Report UCD-ITS-RR-99-04*, Institute of Transportation Studies, University of California, Davis.

[6] Denholm, P. and Short, W. (2006) Evaluation of utility system impacts and benefits of optimally dispatched plug-in hybrid electric vehicles, *Technical Report NREL/TP-620-40293*, National Renewable Energy Laboratory.

[7] DTU Transport (n.d.) Transportvaneundersøgelsen.

[8] Ellehauge, K. and Pedersen, T. (2007) Solar heat storages in district heating networks, http://www.preheat.org/fileadmin/preheat/documents/reports/Solar_heat_storages_in_district_heating_networks.pdf, (accessed January 2013).

[9] European Commission, Directorate-General for Energy and Transport (2010) EU energy in figures 2010 – CO_2 emissions from transport by mode, http://ec.europa.eu/energy/publications/doc/statistics/ext_co2_emissions_from_transport_by_mode.pdf, (accessed January 2013).

[10] Ibáñez, E., McCalley, J., Aliprantis, D., et al. (2008) National energy and transportation systems: interdependencies within a long term planning model, in *2008 IEEE Energy 2030 Conference*, IEEE, Piscataway, NJ, pp. 218–225.

[11] Juul, N. (2011) Modelling and analysis of distributed energy systems with respect to sustainable energy – focus on electric drive vehicles, PhD thesis, DTU Management Engineering, ISBN 978-87-92706-15-7.

[12] Juul, N. and Meibom, P. (2011a) Optimal configuration of an integrated power and transport system. *Energy*, 36, 3523–3530.

[13] Juul, N. and Meibom, P. (2011b) Road transport and power system scenarios for northern Europe in 2030. *Applied Energy*, 92, 573–582.

[14] Karlsson, K. and Meibom, P. (2008) Optimal investment paths for future renewable based energy systems – using the optimisation model Balmorel. *International Journal of Hydrogen Energy*, 33, 1777–1787.

[15] Kempton, W. and Kubo, T. (2000) Electric-drive vehicles for peak power in Japan. *Energy Policy*, 28, 9–18.

[16] Kempton, W. and Tomic, J. (2005a) Vehicle-to-grid power fundamentals: calculating capacity and net revenue. *Journal of Power Sources*, 144, 268–279.

[17] Kempton, W. and Tomic, J. (2005b) Vehicle-to-grid power implementation: from stabilizing the grid to supporting large scale renewable energy. *Journal of Power Sources*, 144, 280–294.

[18] Kiviluoma, J. and Meibom, P. (2010) Influence of wind power, plug-in electric vehicles, and heat storage on power system investments. *The Energy Journal*, 35, 1244–1255.

[19] Kristoffersen, T., Capion, K., and Meibom, P. (2011) Optimal charging of electric drive vehicles in a market environment. *Applied Energy*, 88, 1940–1948.

[20] Letendre, S. and Kempton, W. (2002) The V2G concept: a new model for power? *Public Utilities Fortnightly*, (February 15), 16–26.

[21] Lund, H. and Kempton, W. (2008) Integration of renewable energy into the transport and electricity sectors through V2G. *Energy Policy*, 36, 3578–3587.

[22] McCarthy, R., Yang, C., and Ogden, J. (2008) Impacts of electric-drive vehicles on California's energy system, *Report UCD-ITS-RP-08-24*.

[23] Moura, F. (2006) Driving energy system transformation with "vehicle-to-grid" power, *Interim Report IR-06-025*.
[24] Münster, M. and Meibom, P. (2011) Optimization of use of waste in the future energy system. *Energy*, 36, 1612–1622.
[25] Nguyen, F. and Stridbaek, U. (2007) *Tackling Investment Challenges in Power Generation: In IEA Countries*, International Energy Agency, Paris, http://www.iea.org/publications/freepublications/publication/tackling_investment.pdf, (accessed January 2013).
[26] Ravn, H. (2010) The Balmorel model structure, version 3.01, http://www.eabalmorel.dk/files/download/TheBalmorelModelStructure-BMS301.pdf, (accessed January 2013).
[27] Ravn, H., Hindsberger, M., Petersen, M., et al. (2001) Balmorel: a model for analyses of the electricity and CHP markets in the Baltic Sea region, http://balmorel.com/Doc/B-MainReport0301.pdf, (accessed January 2013).
[28] Short, W. and Denholm, P. (2006) A preliminary assessment of plug-in hybrid electric vehicles on wind energy markets, *Technical Report NREL/TP-620-39729*.
[29] Tomic, J. and Kempton, W. (2007) Using fleets of electric-drive vehicles for grid support. *Journal of Power Sources*, 168 (2), 459–468.

第 5 章

电动汽车优化充电的动态规划方法

Stefanos Delikaraoglou[1], Karsten Capion[1], Nina Juul[2], Trine Krogh Boomsma[3]

1. 丹麦科技大学，丹麦灵比
2. 丹麦科技大学管理工程系，丹麦罗斯基勒
3. 哥本哈根大学数学系，丹麦哥本哈根

5.1 引言

目前，交通运输业所耗能源中 95% 为液态化石燃料，并占与能源有关的温室气体排放总量的 25%，参见世界自然基金会（2008）。引入电动汽车（EV，确切的定义参见 5.2 节）可减少对化石燃料的依赖性，其中减少 CO_2 排放量可视为其主要目标。

除上述功能外，电动汽车还能提供充放电的灵活性，这在短期电力系统运行中具有重要价值。非常重要的是，引入电动汽车有助于可再生能源发电并网。例如风电，在风力发电量高时充电，在发电量低时放电。这种平衡可以按小时进行（例如，通过电力现货市场），但也可以包括提供手动和自动调节，并每分钟提供备用电力。

尽管存在潜力，但实际提供的灵活性取决于对车队运营商的经济奖励，这些奖励措施可能是来自电力市场的电价信号。这是我们研究针对市场电价的电动汽车优化充放电的动力。

本章的主要目标为

- 提出一种有效算法，用于在电力市场环境中电动汽车或电动汽车车队的短期管理。
- 假设电动汽车按照该算法运行，研究其为电力系统提供的灵活性。

因此，虽然我们以车队运营商为视角，但也旨在分析电力系统的运行，特别是电动汽车对系统灵活性的贡献。

对于参与电力现货市场的车队运营商来说，问题是在优化充放电的同时，要考虑到车主的驾驶需求和电力现货价格的变化。我们考虑车主是价格接受者，而车队运营商可以影响电价。在这两种情况下，车队运营商在运行约束条件下，通过在现货市场买卖电力来降低充放电成本。我们聚焦于短期管理，并将注意力限制在一周时间跨度内，以每小时为时间步长。由于一周内连续的小时之间只有弱连接，本章将说明该问题如何适应线性或二次成本的动态规划。

对于单个车主来说，充放电造成的电力负荷变化太小以至于无法影响现货价

格。然而，较大的车队运营商可以通过改变负荷来影响电价。为简单起见，我们假设电价随电力负荷线性变化，并通过线性回归描述电价-负荷相关性。

在动态规划问题中，对状态空间离散化。这对于单一车辆在计算上是可行的。然而，对于车队来说，这个问题容易陷入维度灾难，为了便于计算，因此提出了事前车辆聚类方法。该方法根据出发日和日内行驶模式对车辆进行分组。因此，聚类车辆表示具有相似行驶模式的整组车辆。

在丹麦案例研究中，利用北欧电力市场的现货价格和丹麦西部电网车队行驶模式的调查数据，说明了动态规划问题的结果。结果表明，电动汽车具有几乎完全通过充电提供灵活性的诱因。此外，这些车辆具有显著的日内灵活性，但日间灵活性有限。

关于电动汽车的其他文献，可以参考 Kempton 和 Tomic（2005a）关于电动汽车控制的一般业务模式和实现方法，以及 Kempton 和 Tomic（2005b）及 Tomic 和 Kempton（2007）的提供电网支持、监管和备用功率。与本章关系更为密切的是，Juul 和 Meibom（2009）、Kiviluoma 和 Meibom（2010）以及 Shortt 和 O'Malley（2009）制定了数学规划模型，用于分析电动汽车并网对电力系统运行的影响。然而，尽管这些参考文献在数学规划模型的使用上类似，但应用了社会效益优化，而我们采用基于市场的方法优化个人收益，如 Kristoffersen 等（2011）。在所有参考文献中，数学规划问题都通过标准软件工具来解决，无需额外努力提高计算效率，而本章则提出了一种专门针对电动汽车的算法。

本章结构如下：5.2 节对电动汽车进行了简要介绍；5.3~5.5 节讨论了电动汽车的短期管理以及相应的动态规划问题；5.6 节和 5.7 节分别描述了电价变化和车辆聚类方法；5.8 节进行了案例分析；5.9 节研究了计算结果；最后，5.10 节对动态规划问题进行了改进和扩展。

5.2 混合动力电动汽车

电动汽车技术包含所有拥有电动传动系统的车辆技术。最重要的是，这些包括纯电动汽车（BEV）、插电式混合动力电动汽车（PHEV）和燃料电池汽车（FCV）。有关电动汽车技术的广泛概述，请参见 Smets 等（2007）。

下面，我们仅限于分析 PHEV⊖，主要原因如下：

在 FCV 商业化之前，还有许多问题有待解决。此外，尽管 BEV 已经上市几十年了，但 BEV 仍然不完全具备竞争力。然而，一些大型汽车制造商已经宣布在接下来的几十年内引入 PHEV。例如，2010 年上市的雪佛兰伏特，2012 年推出的丰田普锐斯，以及 2015 年推出的大众高尔夫，具体可参阅维基百科。

从电力系统的角度来看，FCV 并不像具有插电功能的电动汽车那样引起关注，这很可能是出于经济原因。相反，BEV 和 PHEV 都可以通过插电从电网进行充电，也称为从电网到车辆，具体可参见 Kempton 和 Tomic（2005a, b）。

⊖ 由于我们的分析大多数适用于电动汽车，我们主要将 PHEV 视为电动汽车。

BEV完全依靠电池供电来驱动。尽管大多数行程可以在不消耗电池的情况下完成，但大量的充电时间使这些车辆不太适合需要再充电的长途旅程。相比之下，PHEV配有内燃机，能够进行更长的行程。

我们对所考虑的PHEV进行一些假设。虽然内燃机可能使用氢气、乙醇或天然气，但液态化石燃料的使用最为广泛，也仅限于这些燃料。电池的使用通常比在发动机上运行的成本要低。因此，PHEV行驶模式通常是一种充电耗尽模式，即电池使用直至耗尽，或者是发动机辅助蓄电池的充电保持模式。我们假设没有预先确定哪种模式，但允许优化以确定使用电池还是发动机。最后，虽然车辆技术的发展现状不允许从车辆到电网（Kempton和Tomic，2005a，b），但我们可以研究PHEV是否能通过向电网供电来获取经济激励。

5.3 市场条件下的优化充电

我们考虑在市场环境下对电动汽车进行短期管理。从车队运营商参与电力现货市场的角度来看，问题在于电动汽车优化充放电的同时，要考虑到车主的驾驶需求和电力现货价格的变化。

在市场参与下，电动汽车的充电和放电是通过现货市场的采购和销售而发生的。电动汽车可以直接进入这个市场，尽管由于交易成本和最小交易额，大型交易者（车队运营商）可能会促进市场参与度。这可以不同的方式实现，正如Kempton和Tomic（2005b）提议的那样，在Kempton和Tomic（2005）及Tomic和Kempton（2007）中进一步讨论。我们考虑单一车主和车队运营商的情况，他们代表若干车主在现货市场买卖电力。我们假设车主是价格接受者，但允许车队运营商影响市场电价①。

我们对充放电的灵活性做出以下假设。由于固定工作时间，车主在驾驶方面相当不灵活。因此，我们假设行驶需求是外在固定的。我们进一步假设车辆在停放时始终处于插电状态，因此在这样的时刻充放电总是可行的。与此一致，车队运营商无法控制车辆的行驶模式，但能够完全控制停车时的充放电。

获得车辆充放电的最优短期计划可以看作数学规划问题，其中车队运营商在运行约束条件下将充放电成本降至最低。我们先解决单个车主充放电问题，然后将其扩展到整个车队运营商。

我们先考虑一个时间范围$[0,T]$，例如一天、一周或一个月，然后将其离散化划分为每小时或每半小时的时间间隔数$[t,t+1]$，$t=0,\cdots,T-1$。但是鉴于数据的可用性，我们将时间限制在一周的时间范围内，并以每小时为时间间隔。

因此，我们让决策变量l_t表示时间t的电池荷电状态。我们假设初始状态l_0和最终状态l_T都是已知参数②。我们同样让变量u_t^+和u_t^-表示时间$[t,t+1]$之间的充、

---

① 价格接受者的假设是有道理的，结果显示小型车队对电价影响不大。

② 为了避免意外的边缘效应，例如在电池的电能即将耗尽时，我们假设了外端固定终端电池的荷电状态。例如，考虑到每周的周期，我们可能会让$l_T=l_0$。另一种选择是，利用电力和燃料的期货价格，估计内部确定性终端电池状态的未来价值。

放电速率，我们采用 v_t 来表示时间 $[t, t+1]$ 之间的发动机电源。

电池状态是通过电池的最小荷电状态 $l^{\min}$ 与最大荷电状态 $l^{\max}$ 进行约束的。同样，充电受最大速率 $u^{+,\max}$ 的限制，放电受最大速率 $u^{-,\max}$ 的限制，而发动机电源受到发动机容量 $v^{\max}$ 的限制。

为了考虑充电损耗，用参数 $0<\eta<1$ 表示充电效率。同样，用 $0<\rho<1$ 表示发动机的效率[注]。

由于上班族的固定工作时间以及固定的日程安排和路线，车主的短期驾驶需求在很大程度上是可预测的，这是我们采取确定性行驶模式的原因。我们用 d_t 来表示时间 t 到 $t+1$ 之间的行驶需求。为了捕捉相应的插电模式，当车辆停放处于充电时（即 $d_t=0$），我们让 $\delta_t=0$；当车辆行驶时（即 $d_t>0$），$\delta_t=1$。电力现货价格几乎是不可预测的，因此我们在概率空间中用随机过程 $\{p_t\}_{t=0}^{T-1}$ 来表示。我们假定这一随机过程为马尔可夫链。在我们这个问题中，在时间间隔 t 到 $t+1$ 之间做出决策之前，在时间 t 的预期行驶需求 d_t 和预期电价 p_t 都是已知的。

在每个时间间隔内，车队运营商必须做出以下决定：车辆停放时，是否充放电及以什么速率充放电；车辆行驶时，是否使用发动机，同样使用多少。最优决策由充放电成本与发动机使用成本来决定。我们用 $c(u^+, u^-, v)$ 表示超过现货市场买卖成本的运营成本。特别是，假设这些成本包括电池损耗成本和燃料成本，我们采用参数 $c(u^+, u^-, v)=au^-+bv$，其中 $a>0$、$b>0$[注]。不过，应该指出，由于发动机供电通常比充电成本更高，因此最优决策主要取决于当前现货价格和未来现货价格之间的权衡。

电动汽车优化充电的数学规划方程为

$$\min\left\{\mathbb{E}\left[\sum_{t=0}^{T-1}(p_t(u_t^+-u_t^-)+c(u_t^+,u_t^-,v_t))\right]: \\ l_{t+1}=l_t+(1-\delta_t)(\eta u_t^+-u_t^-)+\delta_t(\rho v_t-d_t),\ l^{\min}\leq l_t\leq l^{\max}, \\ 0\leq u_t^+\leq u^{+,\max},\ 0\leq u_t^-\leq u^{-,\max},\ 0\leq v_t\leq v^{\max},\ t=0,\cdots,T-1\right\} \quad (5.1)$$

式中，$\mathbb{E}[\cdot]$ 表示关于 $p_0, \cdots, p_{T-1}$ 的数学期望。约束条件包括电池荷电状态的平衡约束以及电池状态与充电、放电和发动机供电速率的容量约束。

5.4 动态规划

最优充电问题包含一周连续小时之间的薄弱连接，即通过电池状态的平衡约束，这使得它适合动态规划。为了解决该问题，将电池的荷电状态和电价设定为状态变量，将充电速率、放电速率、发动机使用速率设定为控制变量。动态规划递推公式为

注 要注意的是，该公式也适用于没有发动机的 BEV，通过让其效率 $\rho=0$。

注 要注意的是，此超额成本可确保不能同时对充放电进行优化。

$$\mathcal{J}_t(l_t, p_t) = \min\{p_t(u_t^+ - u_t^-) + c(u_t^+, u_t^-, v_t) + \mathbb{E}_t[\mathcal{J}_{t+1}(l_{t+1}, p_{t+1})]:$$
$$l_{t+1} = l_t + (1-\delta_t)(\eta u_t^+ - u_t^-) + \delta_t(\rho v_t - d_t), l^{\min} \leq l_t \leq l^{\max}, \quad (5.2)$$
$$0 \leq u_t^+ \leq u^{+,\max}, 0 \leq u_t^- \leq u^{-,\max}, 0 \leq v_t \leq v^{\max}\}, t=1, \cdots, T-1$$

式中，$\mathcal{J}_t$ 为时段 t 时充电的值函数，$\mathbb{E}_t[\cdot]$ 为条件 p_t 下关于 p_{t+1} 的数学期望。终端条件为 $\mathcal{J}_T(l_T, p_T)=0$。

为了便于计算，我们将状态空间离散化。特别是，我们将电池状态 $[l^{\min}, l^{\max}]$ 的可行范围分解为状态间隔 $[l^i, l^{i+1}]$, $i=0, \cdots, I-1$，其中 $l^0 = l^{\min}$、$l^I = l^{\max}$。我们通过完全枚举解决方案来解决时段 t 时的充电问题，假设在时段 t 与 $t+1$ 的电池状态 $l_t \equiv l_i$ 和 $l_{t+1} \equiv l_j$ 都是已知的。从平衡约束，我们可得到解决方案：

$$u_t^{+,i,j} = (1-\delta_t)(l^j - l^i)\eta^{-1} \vee 0, \quad u_t^{-,i,j} = (1-\delta_t)(l^i - l^j) \vee 0$$
$$v_t^{i,j} = \delta_t(l^j - l^i + d_t)\rho^{-1}$$

该解决方案在控制变量上满足上下限约束条件，即满足充电、放电和发动机供电的容量约束条件。我们让 $u_t(i) = \{j: u_t^{+,i,j} \leq u^{+,\max}, u_t^{-,i,j} \leq u^{-,\max}, 0 \leq v_t^{i,j} \leq v^{\max}\}$。要注意的是，此解决方案始终在离散状态变量之间生成转换，因此不需要在这些状态变量之间进行插值㊀。时段 t 的充电问题可重新表述为

$$\mathcal{J}_t(l^i, p_t) = \min_{j \in u_t(i)} \{p_t(u_t^{+,i,j} - u_t^{-,i,j}) + c(u_t^{+,i,j}, u_t^{-,i,j}, v_t^{i,j}) + \mathbb{E}_t[\mathcal{J}_{t+1}(l^j, p_{t+1})]\},$$
$$t = 0, \cdots, T-1$$

式中，需要 $(I+1)^2$ 来评估时段 t 的成本，每个评估只涉及解决方案的计算和可行性检验。应当注意的是，状态变量和控制变量在连续性问题中总是可行的，因此离散公式提供了一个上限。关于电价的离散化，详见 5.6 节。

5.5 车队运营

将动态规划方程式（5.2）扩展到车队。相应地，用 $k=1, \cdots, K$ 来表示车队中的车辆数，用 K 维决策变量 $l_t = (l_{1t}, \cdots, l_{Kt})$ 来表示电池的荷电状态，式中 l_0 和 l_T 都是已知的。以类似的方式，我们用向量 u_t^+、u_t^- 分别代表电池的充、放电速率，用 v_t 来表示发动机的输出。这些变量的上下限分别为 $l^{\min}$、$l^{\max}$、$u^{+,\max}$、$u^{-,\max}$ 和 $v^{\max}$。充电效率和发动机效率可通过 $K \times K$ 阶对角矩阵 $\boldsymbol{H} = \mathrm{diag}(\eta_1, \cdots, \eta_K)$ 和 $\boldsymbol{P} = \mathrm{diag}(\rho_1, \cdots, \rho_K)$ 来表示，而行驶模式用向量 $\boldsymbol{d}_t = (d_{1t}, \cdots, d_{Kt})$ 来表示，插电模式通过矩阵 $\boldsymbol{\Lambda}_t = \mathrm{diag}(\delta_{1t}, \cdots, \delta_{Kt})$ 来表示。作为上述类似扩展，额外运营成本由向量函数为 $c(u^+, u^-, v) = (c_1(u^+, u^-, v), \cdots, c_K(u^+, u^-, v))$，式中 $c_k(u^+, u^-, v) \equiv c_k(u_k^+, u_k^-, v_k)$，即一车辆的运营成本与其他电动汽车的运营成本无关。特别是，我们假设运营成本是可累加的。对于车队，我们允许电价随电动汽车总净负载而变化。因此，在忽略负

㊀ 对于没有发动机的 BEV，情况并非如此。

载影响时,我们将电价指定为负荷 q 和电价 p 的函数 $\hat{p}(p,q)$。为了计算总成本和负荷,我们引入 K 维向量 $e=(1,\cdots,1)$。

车队运营商的动态规划方程为

$$\mathcal{J}_t(l_t, p_t) = \min\{\hat{p}(p_t, q_t) + e^T c(u_t^+, u_t^-, v_t) + \mathbb{E}_t[\mathcal{J}_{t+1}(l_{t+1}, p_{t+1})]:$$
$$q_t = e^T(u_t^+ - u_t^-),\ l_{t+1} = l_t + (I-\Lambda_t)(Hu_t^+ - u_t^-) + \Lambda_t(Pv_t - d_t),$$
$$l^{\min} \leq l_t \leq l^{\max}, 0 \leq u_t^+ \leq u^{+,\max}, 0 \leq u_t^- \leq u^{-,\max}, 0 \leq v_t \leq v^{\max}\},$$
$$t = 0,\cdots,T-1$$

式中,最终状态为 $\mathcal{J}_T(l_T, p_T) = 0$。

要注意的是,这个问题与电动汽车不可分离。

5.6 电价

当参与电力现货市场时,应对充放电进行规划,并考虑市场电价的变化。在丹麦案例分析中,我们考虑了北欧电力交易所 Nord Pool 组织的电力现货市场 Elspot。Elspot 用于逐小时的合约交易⊖,所有交易均以市场电价结算,该市场电价由所有市场参与者的供求出价之间的平衡决定。为了描述电力现货价格的变化,我们使用丹麦国家电网公司 Energinet.dk(www.energinet.dk)所提供 2006~2007 年间丹麦西部电网区域电价(丹麦克朗/MWh)的历史数据。

5.6.1 电价的马尔可夫链

我们首先描述电价的随机过程 $\{p_t\}_{t=0}^{T-1}$。为了方便应用动态规划,我们假设这一过程为马尔可夫链。为了进行估计,我们计算历史电价的平均值 u 和标准差 σ,并将区间 $[0, \mu+2\sigma]$ 离散化分为若干相等长度的小区间,$\mathcal{B}_h=[\bar{p}_h, \bar{p}_{h+1}]$,$h=0,\cdots,H-1$,其中 $\bar{p}_0=0$、$\bar{p}_H=\mu+2\sigma$。我们记录下历史价格在时段 t 和 $t+1$ 之间任意两个区间 h 与 k 之间转换的频率,即 $n_{hkt}=\#\{\tau: p_\tau \in \mathcal{B}_h, p_{\tau+1} \in \mathcal{B}_k\}/\#\{\tau: p_\tau \in \mathcal{B}_h\}$⊖,式中 $h, k=0,\cdots,H-1$,$t=1,\cdots,T-1$。区间的中点 $(\bar{p}_{h+1}-\bar{p}_h)/2$,$h=0,\cdots,H-1$ 代表马尔可夫链的状态,而频率 n_{hkt},$h, k=0,\cdots,H-1$,$t=1,\cdots,T-1$ 为我们提供了状态转换概率的最大可能性估计值。

5.6.2 电价-负荷相关性

接下来,我们将介绍电价如何受到车队的总净负荷的影响。为简单起见,我们假设电价是负荷的线性递增函数,如下所示:

$$\hat{p}(p_t, q_t) = p_t + \gamma q_t$$

式中,当忽略车队的影响,且 γ 是已知的参数,代表关于车队负荷的电价灵敏度,

⊖ Elspot 现货市场是用于贸易合同的日前市场,第二天进行实物交割。然而,与日前的市场结算相反,我们假设市场在运行前一小时出清,或者出于其他原因可以预测下一小时的电价,而未来电价是未知的。

⊖ 符号略有表示不当,p_t 现在表示时间 t 的历史电价。

p_t 为 t 到 $t+1$ 时间段内的随机电价。参数 γ 按回归估计。特别是,我们利用丹麦国家电网公司提供的逐小时用电数据,推导电力系统总用电负荷的电力现货价格。采用普通最小二乘估计,γ 的估计值为 0.18(丹麦克朗/MWh)/MWh,t 统计值为 −43.69,p 值为 0.00⊖。具体详见 Kristoffersen 等(2011)。

在目前的电力系统中,电能基本上是不可存储的,因此供需必须始终保持平衡。这偶尔在电网阻塞情况下会引起电价飙升,也就是说,高负荷时输电线路的容量约束会引起电价大幅飙升。电动汽车的引入和随之而来的储能可促进电力供需部分解耦。然而,如果电价仍然跳跃,则采用非线性函数可以更恰当地描述电价-负荷相关性。

5.7 行驶模式

为了成功规划电动汽车的充放电,对其行驶模式的建模至关重要。我们假设电动汽车的行驶模式在性质上与历史行驶模式相似。因此,在丹麦案例分析中,我们使用丹麦科技大学交通工程系提供的 2006~2007 年间丹麦西部地区车队调查数据(DTU,2009)。数据涵盖客运,包括大量变量,如时间(h)、位置和距离(km)。但是,我们不考虑位置差异,数据不区分私人驾驶和商业驾驶。尤其为了构建 PHEV 的行驶模型,我们进一步假设这些电动汽车是由那些在调查中每天行驶里程超过 150km 的电动汽车组成。

5.7.1 车辆聚类

在动态规划问题中,我们将状态空间离散化。这对于单一车辆在计算上是可行的。然而,对于车队来说,这个问题很容易陷入维度灾难。因此,为了便于计算,我们建议采用事前车辆聚类方法。

我们从构建日常车辆行驶模型开始。对于每辆车(我们假设每辆车只有一名乘客,反之亦然),并且涵盖调研的每一天,我们记录所有行程的出发日期(周一至周日)和出发时间(1~24 点)。对于每次行程,我们会记录出发时段的行驶距离,并在相关时间内计算后续每小时的行驶距离,假设平均速度为 70km/h。将每日行驶模式存储为行驶距离的 24 维向量,并关联相应的工作日。这总共产生 561 种行驶模式。

然后,我们根据出发日期对每日行驶模式进行分组。行驶模式可揭示日常的通勤行为,上午 6 点到 9 点之间为上班高峰期,下午 3 点到 6 点之间为下班高峰期,而周末和节假日则没有高峰期。

仅通过区分工作日和周末,这会产生 415 个工作日行驶模式和 146 个周末行驶模式(415/561 不等于 5/7 的原因是在调查中仅统计每天行驶里程超过 150km 的 PHEV)。

⊖ 事实上,这一估计是在电力需求、风电、水电、火电、天然气发电和排放价格等多变量回归中得出的。

我们继续对每组中的日内行驶模式进行聚类,应用 k 均值的变种算法,见 McQueen(1967)。该算法根据相似性对向量进行分组来获得 k 聚类,以距离相近作为衡量标准。k 均值算法过程如下:选取 k 维向量作为初始聚类中心,对于其余向量,确定其距离最近的中心,并将向量分配给相应的聚类。更新聚类中心并重新分配聚类,然后运行具有不同中心和距离度量的聚类算法。当我们选择的中心作为每个簇内的平均向量时,车辆在一天内的大多数小时内均会行驶,而在历史数据中,车辆行驶仅在一天中的几个小时内发生。为了克服这个问题,将中心替换为最接近簇内剩余向量的向量,并确认车辆仅在一天中的几个小时内进行行驶。当我们选择欧氏距离时,该算法在不考虑后续行驶时间之间的相关性时会产生不切实际的行驶模式。因此,我们定义一个新的距离度量值,当后续小时的行驶距离几乎相同时,该度量值很小。聚类算法在 C++ 中实现,总共运行了 561 个原始行驶模式和 20 个具有代表性的行驶模式,即 10 个工作日模式和 10 个周末模式。结果表明,尽管聚类比较粗糙,但行驶模式具有相当的代表性。有关车辆聚类的详细信息,请参见 Kristoffersen 等(2011)。

为了在动态编程问题中减少状态空间的维度,我们现在考虑聚类车辆,如式(5.2),$k=1,\cdots,K$。对于每个聚类车辆 k,其车辆数用 n_k 来表示,并用 $n=(n_1,\cdots,n_K)$ 来替代 e。

5.8 丹麦案例分析

为了说明电动汽车的短期管理,我们以丹麦为案例进行分析。行驶模式和电价分别详见 5.6 节和 5.7 节,其余假设和数据如下。

虽然最有可能电动汽车在销售时有几种不同的电池容量,为了便于进行分析,我们仅定义一种电池容量。假定 PHEV 拥有 65km 的全电动行驶里程,这符合大多数演示类型,参见 Bradley 和 Frank(2009)。在文献中,行驶效率发生本质变化。然而,在 Suppes(2006)中,我们使用行驶效率为 6km/kWh,这相当于 PHEV 电池容量为 10.8kWh。

更多的容量数据,我们采用 AC-150 Gen-2 的车辆,它所允许的充电与放电功率为 20kW。此外,我们假设车主可以在家和工作场所接入本地电网进行充电。在丹麦案例中为三相 16A 230V 的电力系统,因此电动汽车与电网之间充电、放电的最大功率实际上为 11.1kW,在 Kempton 和 Tomic(2005a)中为 10~15kW。最小容量设定为最大容量的 20%。

为了估计燃料成本,我们假设 1L 的柴油的价格为 10 丹麦克朗(包括税金),并且其能量值为 10kWh,因此产生的能源成本为 1000 丹麦克朗 /MWh。车辆到电网的电池损耗成本设定为 394 丹麦克朗 /MWh,这与 Kempton 和 Tomic(2005a)中的数据相符。

充电效率假定为 90%(Kempton 和 Tomic,2005a),而发动机的效率设置为

第 5 章 电动汽车优化充电的动态规划方法

峰值效率的 39%，即 23.4km/L，参见 Smets 等（2007）。

5.9 最优充电模式

我们给出了单一车辆和车队的动态规划算法的结果。假设车辆按照算法运行，我们使用这些结果来研究电动汽车并网为电力系统提供的灵活性。

该动态规划算法运行在 Intel Core2Duo CPU @ 2.4GHz、RAM 为 4GB 的计算机上。

5.9.1 单一车辆运营

为了便于阐述，我们首先分析单一车辆问题确定性公式的结果。我们选择一辆车和两个有代表性的周，其中一周电价高（平均 479 丹麦克朗 /MWh），另一周为典型电价（平均 184 丹麦克朗 /MWh）。在高电价的一周，结果显示，总充电量为 179kWh，以 382 丹麦克朗 /MWh 的平均现货价格购入；总放电量为 35kWh，以 1260 丹麦克朗 /MWh 的平均现货价格卖出。近 20% 的充电用于放电，这表明使用电动汽车作为储能的潜力。然而典型电价的一周的结果则大有不同，总充电量为 141kWh，以 176 丹麦克朗 /MWh 的平均现货价格购入，电动汽车却没有放电。显然，此时电动汽车的储能潜力很有限。这两周时间内不同的放电率可以解释为电池损耗成本相对较高，这使得使用当前的充电用于未来放电无利可图，除非电价非常高。然而，值得注意的是，当电动汽车不能为电网提供储能的灵活性时，它们可以通过充电提供灵活性。

高电价周和典型电价周的充电模式分别如图 5.1 和图 5.2 所示。从这些数字可以看出，充电主要发生在工作日。在高电价周和典型电价周中，工作日充电分别占一周总充电的 87% 和 83%（在这两种情况下都大于 5/7=71%），这取决于大多数工作日程的性质（每天有两次较长的行程，且都在 1~2h 内完成）。此外，周末行程较长，一般都在 3h 内，并且仅依靠电动汽车的电池并不能完成行程。尽管工作日和周末有所不同，但充电模式在工作日之间相对稳定，高电价周和典型电价周的标准误差分别为 14% 和 9%。例如，在高电价和典型电价的两周内，充电率都不受周五电价上涨的影响。这可以通过固定行驶模式和电池容量有限来解释，这意味着电动汽车不能为电网提供日间的灵活性。不过，我们进一步从数字中观察到，充电主要在夜间进行。夜间充电⊖在高电价周和典型电价周的总充电中分别占 64% 和 92%，部分原因为工作日程安排或车辆的可用性，部分由较低的电价来解释。充电主要发生在负荷需求较低的夜间，而负荷需求较高的白天充电较少，因此电动汽车对整体电力需求具有稳定的影响。或者，同样地，电动汽车确实为电网提供了日内灵活性。显然，这种日内灵活性的经济诱因是电价的变化（这主要是由负荷需求驱动的）。事实上，在考虑到电动汽车

⊖ 本章定义夜间为 18:00—06:00。

的行驶需求和电池容量时,充电总是由当前电价和未来电价之间的权衡决定的。

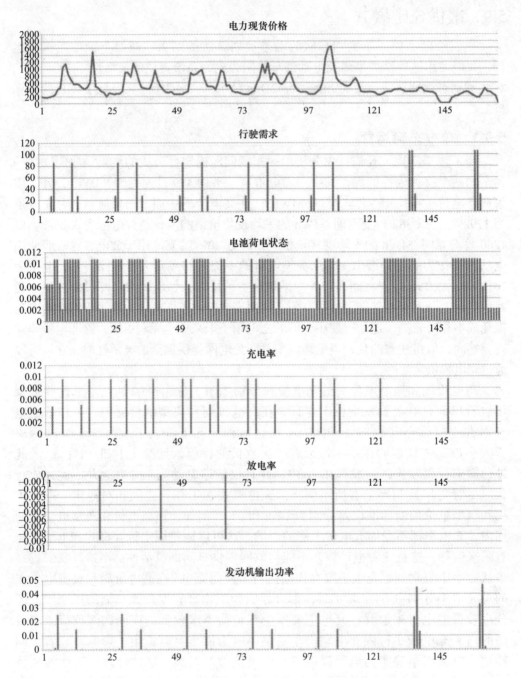

图 5.1　高电价周逐小时的电力现货价格（丹麦克朗/MWh）、行驶需求（km）、
电池荷电状态（MWh）、充电率（MWh）、放电率（MWh）和发动机输出功率（MWh）

第 5 章　电动汽车优化充电的动态规划方法

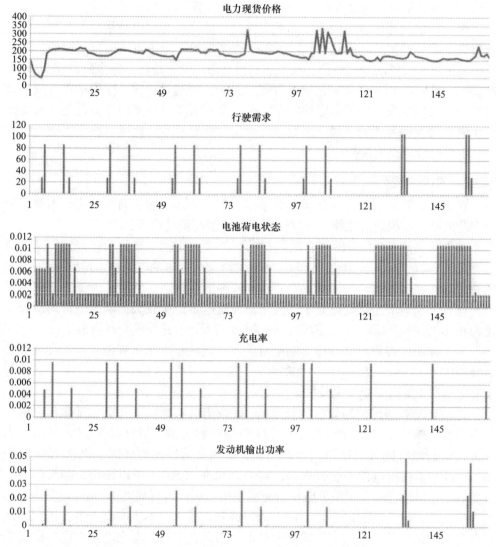

图 5.2　典型电价周逐小时的电力现货价格（丹麦克朗/MWh）、行驶需求（km）、电池荷电状态（MWh）、充电率（MWh）和发动机输出功率（MWh）

尽管白天电价较高，充电确有发生，特别是在高电价周，充申后以便以很高的电价放电售出。但是无论高电价周还是典型电价周，当行驶需求超过电池容量所能提供的行驶里程时，也会选择白天充电，这表明充电比使用发动机更为经济。这是因为电力现货价格和燃料成本（1000 丹麦克朗/MWh）、充电效率（90%）与发动机的效率（39%）之间的差异所引起的。使用发动机驱动行驶的成本为 1000/0.39=2564 丹麦克朗/MWh，而电力驱动达到这一成本则需电价至少为

2564×0.9=2308 丹麦克朗 /MWh，显然此时充电费用过高。仅当行驶需求不能被电池容量所满足时，才会使用发动机，例如在周末长途旅行期间。

单一车辆问题的随机公式不如确定性公式那么容易得出结果。只有第一阶段的解决方案可以实施，而其余阶段的解决方案取决于未来电价的发展趋势，从而产生大量可能的解决方案路径。我们在运行动态规划算法时，每个阶段有 10 种电价状态，从而产生 10^{168} 种解决方案路径。然而，通过检查第一阶段的平均解决方案路径，我们发现，对于确定性问题，充电并不需要在开车前立即发生，而是发生在电价最有利可图的时候。因此，与确定性问题一致，充电取决于当前电价和预期未来电价之间的权衡。

5.9.2 车队运营

接下来，我们将考虑车队运营的结果。如上所述，为了简单分析，本章仅限于问题的确定性规划。此外，本章仅限于对典型电价周进行分析。

我们最初在从 5.7 节的聚合法获得的三类聚类车辆上运行动态规划算法，这三类聚类车辆分别表示 31、51 和 63 辆电动汽车。为每辆电动汽车设置 10 种电池状态，这样在问题每个阶段总共会产生 10^3 种电池状态。然而，由于车队规模很小，只有 145 辆车，总负荷太小，因而不会对电价产生较大影响（电价的最大变化为 0.16 丹麦克朗 /MWh）。因此，如图 5.3 所示，上述结论仍然有效。

为了证明大规模车队能够影响电价，本章继续扩大车队规模，使三类聚类车辆分别代表 15500、25500 和 31500 辆车。这构成一个 72500 辆车的车队，其负荷会对电价产生显著影响（电价的最大变化为 29 丹麦克朗 /MWh）。

在对比是否考虑价格效应的结果时⊖，我们观察到以下几点。工作日充电量几乎不受影响（从未考虑价格效应的 66% 增长到考虑价格效应的 67%），这与车辆提供的有限日间灵活性相一致。然而，日内灵活性允许夜间充电从 70% 降至 65%，以至于夜间电价不会升太高。这一结果在图 5.4 中得以证实，如果没考虑价格效应，电动汽车会在最低电价时充满电（考虑到运行约束）。相比之下，考虑到价格效应，电价随充电率提高而上涨，或者，购电成本也略有上升。因此，最好在电价较低的几个小时内完成部分充电。因此，电动汽车充电对电网整体需求的稳定效应可能会部分被价格效应所抵消。尽管如此，它对电价有一个很小的稳定作用（标准偏差从未考虑价格效应的 20% 下降至考虑价格效应的 19%）。

最后，为了研究状态空间聚类的影响，我们为越来越多的车辆执行动态规划算法。2 辆车的计算时间为 22s（每个阶段 100 种电池状态），3 辆车的计算时间为 1456s（每个阶段 1000 种电池状态），4 辆车的计算时间为 102848s（每个阶段 10000 种电池状态），这证明了聚类方法具有很高的应用价值。

⊖ 请注意，我们可以通过对比小型车队和大型车队的结果来对比是否考虑价格效应。不考虑价格效应，对于小型车队来说几乎就是这种情况，目标函数只是按车队规模进行缩放，因此解决方案不受车队规模的影响。

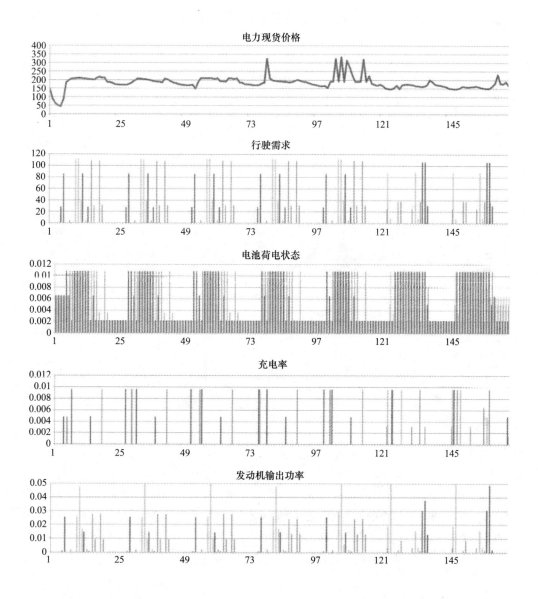

图 5.3 145 辆电动汽车的车队在典型电价周内每小时的电力现货价格（丹麦克朗/MWh）、行驶需求（km）、电池荷电状态（MWh）、充电率（MWh）和发动机输出功率（MWh）

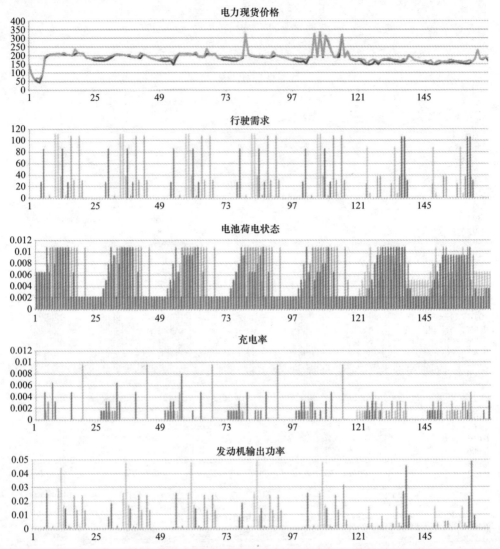

图 5.4　72500 辆电动汽车的车队在典型电价周内每小时的电力现货价格（丹麦克朗/MWh，考虑负荷效应的为深色，不考虑负荷效应的为浅色）、行驶需求（km）、电池荷电状态（MWh）、充电率（MWh）和发动机输出功率（MWh）

5.10　讨论与总结

在本章中，我们提出了一种在市场环境下对电动汽车进行短期管理的有效算法，并研究了此类车辆对电力系统提供的灵活性。我们发现，尽管车辆的优化管理未考虑储能和日间灵活性，但是电力市场为日内灵活性提供了激励。

值得注意的是，电价实际上反映了电力净需求的变化，即电力需求不会对可

第 5 章　电动汽车优化充电的动态规划方法

再生能源发电波动产生任何影响,如风力发电。因此,在电力需求低或风力发电量高时,是车辆的最佳充电时刻。然而,虽然总电力需求较低与车辆可充电处于一天中的同一时间,而此时的风力发电量可能不高,因此,电动汽车促进可再生能源发电并网的能力有限。

动态规划算法可以在几个方向上得以改进和扩展。在算法的每次迭代中,我们通过完全枚举来解决问题,但是可以将其作为线性规划问题来简化求解。此外,尽管我们提出了一种减少状态空间的方法,但很多其他方法也可以进行测试与比较。最后,当我们考虑到随机电价时,行驶模式和插电模式的不确定性可能同样相关,我们可以通过滚动规划方法来解决问题,以便随着时间的推移产生可执行的解决方案。

致谢

Trine Krogh Boomsma 与 Nina Juul 感谢丹麦战略研究理事会对于 ENSYMO-RA 项目的资助。

参考文献

[1] AC Propulsion (n.d.) AC-150 Gen-2 EV power system: integrated drive and charging for electric vehicles, www.acpropulsion.com (accessed July 2009).
[2] Bradley, T.H. and Frank, A.A. (2009) Design, demonstration and sustainability impact assessments for plug-in hybrid electric vehicles. *Renewable and Sustainable Energy Reviews*, 13 (1), 115–128.
[3] DTU (2009) Transportvaneundersøgelsen, Department of Transport, Technical University of Denmark.
[4] Juul, N. and Meibom, P. (2009) Optimal configuration of future energy systems including road transport and vehicle-to-grid capabilities, in *2009 European Wind Energy Conference and Exhibition*, EWEC, pp. 168–174.
[5] Kempton, W. and Tomic, J. (2005a) Vehicle-to-grid power implementation: from stabilizing the grid to supporting large-scale renewable energy. *Journal of Power Sources*, 144 (1), 280–294.
[6] Kempton, W. and Tomic, J. (2005b) Vehicle-to-grid power fundamentals: calculating capacity and net revenue. *Journal of Power Sources*, 144 (1), 268–279.
[7] Kiviluoma, J. and Meibom, P. (2010) Influence of wind power, plug-in electric vehicles, and heat storages on power system investments. *Energy*, 35 (3), 1244–1255.
[8] Kristoffersen, T.K., Capion, K. and Meibom, M. (2011) Optimal charging of electric drive vehicles in a market environment. *Applied Energy*, 88, 1940–1948.
[9] McQueen, J. (1967) Some methods for classifications and analysis of multivariate observations, in *Proceedings of the Fifth Berkeley Symposium on Mathematical Statistics and Probability*, vol. 1, University of California Press, pp. 281–297.
[10] Shortt, W. and O'Malley, M. (2009) Impact of optimal charging of electric vehicles on future generation portfolios, in *2009 IEEE PES/IAS Conference on Sustainable Alternative Energy (SAE)*, IEEE, pp. 1–6, doi: 10.1109/SAE.2009.5534861.
[11] Smets, S., Badin, F. and Brouwer, A. *et al.* (2007) Status overview of hybrid and electric vehicle technology, Technical report, International Energy Agency.
[12] Suppes, G.J. (2006) Roles of plug-in hybrid electric vehicles in the transition to the hydrogen economy. *International Journal of Hydrogen Energy*, 31 (3), 353–360.
[13] Tomic, J. and Kempton, W. (2007) Using fleets of electric-drive vehicles for grid support. *Journal of Power Sources*, 168 (2), 459–468.
[14] Wikipedia (n.d.) List of modern production plug-in electric vehicles, http://en.wikipedia.org/wiki/List_of_modern_production_plug-in_electric_vehicles (accessed January 2013).
[15] WWF (2008) Plugged in: the end of the oil age. Summary report. WWF, Brussels.

第 6 章

电动汽车组合管理

Lars Henrik Hansen[1], Jakob Munch Jensen[1], Andreas Bjerre[2]
1. DONG 能源公司功率概念优化中心,丹麦根措夫特
2. DONG 能源公司销售与配电中心,丹麦 Virum

6.1 引言

电动汽车（EV）被认为是一种分布式储能装置,可用来平衡来源于像风能、太阳能等可再生能源带来的功率波动。在丹麦,可再生能源发电主要依靠风电。

过去曾提出过很多关于如何将电动汽车并入电力系统的设想。本章将简要介绍目前将电动汽车并入北欧电力系统的方法。此外,本章将介绍解决电动汽车大规模调度所带来的一系列问题的现有方法。随后,本章提出三种应对挑战的解决方案,并进行对比。在本章中,电动汽车并网的现有方法和可替代方法均指充电策略。

为确保分析的边界条件清晰,本章将对北欧电力系统做一个简要的介绍,并对其各组成部分及作用做简要描述。

由于电动汽车被视为分布式储能设备,因此评估其潜在的灵活性就显得非常重要。本章所有分析的前提是,必须始终遵守电动汽车的主要功能是为车主提供交通工具这一原则。电动汽车的可靠性很大程度上受所采用的充电策略的影响,本章后面将详细对充电策略进行讨论。

为了更好地了解电动汽车的组合管理能力,本章给出一个案例研究。案例将分析五种不同的充电方式,并结合三种情况,即单相或三相充电,以及电动汽车的市场占有率。案例研究采用丹麦的博恩霍尔姆岛电网作为基础进行测试。

6.2 电动汽车模型和充电策略

6.2.1 系统设定

由于 Edison 项目选择了博恩霍尔姆岛作为案例研究,所以关注的电网是由北欧电网组成的。为了明确其组成部分,所包含的效益,以及它们如何影响电动汽车在这个框架内并网,本章简要描述了其相关组成部分。

输电系统运营商（TSO）的职责是:

第 6 章 电动汽车组合管理

- 维持电力系统整体的平衡；
- 确保与邻国电网互联；
- 确保输电网的经济、可靠运行；
- 通过现有的电力储备市场维持系统频率稳定；
- 避免因峰值负荷增加而引起输电容量限制；
  - 提高系统的需求响应功率；
  - 了解系统中可用辅助电源的容量；
- 有效地将不断增加的风力发电量接入到电网中；
  - 保持系统短期和长期的平衡；
- 为电力和辅助服务维持稳定运行的市场。

配电系统运营商（DSO）的职责是：

- 在其地理范围内，向所有终端用户供电并确保电力的稳定供应；
- 削峰填谷，延迟电网升级改造，从而避免电网阻塞问题；
- 掌握电动汽车引起电网阻塞的时间与地点；
- 获知电网中产生电动汽车（或其他柔性用电）诱发负荷的可能性；
- 负责 DSO 区域内所有用户计量用电或发电问题。

DSO 和 TSO 是由能源部门监管的垄断企业。图 6.1 给出了北欧国家电力系统的架构。可以观察到，自由市场也存在以下参与者。

平衡责任主体（BRP）的作用是：

- 在自由能源市场中，所有与电力的交易，无论是用电还是发电，都通过 BRP 来处理。可以这么说，BRP 的主要作用是作为保险代理人，他们为电力市场中的参与者提供担保，如果参与者无力支付，他们必须弥补参与者的赤字。换言之，BRP 对发电商和电力批发商等相关参与者的发电和用电负有经济责任。

发电商（发电方）的作用是：

- 为能源交易市场即 NordPool 发电。任何发电都必须通过 BRP 提供，发电商通常也是 BRP。
- 为由 TSO 主导的电力市场提供服务。

电力批发商和零售商（消费方）的作用是：

- 电力批发商代表其相关零售商在能源交易市场 NordPool 购买能源。
- 零售商与批发商有合同关系。零售商（或批发商）估计预期的每日用电量。
- 零售商通过合同向终端客户提供能源，终端客户可以在所有零售商之间自由选择他们最喜欢的能源供应商。

北欧电力交易所 NordPool（能源交易市场）的作用是：

- 作为北欧系统所有 BRP 的能源交易市场——包括发电和用电。

应该注意的是，由于丹麦的 TSO 没有任何发电设备，TSO 必须通过专门的市场获得系统稳定性等服务。如今，这些市场主要由发电方提供服务，因为电力用户实际上没有柔性用电的途径。然而，随着柔性用电（例如电动汽车、热泵）的引入，这将在图 6.1 所示的电力系统中引入新的可能性、新的参与者和新的挑战。

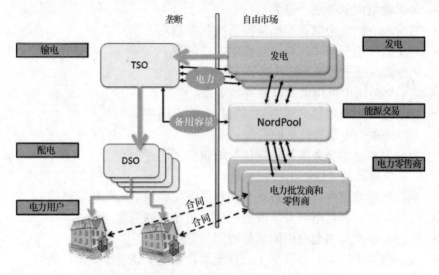

图 6.1 北欧系统的组成部分包括：TSO、DSO、电力用户、发电机组、NordPool 的能源交易市场以及批发商和零售商

在像北欧系统这样的非捆绑式市场中，有两种主要方法可以处理和动员这些新的柔性电力用户：

- 根据 BRP 提供的价格信号采取行动（间接控制）；
- 由车队运营商汇总并提供服务（直接控制）。

关于上述主题的进一步描述和考虑可以在参考文献 [1] 中找到。

对北欧电力市场现货价格的相关性研究表明，当风力发电量较大时，现货价格通常较低，反之亦然。

因此，本章开发了一个基于现货价格的电动汽车充电模拟方案，使电动汽车在现货价格较低的时期充电。该方案可以最大限度地利用风能对电动汽车进行充电，同时将电动汽车充电成本降到最低。为了研究基于现货价格的电动汽车充电方案的效益，本章还研究了另外三种充电方案。它们是哑式充电、基于定时器的充电和基于车队运营商的充电方案。

6.2.2 电池建模

建立了详细的电池模型，将充电功率描述为时间、初始荷电状态（SOC）和最大可能充电电流的函数。模型的求解是解析的，因此计算速度很快。在目前的分析中，结果表明单辆电动汽车充电的瓶颈始终是家用电力设施（单相 230V 或三相 400V）。此外，电池只能在 SOC = 0.2~0.85 的范围内充电。因此，最大充电功率不受电池的限制，而是受电气装置的限制，在充电周期结束时，电池从未在高度非线性区域充电（在 SOC 接近 1 的中间点以上）。将充电范围限制在 $0.2 \leqslant \text{SOC} \leqslant 0.85$ 的原因是避免深度充放电循环，从而提高电池寿命。结果证明，在目前的分析中，不包括详细的模型，只使用恒定的最大充电功率是足够的。详细的电池模型包含在参考文献 [2] 的附录 B 中，因为对于快速、详细的计算，通常需要具有解析解的电池模型。

在图 6.2 中，中间点左侧为恒流充电，右侧为恒压充电。由于本分析所用电池的荷电状态在 0.2～0.85 之间，因此可以假设最大充电功率恒定。

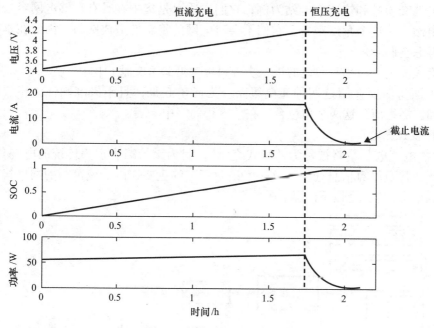

图 6.2　详细充电过程示意图

6.2.3　充电策略

电动汽车被称为柔性负荷。为了说明本章中"柔性"一词，可以考虑将电池存储容量为 23kWh 的电动汽车在下午 17:00 开回家，第二天早上 5:00 开出来。如果电动汽车返回家中几乎没电，则需要使用三相 16A 电流（基于 11kW，这对于丹麦家庭来说是典型功率）用 2h 将电动汽车充满电。这意味着，根据电池的荷电状态，没电的电动汽车可以在 17:00 到 3:00 甚至更接近 5:00 的任何时间开始充电。因此，充电时间和充电量是电动汽车柔性的本质，而如何使用这种柔性方法可以称为充电策略。

本节研究的主题是分布式电网充电策略，它可以适应 6.2.1 节所述的现有市场结构。这些充电场景通过以下四种充电策略举例说明：

- 哑式充电（即插电充电）。电网连接后立即开始充电。充电持续到充满为止。
- 基于定时器的充电。与哑式充电非常相似，只是充电的开始是通过定时器编程的，以错开高峰时段启动。

- 基于价格信号的充电。基于在线价格信号，本地电动汽车充电器可以决定在电网连接期间充电（低价格）或推迟充电（高价格）。
- 以车队运营商为基础的充电。根据服务合同，车队运营商负责在其电网连接期间对电动汽车充电。然后，车队运营商可以根据各种各样的参数（如价格或可再生能源的含量）对充电进行优化。

从分布式电网负荷的角度来看，这四种充电策略相关性最高。新兴的替代方案以电池交换站和快速充电站为例，它们本质上是集中在具有足够电网容量的专用充电站。从这个角度来看，它们不会对电网的稳定性造成威胁，因此在本分析中不考虑它们。

有关充电、市场和角色的进一步资料可参见参考文献 [3]。

下面将简要介绍这四种充电策略。为简单起见，且不失准确性，将"批发商"和"零售商"这两个角色合并在"零售商"中。

1. 哑式充电

"插电充电"策略被称为"哑式充电"，因为该策略表现为传统的电网负荷。与电网连接点没有信息交换，这是术语"哑"的主要原因。该策略的网格集成如图 6.3 所示。应注意以下问题：

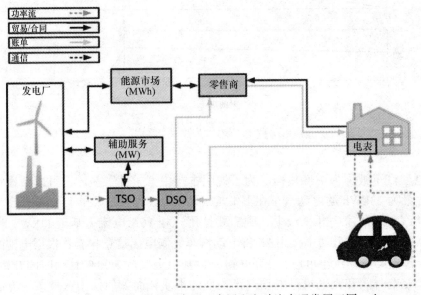

图 6.3 哑式充电场景的示意图。房屋和电动汽车通常属于同一人

- 电动汽车通过传统的插座或充电桩与电网相连。一旦电动汽车并网，就会开始充电。除非用户提前断开电动汽车，否则充电将一直进行到电池充满为止。
- 为了对 NordPool（能源交易市场）进行适当的投标，零售商将像评估其他客户消费一样，尝试评估电动汽车充电的行为。

- 零售商无法影响哑式充电的时间，尤其是当客户与零售商签订了统一费率合同时。如果客户与零售商签订了 Elspot 合同，客户将更愿意在能源价格最佳的时候进行充电。无论哪种方式，电动汽车消费都是作为家庭消费的一部分来计量的。因此，这种充电策略不能用于任何类型的智能电网服务。

2. 基于定时器的充电

基于定时器的充电与哑式充电几乎完全相同。主要区别在于，基于定时器的充电为了避免在高峰负荷时间充电，可以通过一个简单的定时器进行预编程控制充电时间，如图 6.4 所示。这个定时器既可以通过立法（计费法）强制执行，也可以作为用户在晚上谷时充电的标准。应注意以下问题：

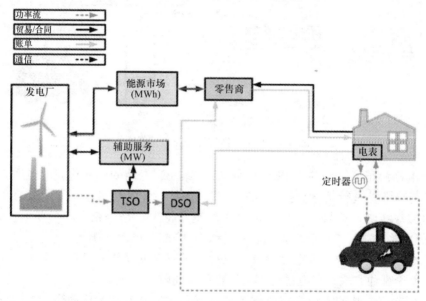

图 6.4　基于定时器的充电方案示意图。一个简单的定时器被用来预编程可能的充电周期

- 电动汽车通过传统的插座或充电桩并网。电动汽车可以连接，但充电要等到定时器与电网建立起连接后才能进行，然后开始充电。充电将持续进行，直到蓄电池完全充电，除非电动车辆被定时器或用户过早断开。
- 与其他消费者消费情况一样，零售商将尝试评估基于定时器的电动汽车充电的行为。如果零售商知道定时器的时间设置，那么相比哑式充电，他们可以得到一个略好的估计基础。然而，零售商只能猜测。
- 客户很可能与零售商签订现货价格合同。只要能源价格是最合适的，客户就会选择去充电。例如，如果这恰好发生在夜间，定时器可以预先设定在客户睡觉的这一段最佳时间充电。

3. 基于电价信号的充电

基于电价信号的充电策略如图 6.5 所示，使用一个公共充电桩作为电网连接点。假定具有类似功能的专有域（公共版本的低成本版本）的充电桩可用于家庭安装。这种策略涉及与充电桩进行相当简单的信息交换。应注意下列问题：

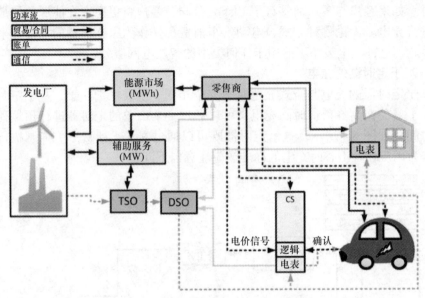

图 6.5　基于价格信号的充电示意图

- 电动汽车通过公共充电站并网，充电站配有专用的标准化充电电缆。电动汽车将与充电桩进行信号交换，以确保安全。然后，电动汽车将显示来自负责的零售商的在线电价信号，当地电动汽车控制器将决定是否充电。只要电价合适，充电就会继续进行，直到电池充满电，除非用户断开电动汽车的连接。
- 根据零售商的业务案例设置，电动汽车用户可以预先付款，也可在充电后付款。无论哪种方式，充电过程都由远程读取间隔表监控。
- 公共充电站的零售商将尝试评估其所有附加充电站的负荷行为。同样，私人住宅充电桩的零售商也将尝试评估其所附属充电桩的行为。评估的目的是能够在日前能源市场上购买充足的时耗量。
- 零售商通过实时电价来影响其充电站的充电情况。如果价格上涨，消费就会减少，反之亦然。零售商可以利用这种能力参与辅助服务市场。
- 由于潜在的充电响应相对于固定的电价信号具有很强的灵活性，这种充电策略可用于未来的某些智能电网项目。其中一个可举的例子是阻塞管理中 DSO 的服务。然而，这意味着零售商必须能够根据本地电网拓扑结构分布当地的电价信号。
- 从控制理论上讲，实时电价充电是一种开环控制。

如上所述，为了简单起见，图 6.5 中的零售商含零售商和批发商的意思。实际上，是零售商还是批发商将取决于谁能提供实时电价这一零售商的技能。在本研究的模拟中，忽略了实时电价策略。

关于实时电价充电的更多详情，请参见参考文献 [4]。

4. 车队运营商控制

基于车队运营商控制的充电策略如图 6.6 所示，使用公共充电桩作为电网连接点。假设具有类似功能的专有域（公共版本的低成本版本）充电站也可用于家庭安装。基于车队运营商控制的充电策略包括与充电站的信息交换以及与车队运营商的信息交换。应注意以下问题：

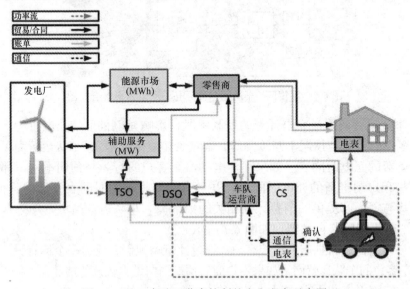

图 6.6 基于车队运营商控制的充电方案示意图

- 电动汽车通过一个带有标准的专用充电电缆的充电桩参与并网。电动汽车将与充电桩进行信号交换，以确保安全。然后电动汽车将与车队运营商协商充电计划，并根据该计划开始充电。

- 根据车队运营商的业务案例，充电计划可以根据电动汽车所有者与车队运营商之间的合同去设定，比如反映电池的当前荷电状态和服务水平。无论哪种方式，充电过程都由远程读取间隔表监控。

- 车队运营商与零售商签订合同。由于车队运营商与电动汽车客户关系密切，因此车队运营商有很好的机会预测预期的日前消费。在汇总以后，这些信息将提供给零售商。例如，基于对可用的可再生能源资源和其他相关市场信息的预测，零售商可以在一定程度上优化预测消费以投标到 Elspot⊖ 市场。也就是说，将能源消耗时段转移到价格较低或可再生能源渗透率较高的情况下。当 Elspot 解决问题后，零售商可以向车队运营商发送一份消费计划和能源价格的统计。这个过程如图 6.7 所示。

- 公共充电站的车队运营商将尝试评估其所有附属充电站的负荷行为。该策略类似于上述概念，但与之稍有不同的是，公共充电站必须能够为不同车队运营商的电动汽车客户提供服务。在这里，必须实现漫游服务。然而，预测漫游客户

⊖ NordPool 的目前市场。

的行为可能会更困难且更不精确。

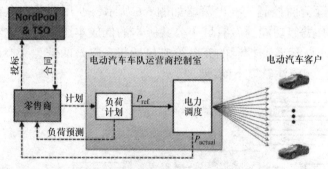

图 6.7　零售商 - 车队运营商 - 电动汽车客户整合简图

- 车队运营商通过充电计划的控制手段，影响充电桩上的充电行为。如果电动汽车客户的行为与预期不同（例如，客户希望立即充电），车队运营商可以向该客户发送新的充电时间表。如果很多电动汽车客户的行为与预期不同，那么不得不为这些客户制定新的充电时间表，并且有必要将新的时间表发送给其他客户，以抵消其与零售商提供的消费计划相关的不平衡。车队运营商负责动态调度的部分称为"电力调度"控制器，如图 6.7 所示。

- 该零售商通常拥有非可控客户，通过此策略他们将成为一个拥有灵活可控的电动汽车客户的车队运营商。如果零售商对预期消费做出较差的估计，他们可能会：
  ○ 把不平衡成本当作寻常事看待；
  ○ 请车队运营商调整消耗量。

  选择取决于预期的不平衡成本与车队运营商的灵活性成本。

- 假设零售商和车队运营商按计划运营，零售商可以利用车队运营商极高的灵活性参与辅助服务市场。这种情况将有利于零售商、车队运营商和社会，因为这将为整合更大波动的风能提供一个有用的工具。

- 由于车队运营商的灵活性，这种充电策略可用于未来的某些智能电网服务。其中一个可举的例子是阻塞管理 DSO 的服务。

- 在控制理论方面，基于车队运营商的充电采用闭环控制，这比开环控制（如在价格信号策略的情况下）方式的控制质量高。

应该注意的是，为了简单起见，图 6.6 中的零售商含零售商和批发商的意思。实际上，它是零售商还是批发商取决于谁拥有与车队运营商签订合同这一零售商的技能。零售商（批发商）、车队运营商和车队运营商电动汽车客户相互关系的简图如图 6.7 所示。简言之，电动汽车的灵活性由车队运营商根据合同条款进行汇总和提供服务。这样的灵活性由负责市场操作的零售商（批发商）进一步聚合。获得的能源将反馈给车队运营商，然后将为电动汽车客户充电。

图 6.7 所示的设置，原则上可以相对简单地扩展到日内市场和电力监管市场，而不需要改变当前的市场配置。因此，在这些市场上的竞争将让利于客户。

图 6.7 所示的"电力调度"显示了一个调度控制器,该控制器以计划充电为参考(输入)信号,以每个并网的电动汽车的充电信号为输出信号。因此,调度控制器的目标是跟踪所有并网的电动汽车,确保所有电动汽车都按照合同进行充电。也就是说,当电动汽车计划断开时,任何电动汽车不得进入与合同不符的充电状态。

充电计划基于每辆电动汽车的历史数据,并结合对未来一天的预期(特殊事件、天气数据等)而制定的。然而,计划与现实总是存在差异。由于电动汽车的灵活性,只要不违反充电的合同状态,调度控制器可以重新安排电动汽车充电。在这里,有两种极端的情况:计划要么高估了现实,要么低估了现实。不管怎样,这两种情况都会导致充电计划缺乏灵活性:电动汽车将过早地充满电,或者更糟的是,电动汽车的充电将无法按合同进行正常的充电。因此,调度控制器必须通过一种监控算法,很好地提前捕捉到这些场景。然而,只要确定了这两种场景之一,解决方案就相当简单。如果该计划高估了实际情况,车队运营商应要求零售商在日内市场出售剩余能源,或向电力监管市场提出提高充电收费。如果计划低估了现实,车队运营商应要求零售商在日内市场购买更多的能源,或向电力监管市场进行相应的投标。如果获得的剩余能源以现货价格购买,假设这一价格将高于未来一天的市场价格,车队运营商也可以决定不采取任何行动,将第二天的能源购买量减少到与剩余能源相当的水平。

作为对前一段的补充,需要强调的是,如果电动汽车投资组合足够大,车队运营商可以利用其剩余的灵活性在日内市场和电力监管市场提供其他服务。这时的车队运营商必须具备良好的预测电动汽车投资组合灵活性的能力和良好的调度控制器。

上述车队运营商/零售商的建立或多或少体现在 Better Place 与 DONG Energy 的合作中[5]。自 2012 年初以来,潜在的电动汽车客户已经能够与 Better Place 签订充电合同。

6.3 电动汽车车队管理案例研究

在本节中,将对五种可能实现充电方法进行模拟,其中包括三种充电策略:哑式充电、基于定时器的充电和基于车队运营商的充电。以现货价格为成本函数,比较和检测了哑式充电法、家庭哑式充电法、定时器法、车队运营商法和车队最优法。本节对电动汽车的数量和最大充电功率这两个重要参数进行研究,并就每种充电方法的结果和所适应的情况给出了一些一般性的结论。

6.3.1 系统描述

采用五种不同的充电方式,分析了车队中电动汽车不同等级的渗透率对博恩霍尔姆岛的影响。车辆数量选择 2000 辆和 4000 辆,分别对应 10% 和 20% 的汽车渗透率。此外,在分析电网影响时,电动汽车可用的并网功率水平也很重要。因此,还分析了单相或三相充电的不同影响。

1. 能源规划工具

为了分析不同充电方式的充电效果，在 MATLAB 中建立了一个仿真模型。仿真代码中的主要组件如下所述。

仿真程序的输入数据为

1）包含单个车辆并网和离网的时间以及行驶公里数的驾驶数据；

2）每小时平均能源现货价格；

3）一些如车辆数量、可用相数、每相电流、电池容量的基本方案数据。

主程序（见图 6.8）处理输入数据并为每种充电方式调用函数，通过这些函数我们可以得到每辆电动汽车的充电规划。对于某些充电工具来说，还需要其他参数，比如"定时器工具"的开始时间。因此，对于每辆车来说结果都是独立的。

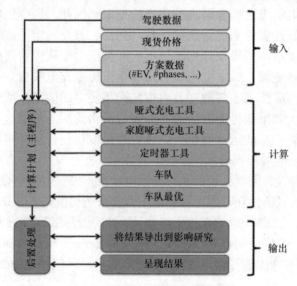

图 6.8 仿真实施的程序概述

计算出每辆电动汽车充电计划，并对其进行数据处理，以便计算岛上每个主变电站的总功耗以及所有电动汽车的总充电功率。

根据国家旅行调查[6]中报告的驾驶模式，假设特定车辆的行为与之类似。尽管人们可能期望每辆车的驾驶模式每天都会有很大的变化（这方面没有包括在国家旅行调查中），但预计一天内大量车辆的平均驾驶模式将代表第二天的驾驶模式。

如 6.2.2 节所述，为了延长电池寿命，电池充电的极限被限制在最大电池容量的 85%。为了简化术语，"完全荷电状态"指的是所选限值，在这种情况下，该限值为电池最大充电量的 85%。需要注意的是，仿真结果的结论并不依赖于电池的选择极限。

每种充电方法如下所述。

- 在"哑式充电"方法中，每辆电动汽车每次连接到电网时，都要充满电。

- 在"家庭哑式充电"方法中,每辆电动汽车在结束一天的最后一次驾车之旅返回家中时,都会充满电。驾驶数据集包含一个描述驾驶旅行目的地的目的字段,用于确定电动汽车何时开车回家。在一天的最后一段行程中,电动汽车没有开回家的数据不包括在分析中。
- 配置"定时器"方法,使电动汽车在一天中的某个时间(22点)开始充电,如果它是连接的。如果没有连接,它将在22点后返回家时开始充电,如果之前没有断开连接,它将充电至完全荷电状态。
- "车队"方法的设计使电动汽车在每次与电网连接时,以及即使在电能成本较高时,都能以最佳方式充电至完全荷电状态。这种方法倾向于将充电时间设置在中午,此时电价相对于两个高峰时段(上午和下午)略有下降。
- "车队最优"方法是最优充电方法,只有当预期现货价格处于最低时才充电。这里的假设是,电池容量足够支持第二天的总行驶里程。因此,充电是在预期现货价格较低时进行的,在丹麦,这通常是在夜间进行的。

下面给出了"车队"和"车队最优"方法的优化问题。对于每个电动汽车,解决以下优化问题:

$$E = \min\left\{\sum_i (\text{sp}_i \cdot \dot{W}_{\text{el},i}), \sum_i \dot{W}_{\text{el},i} \cdot T_s = Q, \quad \dot{W}_{\text{el},i} \leq \dot{W}_{\max}\right\}$$

式中,E 是充电当前电动汽车的能源成本(欧元),sp_i 是时间样本 i 时刻的预期现货价格(欧元/kWh),$\dot{W}_{\text{el},i}$ 为样本 i 时刻当前电动汽车的充电功率(W),T_s 是采样时间(900s),Q 是电池从初始状态充电到合同荷电状态所需的总能量,$\dot{W}_{\max}$ 是电动汽车可能的最大充电功率(W)。时间样本 i 从1到时间样本的个数。在"车队"的情况下,充电时间限于两辆车之间的时间。在"车队最优"的情况下,充电时间为连接电动汽车时的任意间隔。方程的解是一个向量 $\dot{W}_{\text{el},i}$ 满足在必须提供所需充电且不能超过最大充电功率的约束条件下,充电成本尽可能地低。

2. 驾驶数据

特别注意的是驾驶模式。总体假设是,博恩霍尔姆岛上电动汽车的驾驶模式与2006~2010年国家旅行调查报告的普通汽油和柴油车的总体驾驶模式没有特别不同[7]。图6.9显示了每天行驶里程数小于一定公里数的车辆的累积频率函数。

为了得到小于或等于130km/天的车辆百分比,例如,沿着 x 轴上130km/天的直线,得到 y 轴上92%对应的结果0.92。

对行驶数据进行了全面分析,得出以下主要结论。有些数据已被整理出来,认为与此分析无关。考虑到现有电动汽车的行驶里程限制,所有行驶里程超过130km/天的车辆都不在本分析范围内,因为它们不太可能用于电力运输。一些初步观察结果是

1)大多数驾驶人每天行驶的距离可以使用电动汽车(92%的驾驶人每天行驶少于130km,见图6.9)。

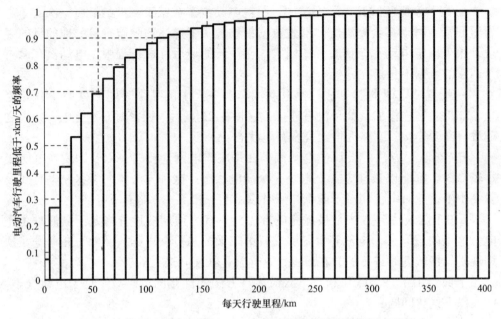

图 6.9　每天行驶里程数小于一定公里数的车辆的累积频率函数

2）大部分车辆都是静止不动的，因此在电动汽车的情况下，可能大部分时间都与电网相连——平均每天 94.2%，如图 6.10 所示。

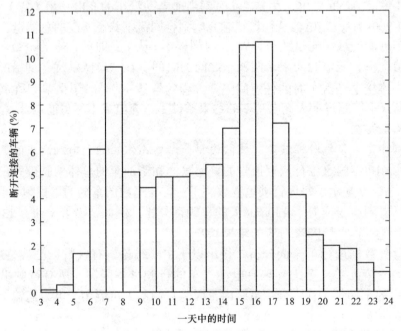

图 6.10　每天断开连接的车辆的百分比。3:00 之前的数据不可用

3）在本研究中，一周的时间（工作日、周六或周日）和地区（城市、乡镇或农村）的影响并不重要（详细分析见参考文献 [2]）。在接下来的充电方法分析和影响研究中，将使用一周中所有天数以及所有区域的平均数据。

根据驾驶数据，电动汽车的可用性可根据图 6.10 所示的驻车 / 停车的数量，断开电网。

可以看出，一天中大部分时间车辆都停在路边。假设在调查中电动汽车的行为类似于汽油车，则得出结论，电动汽车可能在一天中的大部分时间都与电网相连。

3. 现货价格

分析中使用现货价格来确定不同时间段的充电成本。因此，分析结果在很大程度上取决于所使用的现货价格时间序列。在这个分析中，使用了每小时平均现货价格。每小时平均现货价格计算为 2009 年价格区域 DK2（包括西兰岛和博恩霍尔姆岛等地区）每小时的平均价格，如图 6.11 所示。此外，还显示了与平均值的标准差，给出了现货价格变化的一些指示。现货价格在当天有两个峰值：一个在 11:00，一个在 17:00。现货最低价格为 3:00~5:00。

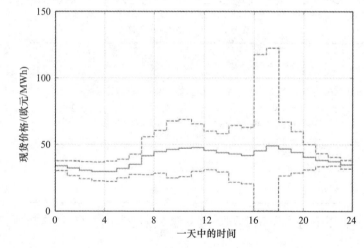

图 6.11　2009 年丹麦（西兰岛和博恩霍尔姆岛等地区）的平均现货价格（实线）以及现货价格加 / 减一个标准差（虚线）

假定现货价格与消费无关。当电动汽车的充电功率与总消耗相当时，这可能不是完全正确的。如果电动汽车是在夜间充电的，充电功率与总消耗量相比很大，那么在夜间充电的电力成本会增加。由于自由市场力量的影响，当充电功率与总用电量相比显著时，就会发生这种效应。在目前的工作中，这可能会产生一些小的影响，但预计不会显著改变结果。

为简单起见，平均现货价格将用作 6.3.2 节所述能源规划工具中的预期现货价格。

历史市场数据可从 NordPool Spot（www.nordpoolspot.com）下载。

6.3.2 场景描述

计算了三种负荷情况,并研究了可变电动汽车数量(电动汽车在总车队中的渗透率)和相数(确定最大充电功率)的影响。为简单起见,一个电池(适用于所有电动汽车)的容量为 23.3kWh。所研究的场景见表 6.1。

表 6.1 考虑的负荷情况概述

负荷情况	电动汽车数量	相数	电流 /A	最大充电功率 /kW	电动汽车渗透率(%)
1	2000	1	16	3.7	10
2	2000	3	16	11.0	10
3	4000	1	16	3.7	20

这些负荷情况用于表 6.2 中列出的场景,即首先讨论负荷情况 1,然后比较负荷情况 1 和 3,以确定电动汽车的渗透率和可用相数如何影响负荷模式。

表 6.2 考虑的场景概述

场景	类型	负荷情况
1	对 2000 辆电动汽车、单相 16A 充电的充电方法进行比较	1
2	比较 2000 辆和 4000 辆电动汽车	1+3
3	比较单相和三相充电	1+2
4	限制最大功耗	1

这些方案将以五种专用充电方法为基准,这些方法源自 6.2.3 节所述的一般策略。

场景 1:对 2000 辆电动汽车、单相 16A 充电的充电方法进行比较

下面给出了 2000 辆电动汽车单相 16A 充电的仿真结果。图 6.12 显示了所有 2000 辆电动汽车的总充电功率,作为一天中五种充电方法中每一种的时间函数。为了能够了解车队方法的性能,图 6.12 包含了现货价格。

"哑式充电"方法被认为每天有两个高峰,与一天中大多数人开车上班和下班的时间相对应。峰值与现货价格的峰值时段一致,因此"哑式充电"方法也是成本最高的充电方法,平均为 44.2 欧元 /MWh,见表 6.3。使用不同充电方法的每兆瓦时平均成本如图 6.13 所示。在"家庭哑式充电"策略中,电动汽车只在家充电,因此在 17:00 左右达到峰值,这是人们下班回来的时候。这种充电方法将一直持续到我们扩展了公共可用的充电站。"车队"方法每天也有两个高峰。然

第 6 章 电动汽车组合管理

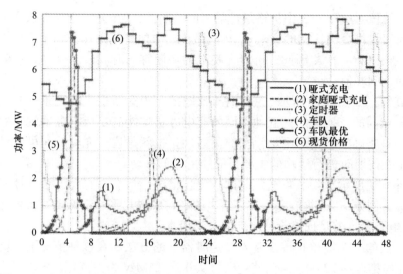

图 6.12 在 60kV 电网上的累计充电功率作为一天中每种充电方法的时间函数。采样时间为 15min，2000 辆电动汽车，单相充电，16A

表 6.3 使用单相 16A 充电的每种充电方法为电动汽车充电的平均成本

充电方法	平均成本/（欧元/MWh）
哑式充电	44.2
家庭哑式充电	43.9
定时器	35.4
车队	36.0
车队最优	30.1
最高现货价格	49.0
最低现货价格	29.6

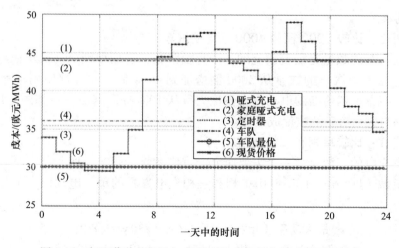

图 6.13 与现货价格相比，每种充电方法每兆瓦时的平均成本

127

而，这些峰值对应于一天中价格最低的时间。因此，"车队"全天提供充电，但在低成本时段提供最高比例的充电。"车队最优"方法是基于这样一个假设，即充电只需要一天进行一次，因此，可能在晚上的最便宜的时间段。这导致在最便宜的价格期间达到峰值。

仿真结果如图6.12所示，是可直接比较的，因为所提供的能量（曲线下方的面积）是相同的。换言之，五种不同的充电方法均能满足所有电动汽车的驾驶需求。这一事实确实说明了电动汽车的灵活性。也就是说，充电时间可以在不影响电动汽车在需要时进行运输的主要目的的情况下移动。

此外，还展示了现货价格随时间的变化情况，从而对充电方法的性能有了一定的了解。例如，"车队最优"方法给出的平均成本几乎与最低现货价格相同，而"哑式充电"给出的是现货价格高端的平均成本。

此方法的一个简单扩展是基于"定时器"的方法。在这种情况下，所有电动汽车的充电推迟到22:00，从而使耗电量从0到7.3MW瞬间变化。充电开始的时间在这里有点随意选择。一个精心选择的时间可以显示定时器方法和"车队最佳"方法的性能。事实并非如此，如果我们用一年中每天的实际现货价格而不是平均现货价格来计算成本，这一点就很清楚了。此处省略此分析。尽管从电网稳定的角度来看，这种耗电量的快速变化不是一种理想的行为，但35.4欧元/MWh的平均成本与较小的工作量相比还是相当好的。使用"车队"方法，电动汽车每次连接到电网时都要充电（不行驶时的所有时间段）。这种充电是最佳的，因为在停车时，电动汽车在最有利的时间充电，而且电动汽车每次连接电网时，都尽可能多地充电。但从成本效益的角度来看，充电方案并不理想，平均成本为36.0欧元/MWh，比基于定时器的方法稍差。最后一种方法，"车队最优"是最具成本效益的方法，将收费推迟到当天现货价格最低的时候，平均成本为30.1欧元/MWh，与29.6欧元/MWh的最低现货价格非常接近。成本与最低现货价格不一致的原因是充电时间比价格最低的时间长。

场景2：比较2000辆和4000辆电动汽车

电动汽车的数量是需要研究的一个重要参数，进而得到电动汽车在总车队中的占比。将电动汽车的数量从2000辆增加到4000辆，并且都使用单相16A充电方式，博恩霍尔姆岛的电动汽车占比大致从10%提高到20%，如图6.14所示，最大功耗与电动汽车的数量成正比。

场景3：比较单相和三相充电

可供充电的相数是另一个需要研究的重要参数，如图6.15所示，假设负载为纯电阻负载（即$\cos\varphi=1$），使用单相和三相充电方式的单一电动汽车的最大充电功率为

$$最大功率（单相）=1 \times 16A \times 230V = 3680W$$

$$最大功率（三相）=3 \times 16A \times 230V = 11040W$$

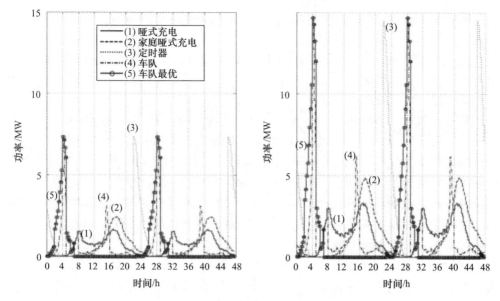

图 6.14 电动汽车数量对 60kV 电网总功耗的影响

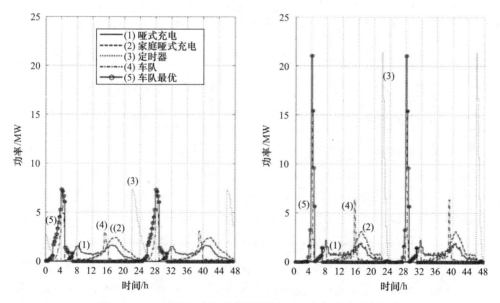

图 6.15 2000 辆电动汽车使用单相 16A 充电方法（左）和
三相充电方法（右）时 60kV 电网的总功耗

三相充电方法较单相充电方法减少了充电时间。从图 6.15 可以看出，不同的充电方法对功耗的影响是大不相同的。"哑式充电"方法几乎没有波动，因为充电功耗分布在一天中。通过比较"定时器"和"车队最优"方法表明，最大功耗是原来的三倍。这是因为所有电动汽车同时充电导致的。在这几个时间段内，最大功率增加至三倍也会使功耗增加至三倍。"车队"方法介于其他两种方法之间,三相较于单相,耗电量翻了一番。

还应注意的是,使用三相充电方法比使用单相充电方法更灵活。原因在于,由于采用三相充电方法的充电时间大约是单相充电方法的 1/3,因此选择何时布置充电功率的自由度较高。

最后,应该注意的是,无论充电方法和相数如何,提供给电池的总能量是相同的。因此,"车队最优"方法在最经济的时间段内将充电功率增加到最大限度,缩小充电功率曲线的形状,但在这两种情况下充电曲线下的面积(与提供的能量相同)都是相同的。

可以得出结论,至少应改善"定时器"和"车队最优"方法,以限制最大功率,使其不超过博恩霍尔姆岛电网的最大负荷。这个问题将在下面解决。

场景 4:限制最大功耗

使用"车队"和"车队最优"方法可以很容易地限制最大功率。在数学模型中,我们只需为优化问题添加一个将最大功率限制为用户指定值的条件。类似地,一个真实的车队运营商可以限制他们车队的最大功耗。为了达到类似的效果,对"定时器"方法进行了如下修改:将一些电动汽车调整至比最初选择的 22:00(见图 6.16)更早(最多 1h)开始充电,而一些更晚(最多 1h)开始充电。

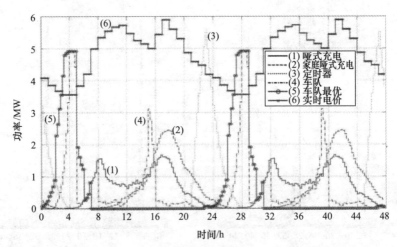

图 6.16 "车队"和"车队最优"方法的最大功率限制在 5MW(由车队管理运营商选择)时,60kV 电网的总功耗。使用"定时器"方法的电动汽车开始充电的时间有些偏移
(一些在 22:00 之前,一些在 22:00 之后)

在"车队"和"车队最优"方法的情况下,该特性可用于在瓶颈(电网限制)情况下帮助稳定电网。通过这种方式,车队运营商可以将功耗调整到电网中的有效容量,从而提高调节总功率平衡的能力,同时,在较长的时间范围内,有助于推迟/防止电网新的昂贵的扩建。由于存在大量的不确定因素,该效益的经

济性量化难以估计,因此本章的说法是,它具有一定的价值。这在整体评价中具有重要意义。

6.3.3 充电方法案例分析结论

通过对五种充电方法:"哑式充电""家庭哑式充电""定时器""车队"和"车队最优"方法的研究得出结论。

- "哑式充电"方法是电动汽车每次停车时充电的简单方法。这是最简单的方法,但也是最昂贵的使用实时电价作为成本函数的方法。尽管充电功率曲线较其他曲线相对平滑,但这种方法会在高峰时段导致大量的功率损耗,从而可能给电网带来较大冲击。

- "家庭哑式充电"方法也是一种简单的方法:电动汽车每次停在家里时充电到最大限度。这种方法在我们建立了大型的公共充电站系统之后将广泛采用。这也是对电网系统冲击最大的充电方法,因为主要功耗集中在晚高峰时段,因此与其他方法相比,充电成本更高。

- 基于"定时器"的方法相当于"哑式充电",但由于受到限制,充电在高峰时间后开始。在本章分析中,开始时间设置为 22:00。这使得充电功率在 22:00 时达到峰值,这可以通过在 22:00 之前和之后开始对一些电动汽车充电来平缓峰值。该方法简单易行,并且使用平均价格时成本大大降低。

- "车队"方法是一种最佳方法,因为它选择在电价最便宜的时间段为并入电网(即停车)的电动汽车充电至最大程度。由于电动汽车一整天都在使用,因此大部分的充电也将在 天中实时高电价的时段进行。因此,这一方法并不具有很高的经济性,尽管它为车主提供了电池充电方面的高可靠性(但没有"哑式充电"那么高)。

- "车队最优"方法是一种成本最低的方法,因为它选择经济性最佳的夜间为电动汽车充电。与其他方法相比,这种方法有两大好处:一是能够根据最低实时电价的时间段调整功耗,具有明显的经济优势。另一种是能将功耗调整到电网当前允许容量,从而有助于避免瓶颈问题。后者的好处是可能有助于防止电网系统新的昂贵扩展。

据观察,所有的充电方法都会导致负荷峰值。这一现象迟早会导致配电网出现问题。无论是在一般还是在特定地区,车队运营商需要限制其消耗。在目前的市场环境下,没有任何激励机制促使车队运营商这样做。无论如何,有关这些限制的信息必须由 DSO 来传输——有成为未来的 DSO 阻塞控制市场的可能。

本研究的一个假设是,人们对电动汽车的投资相对电价的影响可以忽略不计。在博恩霍尔姆岛的例子中可能是这样,但在全国范围内肯定不是这样。当然,一个规模巨大的电动汽车投资会影响实时电价。由于车队运营商将在低成本时段内尽可能多地分配电动汽车充电,这些低成本时段的成本将随着这些时段内充电分配的增加而增加。然而,这一成本增加肯定小于同等充电分配时中成本时段,甚至高成本时段。市场力量将试图在价格较低的时段引入额外的灵活的功耗——在丹麦，这通常相当于风力发电为主要能源的时间段。这是一个非常有益的关联——除了在午餐和晚餐时间前后的高峰时段出现低成本时段的情况。当这种情况发生时，DSO 阻塞控制市场变得更加重要。

6.3.4 未来的影响

阻塞控制市场是由 DSO 和消费者的经济利益所支撑的。引入拥堵市场后，DSO 可能会推迟或省略新的电网强化措施。将电网使用到极限还可能增加停电的风险，并增加恢复电网正常运行（更换熔断器）的费用。这些费用的成本很难估计，因为它们取决于当地的情况。然而，应注意的是，电网强化的费用是巨大的。上述费用在引入阻塞控制市场后与 DSO 有关，并且可能会减少。对于消费者来说，拥挤的市场限制了整体最大功率。因此，在实时电价最低的时间段内，电动汽车充电产生的高峰必须在几个小时内（但实时电价仍然较低）分散开来。该成本应与 DSO 降低的成本相抵消。

参考文献

[1] Hay, C., Togeby, M., Bang, N.C. *et al.* (eds) (2010) Introducing electric vehicles into the current electricity markets, http://www.edison-net.dk/Dissemination/Reports/Report_004.aspx (accessed January 2013).
[2] Wu, Q., Jensen, J.M., Hansen, L.H. *et al.* (2012) EV Portfolio Management and Grid Impact Study. Edison report.
[3] Bjerre, A. (2010) The Edison picture, http://www.edison-net.dk/Dissemination/Reports/Report_003.aspx.
[4] Bang, C., Fock, F. and Togeby, M. (2011) Design of a real time market for regulating power, FlexPower WP1 – Report 3, http://www.ea-energianalyse.dk/reports/1027_design_of_a_real_time_market_for_regulating_power.pdf (accessed January 2013).
[5] Copenhagen Capacity (2009) Fact sheet – transportation and energy storage, http://www.copcap.com/media/1033_604.pdf (accessed January 2013).
[6] Christensen, L. (2011) Electric vehicles and the customers, http://www.edison-net.dk/Dissemination/Reports/Report_011.aspx (accessed January 2013).
[7] Transportvaneundersøgelsen (2011) Data of The Danish National Travel Survey.

第 7 章

电动汽车调节功率分析

吴秋伟，Arne Hejde Nielsen，Jacob Østergaard，丁一
丹麦科技大学电气工程系电力与能源中心，丹麦灵比

7.1 引言

随着越来越多的可再生能源被并入电力系统，利用电动汽车来平衡可再生能源发电所带来的不确定性已成为一个研究热点。

Brassin 研究了利用车辆到电网（V2G）来提高风电并网能力的可能性[1]。Brassin 利用了交通数据来计算车队的可用性。研究结果表明，电动汽车有可能提供瞬时扰动和备用容量，以帮助更多的风电并网。Chandrashekhara 等人对在丹麦实施 V2G 方案进行了可行性分析[2]，调查了将电动汽车并入电网的系统约束条件，并研究了各种可能的 V2G 架构的技术可行性和经济可行性。研究结果表明，V2G 技术可以帮助丹麦政府实现"到 2020 年风电提供总能源消耗的 50%"的目标。AC Propulsion 公司开发了一个 V2G 示范项目，以评估电动汽车提供调节服务的可行性和实用性[3]。测试车辆配备双向电网电源接口并且连接了无线互联网来进行演示。结果表明，从技术和经济两方面考虑，电动汽车提供调节服务是可行的。

Kempton 和 Tomic 研究了三种类型的电动汽车[4]，从经济角度论证了 V2G 概念的可行性，并在四个市场提供 V2G 服务，来对电动汽车用户的经济回报进行量化分析。研究结果表明，将电动汽车投放到电力辅助服务市场，通过提供辅助服务可以实现盈利。Andersson 等人说明了在何种条件下插电式混合动力电动汽车（PHEV）可以产生收益[5]。他们利用了 2008 年德国和瑞典四个月的实际数据进行分析。

在本章中，通过利用行驶模式数据和调节功率市场数据，研究在丹麦使用电动汽车提供调节功率的潜力，以获得电动汽车的调节功率容量和电动汽车用户的经济效益数据。

7.2 电动汽车并网的行驶模式分析

为了便于分析电动汽车并入丹麦电网的情况，对丹麦的行驶数据进行了分析，以提取代表驾驶需求和电动汽车不可用性的行驶距离和行驶时间段信息。利

用丹麦国家交通调查数据（TU 数据）进行行驶数据分析。为了说明电动汽车用户在不同时间的行驶需求，收集了工作日、周末和节假日的平均、最小和最大行驶距离数据。通过每个行驶时段收集电动汽车可用性数据，显示每个时间段有多少辆车可供充放电。采用统计分析软件 SAS 对行驶数据进行分析。

7.2.1 行驶距离分析

行驶距离信息非常重要，并且反映了电动汽车用户的驾驶需求。它可用于确定不同类型客户的电动汽车电池容量。

通过对 TU 数据中的行驶距离数据进行分析，得到不同时段的平均行驶距离和行驶距离分布。

表 7.1 列出了平均行驶距离数据。总体日平均行驶距离为 40km。周一平均行驶距离为 43.399km。周六和周日的平均行驶距离分别为 34.074km 和 29.723km。

表 7.1 平均行驶距离

日类型	平均行驶距离 /km
全天	40
周一	43.399
周六	34.074
周日	29.723

行驶距离分布如图 7.1 所示。约 70.41% 的汽车使用者行驶距离小于或等于 40km。周一的行驶距离分布如表 7.2 和图 7.2 所示。周末个人及累计行驶距离分布如表 7.3、图 7.3、图 7.4 所示。

行驶数据分析表明，周末的平均行驶距离比工作日短，周日的平均行驶距离最短。

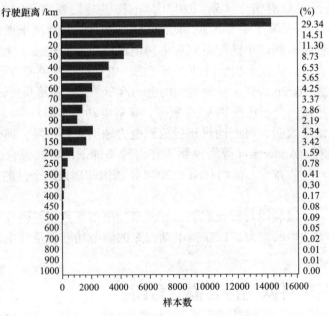

图 7.1 全天平均行驶距离分布

第7章 电动汽车调节功率分析

表 7.2 周一平均行驶距离分布

行驶距离 /km	个人（%）
0	24.21
10	14.41
20	12.00
30	9.42
40	7.21
50	6.35
60	4.76
70	3.78
80	3.13
90	2.50
100	4.88
150	3.67
200	1.70
250	0.80
300	0.43
350	0.30
400	0.17
450	0.08
500	0.10
600	0.06
700	0.03
800	0.01
900	0.01
1000	0.00

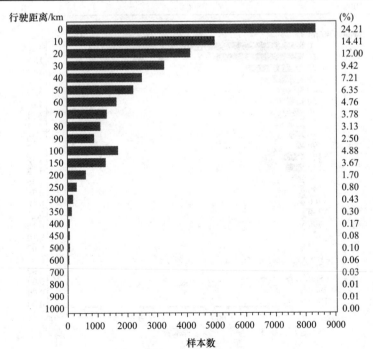

图 7.2 周一平均行驶距离分布

135

表 7.3　周末平均行驶距离分布

行驶距离 /km	周六个人（%）	周日个人（%）
0	37.57	45.51
10	15.11	14.40
20	10.14	9.11
30	7.64	6.55
40	5.27	4.51
50	4.67	3.35
60	3.51	2.57
70	2.61	2.17
80	2.36	2.05
90	1.27	1.60
100	3.36	2.76
150	3.18	2.49
200	1.46	1.18
250	0.78	0.70
300	0.48	0.25
350	0.25	0.36
400	0.15	0.21
450	0.10	0.05
500	0.07	0.09
600	0.03	0.07
700	0	0.01
800	0	0.01
900	0	0
1000	0	0

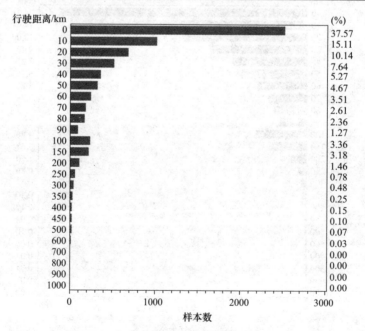

图 7.3　周六个人行驶距离分布

第 7 章 电动汽车调节功率分析

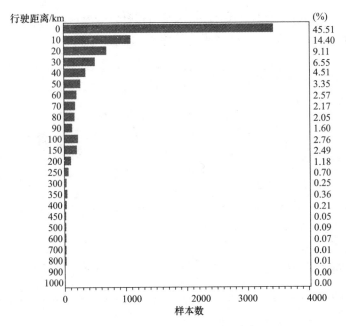

图 7.4 周日个人行驶距离分布

7.2.2 电动汽车可用性分析

在 TU 数据中，将一个受访者所有停车时段的起始时间和结束时间相结合，来确定电动汽车充电和不充电的时间段。使用调查编号和调查日期来获取一个受访者的所有停车数据。

根据一名受访者的停车时间，确定该受访者电动汽车的可用性和不可用性。停车时间段之间的时间段被规定为不可用时间段。根据原始数据，确定每分钟的可用性或不可用性。然后，根据每分钟数据计算 15min 和 1h 可用性数据。

在电动汽车并网研究中，将电动汽车需求投入能源电力市场，以确定最佳充电方案，用最低的能源成本满足驾驶需求。在能源电力市场中，时间步长为 1h。因此确定了每小时可用性数据。除最佳充电方案研究外，电动汽车还有可能参与辅助服务市场，提供调节功率、二次调频（丹麦西部）和一次调频。二次调频的运行时间可达 15min。通过获取季度可用性数据，开展电动汽车辅助服务的研究。

图 7.5 显示了平均 1 天内电动汽车小时可用性。结果表明，仅将行驶时间段作为不可用时间段，电动汽车的可用性就相当高。在凌晨 00:00 至 6:00，电动汽车的可用性为 100% 或

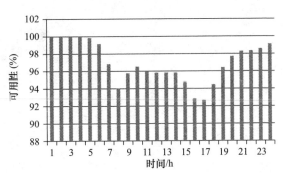

图 7.5 电动汽车总体每小时可用性数据

非常接近100%。在7:00到19:00，电动汽车的可用性在96.83%~92.73%之间。在夜间，从20:00到24:00，电动汽车的可用性在97.73%~99.14%之间。

周一、周六和周日的电动汽车每小时可用性如图7.6所示。周末的电动汽车每小时可用性比周一高一点。

电动汽车平均15min可用性如图7.7和图7.8所示。电动汽车15min可用性与电动汽车每小时可用性相同，每小时都有波动。电动汽车15min可用性数据可用于电动汽车辅助服务提供研究。

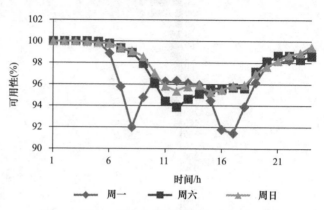

图7.6 周一、周六和周日的每小时可用性数据

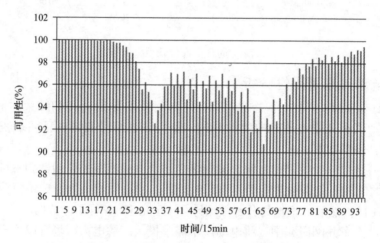

图7.7 平均电动汽车15min可用性数据

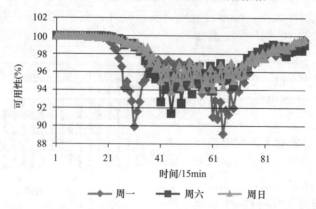

图7.8 周一、周六和周日平均电动汽车15min可用性数据

7.3 基于现货价格的电动汽车充电计划

基于现货价格的电动汽车充电计划是以最低的充电成本为电动汽车电池充电来满足行驶要求,在正常的高需求时段不为电动汽车电池充电。

理想情况下,为了遵循电网的物理极限,必须在充电计划中考虑电网约束。然而,分析电动汽车调节功率的目的是研究电动汽车调节功率容量的潜力,以及电动汽车为系统提供调节功率将带来多少经济效益。因此,这种分析不考虑电网约束。

将丹麦西部和东部的个人汽车数量用于电动汽车充电计划研究,电动汽车电池容量假定为25kWh。

对于电动汽车充电类型,只考虑家庭充电,分析中使用三种充电功率等级:单相10A充电、单相16A充电和三相16A充电。表7.4所示的方式1、方式2和方式3分别对应三种充电功率等级。方式1的充电功率为2.3kW,方式2的充电功率为3.68kW,方式3的充电功率为11.04kW。

表7.4 推荐的电动汽车家庭充电方式

充电方式	充电规格	充电功率/kW	充电时间/h
方式1	单相10A	2.3	5.65
方式2	单相16A	3.68	3.53
方式3	三相16A	11.04	1.18

方式1、方式2和方式3的充电时间分别为5.65h、3.53h和1.18h。

个人汽车的数量从丹麦统计局(http://www.dst.dk/)获得,并在表7.5中列出。在丹麦东部,个人汽车的数量为1206641辆,在丹麦西部,个人汽车的数量为888494辆。这两个数据用于电动汽车充电研究。

表7.5 丹麦西部和丹麦东部的个人汽车数量

地区	个人汽车数量
Landsdel København by	165873
Landsdel Københavns Omegn	201789
Landsdel Nordsjælland	189870
Landsdel Bornholm	16358
Landsdel Østsjælland	91546
Landsdel Vest – og Sydsjælland	239416
Landsdel Fyn	188590
Landsdel Sydjylland	294809
Landsdel Østjylland	316344
Landsdel Vestjylland	176763
Landsdel Nordjylland	230035

7.3.1 基于现货价格的电动汽车充电计划

基于现货价格的充电计划的研究调查了如果所有客户选择在所预期的现货价格较低的时段内对其电动汽车充电,系统的需求将是什么。

图 7.9 和图 7.10 分别说明了丹麦西部和丹麦东部系统在方式 1 不同电动汽车渗透率下的需求。对于充电方式 1,充电时间为 5.65h,客户选择从 00:00 到 6:00 对电动汽车充电,这是预期电价最低的 6h。

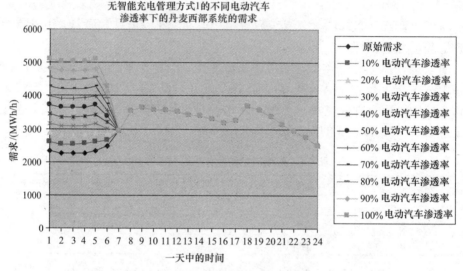

图 7.9　方式 1 的不同电动汽车渗透率下的丹麦西部系统需求

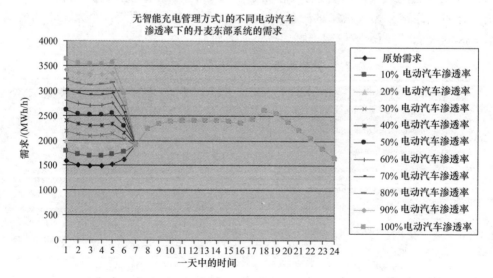

图 7.10　方式 1 的不同电动汽车渗透率下的丹麦东部系统需求

图 7.11 和图 7.12 分别说明了丹麦西部和丹麦东部系统在方式 2 不同电动汽车渗透率下的需求。对于充电方式 2，充电时间为 3.53h，客户选择从 00:00 到 4:00 对电动汽车充电，这是预期电价最低的 4h。

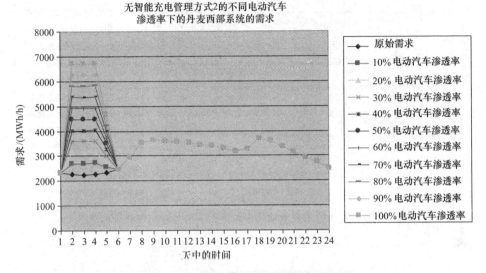

图 7.11 方式 2 的不同电动汽车渗透率下的丹麦西部系统的需求

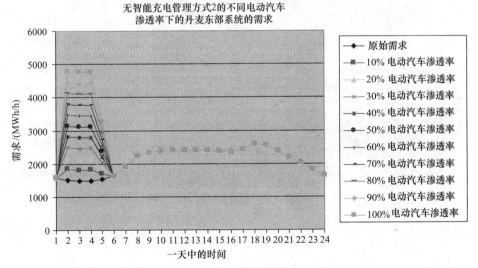

图 7.12 方式 2 的不同电动汽车渗透率下的丹麦东部系统的需求

图 7.13 和图 7.14 分别说明了丹麦西部和丹麦东部系统在方式 3 不同电动汽车渗透率下的需求。对于充电方式 3，充电时间为 1.18h，客户选择从 1:00 到 3:00 对电动汽车充电，这是正常电价最低的 2h。

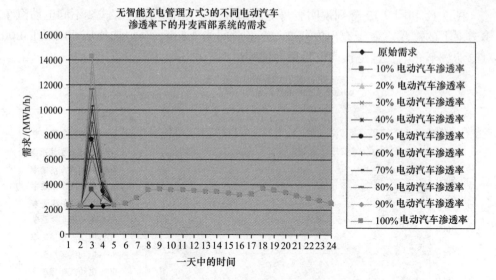

图 7.13 方式 3 的不同电动汽车渗透率下的丹麦西部系统的需求

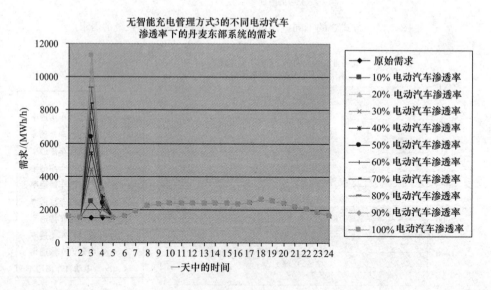

图 7.14 方式 3 的不同电动汽车渗透率下的丹麦东部系统的需求

方式 1、方式 2 和方式 3 对电动汽车充电系统的需求表明，电动汽车充电的额外需求将产生另一个需求高峰，尤其是方式 3。在不对现有系统施加额外压力的情况下，方式 1、方式 2 和方式 3 的电动汽车渗透率分别为 50%、35% 和 12%。确定渗透率范围的标准是新的峰值需求不应高于原来的峰值需求。

第7章 电动汽车调节功率分析

7.3.2 基于现货价格的智能充电方案

为了减少电动汽车充电所产生的新高峰需求,提高电动汽车渗透率,而不给现有系统带来额外的压力,提出了一种基于现货价格的智能充电方案。这种想法是使电动汽车充电的时间段需求平稳。充电时间段选择为 00:00~6:00 和 22:00~24:00。除非最终需求小于原始需求,否则这些时间段的需求在所选充电时间段内是相同的。图 7.15 和图 7.16 分别说明丹麦西部和丹麦东部系统采用智能充电管理的不同电动汽车渗透率下的需求。

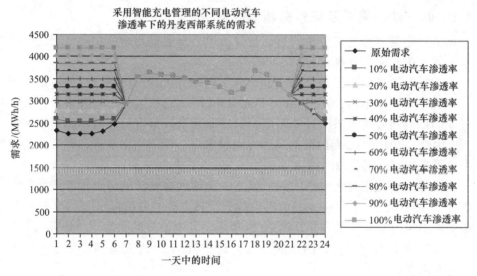

图 7.15 丹麦西部系统在智能电动汽车充电方案下的电动汽车充电需求

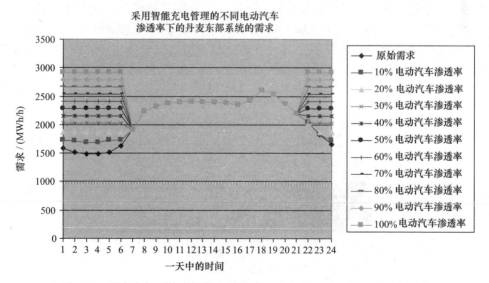

图 7.16 丹麦东部系统在智能电动汽车充电方案下的电动汽车充电需求

采用所提出的智能电动汽车充电方案的系统需求表明，在不增加现有系统压力的情况下，电动汽车的渗透率可以提高到 70% 左右。

7.4　电动汽车调节功率分析

对电动汽车的调节功率进行分析，以确定基于日前电动汽车充电计划的电动汽车可用调节功率容量。通过调节功率需求和电价来计算提供调节功率给电动汽车用户带来的经济效益。

7.4.1　调节功率需求及电价分析

调节功率需求与电价分析的目的是分析风力发电量与调节功率需求之间的关系以及调节功率需求与调节电价之间的关系。

由于丹麦国家电网公司（Energinet.dk）网站无法获取丹麦东部的调节功率数据，并且丹麦国家电网公司与 Nord Pool Spot 网站的数据存在较大偏差，决定选择丹麦国家电网公司提供的丹麦东部调节功率需求数据进行调节功率需求和电价分析。因此，2010 年丹麦西部的风力发电量数据、调节功率数据和调节电价数据均来自丹麦国家电网公司网站。

将大量电动汽车并入电网中的目标之一是帮助将更多的可再生能源并入电力系统中。在丹麦，风能是主要的可再生能源。丹麦政府的目标是，大约 50% 的电力需求将由风力发电提供，并且到 2020 年风力发电量将翻一番[6]。分析风力发电量与调节功率需求之间关系的目的是估算到 2020 年达到 50% 风力发电目标时的调节功率需求。

为了得到风力发电量与调节功率需求之间的关系，分别做出风力发电量与上调量、风力发电量与下调量的关系图，如图 7.17 和图 7.18 所示。这些关系图表明，风力发电量与调节功率需求之间的关系并不十分明显。但基于风力发电的预测，在调节功率需求较高的情况下，可以合理地假设风电容量翻倍后，调节功率需求翻倍。

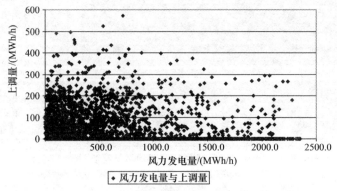

图 7.17　2010 年丹麦西部风力发电量与上调量对比

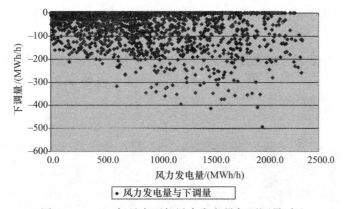

图 7.18　2010 年丹麦西部风力发电量与下调量对比

从电动汽车用户的角度来看，提供调节功率的目的是获得尽可能多的经济回报。因此，本章还分析了调节需求与调节电价之间的关系。上调量与上调电价、下调量与下调电价的关系分别如图 7.19 和图 7.20 所示。从图中可以看出，在高上调需求时段和高下调需求时段，出现了很高的上调电价和很低的下调电价。

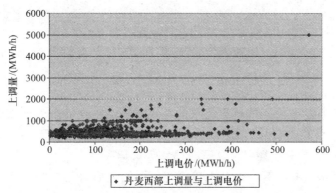

图 7.19　2010 年丹麦西部上调量与上调电价对比

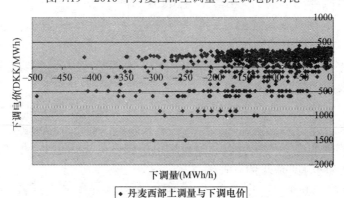

图 7.20　2010 年丹麦西部下调量与下调电价对比

图 7.21 显示了丹麦西部的调节功率和调节电价。这表明，在连续的时间段内需要上调或下调。因此，对于电动汽车用户和电动汽车车队运营商，他们可以利用当前时段的调节功率需求和调节电价预测调节功率需求和相应的调节电价，并决定是否参与调节电力市场。然而，对调节功率需求和调节电价的预测不在电动汽车并网潜力分析的范围内。

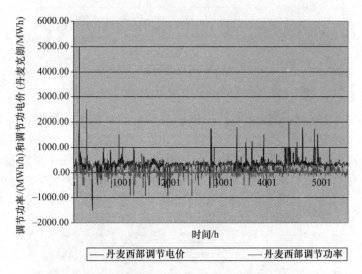

图 7.21　2010 年丹麦西部调节功率和调节电价

在分析风力发电与调节功率需求的关系、调节功率需求与调节电价的关系的基础上，对电动汽车提供调节功率的经济效益进行了两个假设：
- 2020 年风电容量翻一番，调节功率需求翻一番；
- 对于经济效益研究，调节电价仍在相同的范围内。

7.4.2　电动汽车并网调节功率容量的分析

为了计算电动汽车系统的可用调节功率容量，利用行驶模式分析结果，得到一天中每小时的可用电动汽车数量。

调节功率由上调节和下调节两部分组成。上调节可以通过释放充电计划、向电网供电以及两者都提供来实现。

根据 7.3 节对于充电问题的研究，我们可以通过计算每小时中充电的电动汽车的数量，来设计智能充电模式。这组电动汽车可以通过充电释能提供并网时间。充电时间不规则的电动汽车可以通过反馈电能给电网来提供并网时间（如果需要的话）。总的并网时间是两种方式的总和。

消耗功率可以通过给在指定的 1h 中没有充电规律的电动汽车充电得到。

第7章 电动汽车调节功率分析

由于丹麦西部和东部属于不同的时区，因此分别对丹麦西部和东部进行调节功率分析。

图 7.22~ 图 7.27 所示是电动汽车在丹麦东部中三种调节方式的可用调节功率容量。

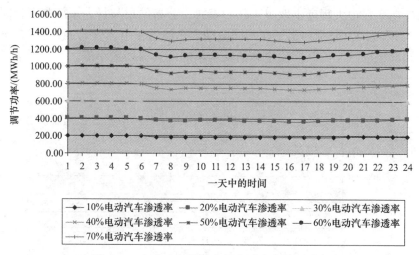

图 7.22　方式 1：丹麦东部电动汽车并网功率

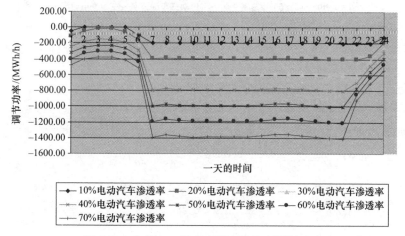

图 7.23　方式 1：丹麦东部电动汽车消耗功率

表 7.6 和表 7.7 分别列出了在不同电动汽车渗透率下，三种方式中丹麦东部电动汽车并网功率、消耗功率的最大值和最小值。

在 70% 电动汽车渗透率和方式 3 的情况下，丹麦东部最大并网功率为 6575.62MWh/h，在 10% 电动汽车渗透率和方式 1 的情况下，最小并网功率为

183.16MWh/h。

在 70% 电动汽车渗透率和方式 3 的情况下，丹麦东部电动汽车的最大消耗功率为 6775.25MWh/h，在 10% 电动汽车渗透率和方式 1 的情况下，最小并网功率为 0MWh/h。

由于已经对全国范围内电动汽车的驾驶模式进行了分析，电动汽车的并网功率和消耗功率在很大程度上取决于驾驶模式，分析结果与丹麦东部基本相同。

表 7.8 和表 7.9 分别列出了在不同电动汽车渗透率下，方式 1、方式 2 和方式 3 下丹麦西部电动汽车的并网功率和消耗功率的最大值和最小值。

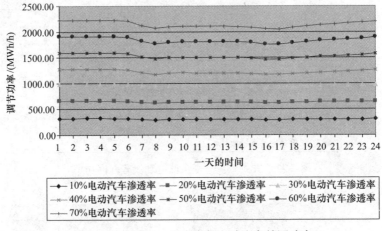

图 7.24　方式 2：丹麦东部电动汽车并网功率

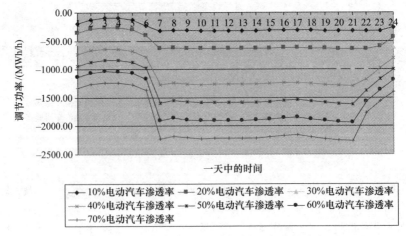

图 7.25　方式 2：丹麦东部电动汽车消耗功率

第7章 电动汽车调节功率分析

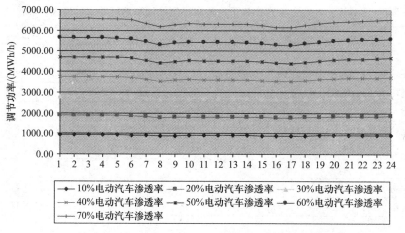

图 7.26 方式 3：丹麦东部电动汽车的并网功率

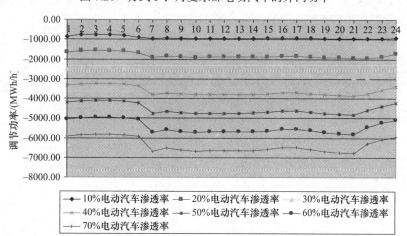

图 7.27 方式 3：丹麦东部电动汽车的消耗功率

表 7.6 方式 1、方式 2 和方式 3 下丹麦东部电动汽车并网功率的最大值和最小值

电动汽车渗透率	10%	20%	30%	40%	50%	60%	70%
方式 1							
最大并网功率 /（MWh/h）	204.35	407.9	609.26	809.94	1010.49	1211.05	1411.6
最小并网功率 /（MWh/h）	183.16	366.32	549.48	732.64	915.81	1098.97	1282.13
方式 2							
最大并网功率 /（MWh/h）	322.33	653.93	980.9	1275.87	1592.9	1909.94	2226.97
最小并网功率 /（MWh/h）	293.06	616.96	925.45	1172.23	1465.29	1758.35	2051.4
方式 3							
最大并网功率 /（MWh/h）	943.56	1883.34	2822.41	3760.81	4699.08	5637.35	6575.62
最小并网功率 /（MWh/h）	879.17	1758.35	2637.52	35163.69	4395.87	5275.04	6154.21

149

表7.7 方式1、方式2和方式3下丹麦东部电动汽车消耗功率的最大值和最小值

电动汽车渗透率	10%	20%	30%	40%	50%	60%	70%
方式1							
最大消耗功率/(MWh/h)	−201.99	−403.41	−605.11	−806.58	−1008.2	−1209.9	−1411.51
最小消耗功率/(MWh/h)	0	−16.07	−76.05	−149.47	−225.49	−301.5	−377.52
方式2							
最大消耗功率/(MWh/h)	−323.18	−645.45	−968.17	−1290.5	−1613.2	−1935.8	−2258.42
最小消耗功率/(MWh/h)	−92.79	−261.3	−443.88	−639.92	−838.55	−1037.2	−1235.81
方式3							
最大消耗功率/(MWh/h)	−969.53	−1936.4	−2904.5	−3871.6	−4839.5	−5807.4	−6775.25
最小消耗功率/(MWh/h)	−746.72	−1569.2	−2405.7	−3255.7	−4108.1	−4960.1	−5812.02

表7.8 方式1、方式2和方式3下丹麦西部电动汽车并网功率的最大值和最小值

电动汽车渗透率	10%	20%	30%	40%	50%	60%	70%
方式1							
最大并网功率/(MWh/h)	277.48	553.94	827.35	1099.4	1371.72	1644.04	1916.36
最小并网功率/(MWh/h)	248.71	497.41	746.12	994.82	1243.53	1492.23	1740.94
方式2							
最大并网功率/(MWh/h)	437.53	870.27	1301.85	1732.05	2162.54	2593.02	3023.51
最小并网功率/(MWh/h)	397.93	795.86	1193.78	1591.71	1989.64	2387.57	2785.5
方式3							
最大并网功率/(MWh/h)	1281.07	2557.36	3832.48	5106.23	6380.26	7654.29	8928.31
最小并网功率/(MWh/h)	1193.79	2387.57	3581.36	4775.14	5968.93	7162.71	8356.5

表7.9 方式1、方式2和方式3下丹麦西部电动汽车消耗功率的最大值和最小值

电动汽车渗透率	10%	20%	30%	40%	50%	60%	70%
方式1							
最大消耗功率/(MWh/h)	−273.8	−547.76	−821.65	−1095.2	−1369	−1642.8	−1916.62
最小消耗功率/(MWh/h)	0	−20.38	−101.82	−210.6	−313.82	−417.04	−520.26
方式2							
最大消耗功率/(MWh/h)	−438.83	−876.42	−1314.6	−1752.3	−2190.4	−2628.5	−3066.59
最小消耗功率/(MWh/h)	−128.85	−353.36	−601.28	−876.56	−1146.3	−1416	−1685.68
方式3							
最大消耗功率/(MWh/h)	−1316.5	−2629.3	−3943.9	−5257	−6571.3	−7885.5	−9199.77
最小消耗功率/(MWh/h)	−1016.8	−2129.2	−3265.1	−4428.1	−5586	−6743.6	−7901.26

在70%电动汽车渗透率和方式3的情况下，丹麦西部电动汽车的最大并网容量为8928.31MWh/h，在10%电动汽车渗透率和方式1的情况下，最小并网容量

为 248.71MWh/h。

在 70% 电动汽车渗透率和方式 3 的情况下，丹麦西部电动汽车的最大消耗容量为 −9199.71MWh/h，在 10% 电动汽车渗透率和方式 1 的情况下，最小并网容量为 0MWh/h。

对电动汽车调节功率容量的分析表明，电动汽车是系统运营商应对可再生能源利用带来的较大波动的一种大调节功率资源。电动汽车电网综合调节容量分析的局限性在于没有考虑电力系统网络的约束，在今后的工作中应考虑到这一点。

7.4.3 电动汽车调节功率的经济效益

为了研究调节功率为电动汽车用户带来的效益，我们从丹麦国家电网公司提取的调节功率数据中选取了 2010 年丹麦西部地区电动汽车并网电价很高、用电电价很低的天数。所选日期的调节功率和调节电价分别如图 7.28 和图 7.29 所示。

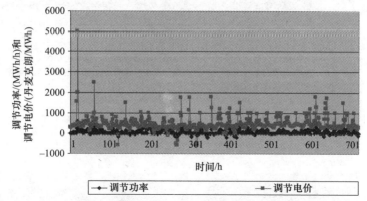

图 7.28　2010 年在并网电价较高时丹麦西部电动汽车的调节功率和调节电价

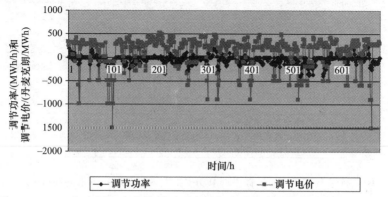

图 7.29　2010 年在用电电价较低时丹麦西部电动汽车的调节功率和调节电价

对于三种不同电动汽车渗透率的充电方式，可以计算其电动汽车调节功率的经济效益。结果如图 7.30、图 7.31 和图 7.32 所示。表 7.10 列出了三种充电方式不同电动汽车渗透率下的最大经济效益。

考虑到电动汽车的数量，通过提供调节功率给电动汽车用户带来的经济效益并不高。因此，必须为电动汽车用户设计一个新的具有吸引力的经济激励方案，以鼓励电动汽车用户或电动汽车车队运营商提供调节功率。

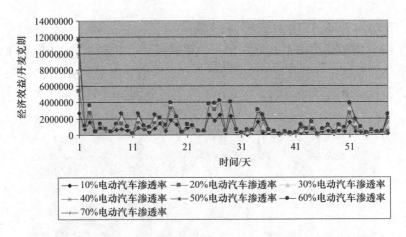

图 7.30　方式 1：通过提供调节功率给电动汽车用户带来的经济效益

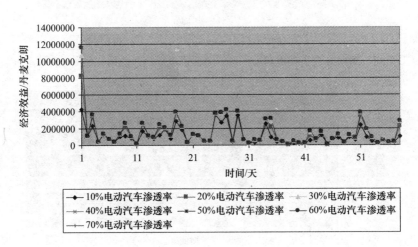

图 7.31　方式 2：通过提供调节功率给电动汽车用户带来的经济效益

第7章 电动汽车调节功率分析

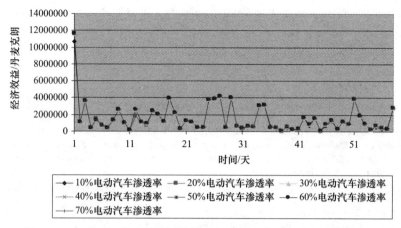

图7.32 方式3：通过提供调节功率给电动汽车用户带来的经济效益

表7.10 通过提供调节功率为电动汽车用户提供的最大经济效益

电动汽车渗透率（%）	经济效益/丹麦克朗		
	方式1	方式2	方式3
10	2685532	4296844	10653449
20	5371068	8234199	11656249
30	7774109	10653449	11656249
40	9630149	11656249	11656249
50	10909249	11656249	11656249
60	11656249	11656249	11656249
70	11656249	11656249	11656249

7.5 结论

分析电动汽车调节功率的目的是通过提供调节功率，研究电动汽车系统可能的调节功率容量以及给电动汽车用户带来的经济效益。

为了实现电动汽车并网潜力研究的研究目的，本章完成并介绍了以下工作：
- 电动汽车并网行驶模式分析；
- 基于现货价格的电动汽车充电规划；
- 电动汽车并网提供调节功率的潜力分析。

渗透率通过对不同电动汽车渗透率下，三种充电方式里电动汽车功率调节能力的研究我们可以得出如下结论：电动汽车可以为电网提供大量的并网容量来缓解由于可再生能源造成的电网波动。但是，经济效益研究结果表明，目前调节功率市场的经济效益对电动汽车用户并没有足够的吸引力。

在未来的工作中必须考虑电网约束的影响，以便对电动汽车调节功率容量进行更准确的评估，同时具体了解调节功率为电动汽车用户带来的经济效益。

参考文献

[1] Brassin, J. (2007) Vehicle-to-grid improving wind power integration, Master thesis, Center for Electric Technology, DTU.

[2] Chandrashekhara, D.K., Østergaard, J., Larsen, E. *et al.* (2010) Integration of electric drive vehicles in the Danish electricity network with high wind power penetration. *European Transactions on Electric Power*, 20 (7), 872–883.

[3] Brooks, A.N. (2002) Vehicle-to-grid demonstration project: grid regulation ancillary service with a battery electric vehicle. Final report, AC Propulsion, Inc.

[4] Kempton, W. and Tomic, J. (2005) Vehicle-to-grid fundamentals: calculating capacity and net revenue. *Journal of Power Sources*, 144 (1), 268–279.

[5] Andersson, S.L., Elofsson, A.K., Galus, M.D. *et al.* (2010) Plug-in hybrid electric vehicles as regulating power providers: case studies of Sweden and Germany. *Energy Policy*, 38 (6), 2751–2762.

[6] EA Energy Analyses, 50% Wind power in Denmark in 2025, http://www.ea-energianalyse.dk/projects-english/642_50_per_cent_wind_power_in_Denmark.html (accessed January 2013).

第 8 章

源于电动汽车的调频备用容量与电压支撑

Jayakrishnan R. Pillai, Birgitte Bak-Jensen

奥尔堡大学能源工程系，丹麦奥尔堡

8.1 引言

电网的稳定可靠运行离不开相关电力辅助服务。输电系统运营商（TSO）采用一系列辅助服务，以持续平衡总发电量和需求量，并管理输电线路潮流以及确保电力系统的电压稳定。这些支撑功能将会在电网运行中的正常状态、停电状态及恢复送电状态等不同阶段被激活。辅助服务是纵向综合公用事业提供服务中不可或缺的重要组成部分。然而，引入竞争和打破电力市场垄断为这些服务提供了明确的定义、量化以及专门的市场。这为发电商创造了额外的收入，是优化系统可靠性成本的有效方式。为了保证电力系统运行的安全性，这些辅助服务主要由TSO负责采购和管理，而这些辅助服务大部分是从常规电厂获得的。随着智能电网的引入，信息通信技术（ICT）、聚类和灵活的市场可使负荷成为大多数辅助服务潜在的、活跃的供应者。

本章描述了电动汽车在电力系统运行中提供有功功率平衡支撑的作用，介绍了与电动汽车相关的辅助服务。在案例分析中，讨论了在风电资源丰富的典型丹麦电网中采用电动汽车进行的有功功率平衡。此外，还简要介绍了电动汽车的其他辅助电网支撑功能，如电压控制。本章所讨论的各种概念大多以丹麦电网为背景，该背景也代表了未来风电机组与其他分布式发电渗透率更高的电网模型。

8.2 电力系统辅助服务

辅助服务有着许多不同的定义。考虑到欧洲电力市场需求的变化，随着可再生能源的普及，Eurelectric[1]对辅助服务的定义如下：

辅助服务是指输配电系统运营商为维护输配电系统的完整性、稳定性和电能质量所需要的全部服务。

一般来说，辅助服务会提供监测、自动或手动操作及资源控制等服务，以保证电力系统可靠、优质运行。接收辅助服务的典型方式是通过组合管理工具（如强制执行的电网规范）和市场解决方案（如小时交易、短期和长期合同等）

来实现[2]。电网服务在很多国家都被定义和用作为辅助服务。Eurelectric 提到的 7 项重要辅助服务分别是频率控制、电压控制、旋转备用、静止储备、黑起动能力、远程自动发电控制和应急控制措施。对于跨境交易来说，通用的辅助服务定义是必要的。对于每个可调度环节来说，频率控制、电压控制和应急控制措施的选择是强制性的，以保证电源质量[1]。

在丹麦，Eurelectric 提出的前 4 项辅助服务被认为是强制性的。频率控制和电压控制对系统的正常运行至关重要，而旋转备用和静止备用则是用于系统的故障预防。有功电力服务由集中的和分散的常规发电机以及与邻国之间的紧密联系来提供。电压控制是通过地区电网中的无功补偿（发电机过励磁时的静态无功补偿器）来实现的。丹麦的运营商［丹麦国家电网公司（Energinet.dk）］采购这些主要由发电机和网络设备提供的服务（用于电压控制）。这些服务是根据签订合同或通过电力市场来采购的，其价格由丹麦能源管理当局管制和监控。辅助服务的费用从客户和作为系统关税的发电机中收回[1]。

8.3 电动汽车支撑风电并网

随着可再生能源机组越来越多地渗透到电力系统中，尤其是技术成熟且经过验证可行的风力发电机，对辅助服务市场的结构变化更是具有重大影响。风力是随机性强且难以预测的，因此，具有较差的负荷跟踪特性。这就增加了对平衡功率的需求。现代风力发电机配有适当的控制装置以提供电网支撑功能。然而，由于"清洁"和"免费"的风能在限电期间溢出，因此这些规定并不常用。此外，随着风电一体化的不断发展，作为提供辅助服务的常规电源，传统发电机正被逐渐淘汰。在丹麦，风力发电占年平均消耗量的 20% 以上。丹麦计划到 2020 年将风力发电量提高到 50%，从而使得大型集中式电厂的发电能力降低 40%[5, 6]。此外，因为大型风力发电机的安装也计划要跨越边界，所以与邻近地区互连线的容量扩大可能会因此受到限制。所以很明显，增加风力发电的比例是电力系统调节供应的一个能力函数。这些因素促成了对更替、快速调节和本地技术的需要，以便在电力系统中提供越来越多的辅助服务。

电池储能是补偿风力发电间歇性的最佳替代解决方案之一。电池可以存储电网中多余的电能，并在发电不足时输回电网。电池储能的这种特性与风能的可变性质互补，可用于平滑短期和长期风力的变化。电池储能还可以提供电能质量控制功能和其他主要的公用设施辅助服务，如频率控制或有功功率平衡。电动汽车蓄电池作为响应电源变化的负荷，受到了广泛讨论和快速发展。由"车队运营商"或"聚合商"聚集的大量电动车辆，在本地信息和通信的支持下，可以在不用于驾驶时为电力系统提供临时的分布式电力存储[7]。电动汽车电池可以作为可控负荷充电，并在强风和低电价期间存储能量，同时还可以在需要时作为快速响应发电而放电。可再生能源电力的可靠性将随着大量未开发的分布式电力大量接入电

第8章 源于电动汽车的调频备用容量与电压支撑

网而得到提高。这可以被认为是一个大型的聚合兆瓦电池储能系统,统称为"电动汽车到电网"(V2G)系统[8,9]。运营商可以请求电力传输以促进辅助服务,例如自动发电控制或频率控制以及通过聚类的车辆电池组的运行储备。

在丹麦,目前存在风力发电量超过总消耗量的情况。未来电力系统的风电渗透率将达到50%,这意味着一年内将超过1000h采用风力发电量。丹麦超过一半的电力不平衡是由风力发电造成的,其中约70%是由风力预测误差造成的[10]。风力预测误差为1ms^{-1},这会导致预测误差为450MW的有功发电量,与丹麦电力系统的规模相比,这一误差相当显著[11]。为满足2020年丹麦能源规划,丹麦在电力系统中的风力发电机的集成里引入了更多的随机和可变电力生产。需要额外的备用电力容量来填补预测和预定风力发电之间的差异。这为利用丹麦电力系统中的电动汽车电池辅助服务创造了理想的市场环境。研究表明,在美国和丹麦电力市场中,电动汽车可提供有源电力平衡储备等辅助服务是非常合适且经济的[9,12]。可再生能源规划、智能电网的积极推动以及当地的分布式能源资源是丹麦的电动汽车市场受到推广的主要原因[13]。

8.4 电动汽车作为调频备用容量

系统频率是电力系统功率平衡的主要指标。电力系统的频率偏差反映了发电和用电之间的差异。这种不匹配是由规划功率和实际功率的差异以及系统中的扰动引起的。调频备用容量被用来处理这些偏差和干扰。丹麦西部(DK1)电力系统是欧洲大陆集团(RG)的一部分,丹麦东部(DK2)电力系统是北欧区域集团的一部分。表8.1给出了DK1和DK2中不同的调频备用容量[14]。调频方案一般分为一次、二次和三次调频,例如DK1电力系统。由于电力市场发展水平的不同,这些储备的识别、设计和激活因国家或地区而异。

表8.1 2011年DK1和DK2的调频备用容量

备用容量类型	容量/MW	激活期	激活模式和购买
DK1为欧洲大陆集团的一部分			
一次调频备用容量	±27	0~30s	自动,下垂控制(2%~8%),以49.8~50.2Hz激活,每日拍卖
二次调频备用容量	±90	30s~15min	自动,负荷频率控制(LFC),月度合同
三次调频备用容量	约450	15min	手动,每日拍卖
DK2为北欧区域集团的一部分			
调频正常运行备用容量	±23	2~3min	自动,以49.9~50.1Hz激活,每日拍卖
调频干扰备用容量	±150	在5s内为50%,在接下来的25s内保持50%	自动,以49.9~50.1Hz激活,每日拍卖
手动备用容量	约600	15min	手动,每日拍卖

来源:丹麦国家电网公司[14]。

一次调频备用容量用作瞬时频率备用容量来处理突发的功率不平衡。二次调频备用容量的运行速度略低于一次调频备用容量，这有助于恢复标准系统的额定频率，并将控制区之间的功率交换偏差最小化。手动或三次调频备用容量是所有调频备用容量中运行速度最慢的，用于通过重新调度生成来恢复二次调频备用容量。图 8.1 为 RG 欧洲大陆电力系统的调频方案和过程。

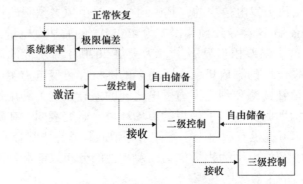

图 8.1　欧洲大陆集团的调频方案（来源：ENTSOE[15]）

发电机组的容量储备通常用于调频服务。它们的价格远高于能源价格，并且由于机会成本的原因，价格会变得不稳定。通过参与变频储备市场，电动汽车车主可以获得比能源市场更高的利润。在所有储备中，自动储备是最昂贵的，因为它们同时接受储备和激活支付，因此最适合电动汽车。随着更多的风力发电机被接入电力系统中，风力的有限可预测性和更高的波动要求增加频率储备量。在这种情况下，具有更快升温速率、快速起动和灵活特性的电动汽车等本地资源对于电力系统的可靠运行就显得非常重要。为了容纳这些较小的地方单位，例如电动汽车，预期在平衡储备的电力市场框架和运作方面可能发生变化。这些变化包括更短的备用激活时间框架，以及将备用电源的价格设置更接近运营期[16]。

8.4.1　一次调频备用容量

一次调频备用容量通常由电力系统控制区域内的发电厂机组的调节器提供。电厂输出与频率变化成比例，即

$$\Delta P_{\mathrm{G}} = -\frac{1}{K}\Delta f \tag{8.1}$$

式中，ΔP_{G} 为发电量变化量（MW）；K 为调速器下垂量（%）；Δf 为频率变化量（Hz）。

将调速器的下垂特性调整到新的运行点，从而使频率偏差最小化。如表 8.1 所示，大型互联电力系统的一次调频备用容量相当低，可能传统发电机的容量储备就足以提供这种电网服务。一次调频备用容量在非常短的时间内能完全激活，但是这个时间框架可能与电网中的风力波动导致的大功率不平衡无关。然而，在这种情况下利用电动汽车电池进行功率平衡可能在备用激活、通信和协调方面变

第8章 源于电动汽车的调频备用容量与电压支撑

得不经济且复杂。在较小的网络中,如孤岛系统、孤立的配电网或子网网络(如电池控制器项目[17]所示),电动汽车作为一次调频备用容量的作用可能更为突出。为证明这一点,本章给出了针对典型丹麦配电网系统模拟案例研究的相关结果。聚类的电动汽车存储器通过充当充电负荷或发电机来执行主要频率控制功能。图8.2描绘了一个丹麦中压配电网的简化电网模型,该电网为132kV的外部电网。该模型在 DIgSILENT/ PowerFactory 软件[19]中进行仿真。表8.2给出了电网模型的相关细节。

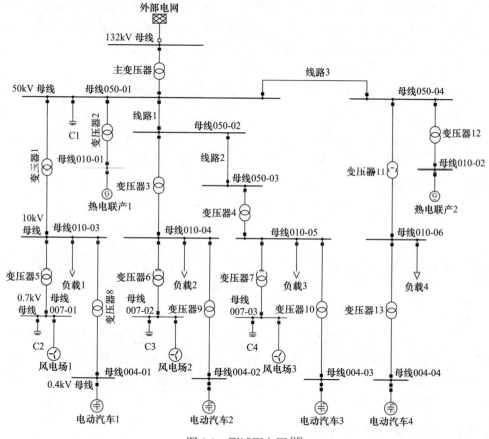

图8.2 测试配电网[18]

表8.2 配电网的详细信息

机组	类型	总容量和控制模式
热电联产(CHP)- 两个机组	燃气轮机	CHP1:20MW(等时) CHP2:4 MW(下垂控制)
风电场 - 三个机组	定速涡轮机	11.5MW
聚类电动汽车存储 - 四个机组	静态发生器 (理想的 PWM 变换器模型)[19]	4 MW(下垂控制), 初始充电负荷(0.4 MW/机组)

配电网的总连接负荷为24MW，其中6.6%为电动汽车的充电负荷。配电网是以风力为主的电网，占风力发电机总负荷的48%。最大的热电联产机组以等时模式运行[20]，而不管负荷如何，机器都将控制调速器以维持系统频率。另一个热电联产机组以下垂模式运行，其中控制增益是调速器下垂的倒数。聚类的电动汽车存储器也以下垂模式运行，调节有功功率水平，以响应系统频率偏差。电池充电以产生正向频率偏差，并随着电网频率下降而放电（或降低充电水平）。图8.3显示了模拟情况下配电网在$t=5s$时施加2MW的阶跃负荷变化的系统频率响应。在模拟情况下，对于电动汽车参与主频控制的仿真案例，其频率变化率和最小频率下降明显较小。电动汽车存储机组与传统发电机组情况相比，具有非常短的延迟，这使得前者在频率控制中具有更积极的作用。

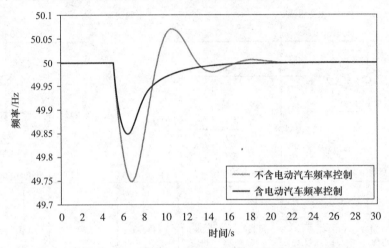

图8.3　阶跃负荷变化的系统频率响应[18]

因此，电动汽车电池提供了一个更稳定、更优的阻尼和能快速恢复的系统频率。为了完成一次频率支持，电动汽车总储能将初始充电功率从1.6MW降低到0.52MW，起到了可控负荷的作用。更大的频率偏移使存储器能够将电力输回电网，从而实现V2G功能。

8.4.2　二次调频备用容量

二次调频备用容量一般采用集中自动变频控制，以匹配发电与需求之间的功率平衡，同时维持互连器之间预定的功率交换。控制器调整参与该过程的发电或消耗资源的有功设定值。这个过程通常被称为自动发电控制或负荷频率控制（LFC）。为了分析电动汽车电池作为二次调频备用容量的参与情况，本章考虑了丹麦西部（DK1）的负荷频率控制。丹麦西部控制区通过与德国北部的互连器连接到大型欧洲大陆集团电网。DK1中的负荷频率控制必须确保这两个控制区之间的功率交换偏差最大保持在 ±50mW[21, 22]。

丹麦西部电力系统的特点是大量分散的发电机组连接到60kV或以下的电网

中；这主要包括基于燃气轮机的热电联产和风力发电机组。在大约 8GW 的总发电容量中，约 22% 产生于热电联产机组，35% 产生于风力发电机组（5% 是海上风电）。另外，剩余发电容量由大型燃煤电厂产生。DK1 还通过与瑞典、挪威和丹麦东部的高压直流连接线与北欧区域集团相连。图 8.4 为集成 V2G 的负荷频率控制器的框图，该框图表示为聚类的电动汽车存储。存储容量分别为 90MW 和 360MWh，相当于 9000 辆电动汽车（连接时平均功率额定值为 10kW）。这还不到丹麦西部 100 万辆汽车总数的 1%。在负荷频率控制[24]中，发电、需求以及互连器被建模为聚合单元。互连系统中的功率不平衡反映为区域控制错误（ACE），即

$$\mathrm{ACE} = (P_{\mathrm{meas}} - P_{\mathrm{sch}}) + B(f_{\mathrm{meas}} - f_0) \qquad (8.2)$$

$$\therefore \mathrm{ACE} = \Delta P_{\mathrm{t}} + B\Delta f \qquad (8.3)$$

式中，B 为频率偏差因子（取决于控制区域的负荷灵敏度和调速器响应特性）；P_{meas} 为实测功率交换；P_{sch} 为调度功率交换；Δf 为频率偏差（$f_{\mathrm{meas}}-f_0$）；ΔP_{t} 为互联控制区域之间的总功率偏差。

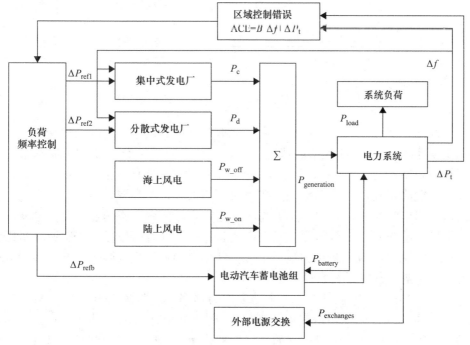

图 8.4　负荷频率控制器框图，包括电动汽车总存储[23]

负荷频率控制器对控制误差进行积分，以产生单位斜坡负荷（ΔP_{ref}），这是参与二级频率控制的单元之间分配的平均功率：

$$\Delta P_{\mathrm{ref}} = -\mathrm{ACE}\cdot\beta - \frac{1}{T}\int \mathrm{ACE} \mathrm{d}t \qquad (8.4)$$

式中，β 是控制器的比例增益；T 是控制器的时间常数。

与传统发电机相比，V2G 系统完全没有斜坡限制[24]。因此，负荷频率控制中的电池储能与传统发电机相比，具有更快的功率调节特性。然而，V2G 系统的备用容量可能受到存储器充电状态的限制。本章对这方面情况进行了分析，其中传统发电机的负荷频率控制指令（斜坡加载）是根据 V2G 在满足功率调节要求方面的不足来确定的。图 8.5 显示了丹麦西部和德国北部控制区域之间功率交换偏差的负荷频率控制模拟结果。场景是一个典型的多风冬日，风电供应平均占 DK1 总需求的 40%。这一天的特征还有两点，分别为其总发电量超过消耗量以及更多的下调负荷频率控制信号。

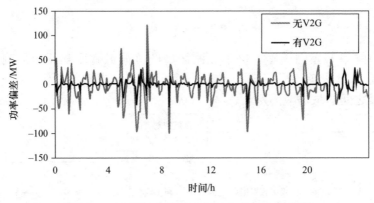

图 8.5　丹麦西部和德国之间的电力交换偏差[23]

图 8.5 中的正功率交换偏差表明交换的规划功率较少，负值表示与德国交换的剩余功率。在无 V2G 支持的情况下，显示出了超过 ±50MW 的期望水平的大功率交换偏差；在有 V2G 支持的情况下，负荷频率控制仿真案例表明，偏差在很大程度上能降低到可接受的水平。在一天快结束时，功率调节能力会丢失几个小时，所以当电池充满时，就需要更高的存储容量。然而，很明显的是，电动汽车存储器可以响应并且比传统发电机更快地起作用，同时可以提供二次调频备用容量。V2G 作为二次调频备用容量启动时，功率交换偏差大大降低，这与控制区域的可靠和经济运行有很大关联。

本书 3.3.6 节描述了丹麦"电力需求作为频率控制储备（DFR）"项目的模拟和演示结果，这是提倡在丹麦电力系统[25]中实施电动汽车提供有功储备的理想步骤。该项目考虑使用恒温控制的加热器和冰箱作为频率控制储备，以减少其消耗。图 8.6 给出了北欧电力系统在 $t = 1500\text{s}$ 时 500MW 发电机停运时的频率响应仿真结果[26]。这里使用总容量为 1000MW 的电加热器作为频率控制的扰动储备（49.9~49.5Hz），以减少系统频率下降时的消耗。在本案例研究中，DFR II 模型根据频率偏差不断调节其温度设定值，最大限度地降低了功耗，提供了低频倾角和频率剖面[27] 的平稳恢复[27]。DFR II 模型比 DFR I 模型具有更好的性能，DFR I

模型仅在特定的设置点和特定的延迟[27]下停用和重新连接。

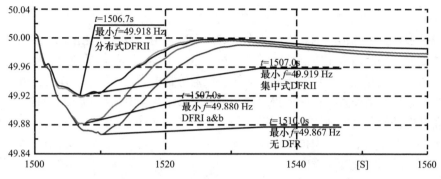

图 8.6 不同 DFR 控制逻辑的发电损耗下北欧系统的频率响应[26]

DFR 项目的示范是在丹麦的博恩霍尔姆岛上进行的，那里约有 200 名住户的房舍安装了自动频率控制装置。当频率偏离可接受范围时，自动断开或短时间内减少电加热器、热泵、瓶式冷却器和冰箱等设备的消耗。在博恩霍尔姆岛建立的 DFR 示范中，冰箱被用来提供频率控制正常储备（49.9~50.1Hz），初步结果表明，其对频率偏差[28]提供了积极的需求响应。

8.4.3 三次调频备用容量

三次调频备用容量通常由 TSO 手动激活，以处理二次调频备用容量不足、较大的电力不平衡问题。这是通过改变参与发电机和负荷的工作点以及重新安排互连器之间的电力交换规划来释放二次调频备用容量实现的。在丹麦电力系统中，超过 80% 的电力不平衡由人工或三次调频备用容量来解决[29]。自动备用容量利用率有限，这使得保留的容量可以用于意外的系统干扰和来自可再生能源单元（如海上风电场[30]）的快速电力波动。人工备用容量通常用于处理在运营时间内发生的电力系统的较大波动。由于丹麦是北欧电力市场的一部分，这些备用容量作为调节电力在北欧共同的调节电力市场中交易。丹麦电力系统中存在的高风电，通常会在波动较大的管制电价和现货电价之间产生较大的差异，随着风力发电机安装的增加，这种差异可能会变得更大。这种情况对于电动汽车的商业可行性及其参与监管电力市场来说比较适合。

在风力发电量过剩时期，电动汽车充电可以减少下调管制与现货价格之间的差额。它对电动汽车用户和风力发电生产商都有经济效益，并为风力发电生产增加了价值。类似地，在风力发电量可能较低的高管制价格期间，电动汽车也可以将电力送回电网。丹麦地区供热厂的电锅炉是目前唯一参与规范电力市场的负荷类型。目前，公用事业公司正在调整各种规定，使市场规则灵活，以适应电动汽车、热泵、电加热器、冰箱等小型高效调节装置进入调节电力市场。作为丹麦智能电网计划的一部分，试点项目及标准化的实施和经验促进了市场规则和法规的不断发展，从而适应这些备用平衡电力调节解决方案[13]。

开放电力市场下电动汽车并网技术

8.5 电力系统中的电压支撑和电动汽车并网趋势

电压支持包括无功功率控制,其用于在整个电力系统的所有运行条件下将电压水平维持在可接受的范围内。因为一个区域内发电机组的数量在变化,所以有功功率因位置而异。因此,电压控制的交易不存在竞争性市场,这些都是通过长期合同获得的。变压器分接开关、电容器、静态无功补偿器等是电力公司用于电压控制和无功功率支持的常用网络设备。目前,丹麦利用一些大型中央发电机组和网络设备来提供反应储备。电动汽车蓄电池逆变器可以作为一种静态无功补偿器运行,具有适当的四象限运行,能够在当地电网中提供电压和动态无功功率支持。基于功率因数,电压或无功功率特性的不同逆变器设定点,提出了一些通过太阳能光伏逆变器的无功功率提供电压支持的明确定义的方法[31, 32]。这些方法可以为电动汽车逆变器提供电压支持。在未来的电力市场中,支持电压控制储备的支付可以基于地点价格或容量支付。它还可能包括机会成本,以补偿减少的实际功率调节,同时也会增加无功功率支持[33]。

在推广和采用电动汽车方面,最有利的趋势是逐步从"使用计时器控制"不造成电网过载,发展到"使用电价信号""使用需求信号"控制负荷,再到"分布式存储"[34]。作为可控负荷(单向电池充电器)的电动汽车可以提供调节功率,这可能是未来5年内第一代V2G技术。汽车电池因功率循环提供双向功率传输所产生的磨损,尚不清楚。为了量化这些电池的降温成本对整体成本效益的影响,需要详细研究提供的功率调节。这一因素可能促使双向V2G概念被视为并网车辆的第二代应用。但是,用于并网和分布式存储协调的标准已经存在,例如IEEE 1547.3-2007、EN 50438、IEC 61850-7-420。其他标准如VDE-AR-N 4105、IEEE Std.929-2000、IEEE SCC21等也明确定义了光伏发电、风力发电等分布式能源的并网实践和程序,也可以紧密应用于电动汽车电池。一旦V2G概念在技术上成熟、经济上可行,其他来自电动汽车的电网支持应用,如电压控制、微电网支持、低电压穿越、应急电源等,都可以在本地网络中得到应用。

8.6 结论

本章重点介绍了在电力系统中支持更多风力发电时,适用于电动汽车的通用辅助服务。之后介绍了各种调频备用容量,讨论了电动汽车在解决电网平衡问题时增加风电渗透的重要性,并提出了基于短期频率偏移,负荷频率控制和调频备用容量需求的电力系统仿真研究。所提出的仿真结果用于分析电动汽车作为电力系统中传统发电机储备的替代方案的重要性。

致谢

本章介绍的部分工作是由丹麦战略研究理事会资助的"相干能源与环境系统分析(CEESA)"研究项目的一部分,以及由欧洲区域发展基金资助的"未来与供电系统并网的高效电动汽车"研究项目的一部分(基金号ERDFK-08-0011)。

第 8 章 源于电动汽车的调频备用容量与电压支撑

参考文献

[1] Thermal Working Group (2004) Ancillary services: unbundling electricity products – an emerging market, 2003-150-0007, Eurelectric, February.

[2] Kirschen, D.S. and Strbac, G. (2004) *Fundamentals of Power System Economics*, John Wiley & Sons.

[3] Akhmatov, V. and Eriksen, P.B. (2007) A large wind power system in almost island operation – a Danish case study. *IEEE Transactions on Power Systems*, 22 (3), 937–943.

[4] WWEA (2010). World Wind Energy Report 2009, World Wind Energy Association, Bonn, http://www.wwindea.org/home/images/stories/worldwindenergyreport2009_s.pdf (accessed January 2013).

[5] Energinet.dk (2010) System Plan 2010, October.

[6] Energinet.dk (2007) System Plan 2007, October.

[7] Kempton, W. and Tomic, J. (2005) Vehicle-to-grid power fundamentals: calculating capacity and net revenue. *Journal of Power Sources*, 144 (1), 268–279.

[8] Kempton, W. and Tomic, J. (2005) Vehicle-to-grid power implementation: from stabilizing the grid to supporting large-scale renewable energy. *Journal of Power Sources*, 144 (1), 280–294.

[9] Kempton, W. and Tomic, J. (2007) Using fleets of electric-drive vehicles for grid support. *Journal of Power Sources*, 168 (1), 459–468.

[10] Agersbæk, G. (2007) Correlation between wind power and local CHP, http://www.giz.de/Themen/de/dokumente/en-dialog-agersbaek-2007.pdf (accesed January 2013).

[11] Agersbæk, G. (2010) Integration of wind power in the Danish energy system, http://www.nwcouncil.org/energy/wind/meetings/2010/07/WIF%20TWG%20072910%20Agersbaek%20072010.pdf (accesed January 2013).

[12] Larsen, E., Divya, K.C. and Østergård, J. (2008) Electric vehicles for improved operation of power systems with high wind power penetration, in *IEEE Energy 2030 Conference, 2008. ENERGY 2008*, IEEE, Piscataway, NJ.

[13] Energinet.dk (2010) Smart grid in Denmark, http://energinet.dk/Site Collection Documents/Engelske%20dokumenter/Forskning/Smart%20Grid%20in%20Denmark.pdf (accessed February 2013).

[14] Energinet.dk(2010). Ancillary services for delivery in Denmark (inDanish), December, http://energinet.dk/DA/El/Saadan-driver-vi-elsystemet/Systemydelser-for-el/Sider/Systemydelserforel.aspx (accessed February 2013).

[15] European Network of Transmission System Operators for Electricity (2009) Load-Frequency control and performance, https://www.entsoe.eu/fileadmin/user_upload/_library/publications/entsoe/Operation_Handbook/Policy_1_final.pdf (accessed February 2013).

[16] Hay, C., Togeby, M., Bang, N.C. et al. (2010) Introducing electric vehicle into the current electricity market, Edison Deliverable 2.3, 25 May, http://www.edison-net.dk/Dissemination/Reports/Report_004.aspx (accessed January 2013).

[17] Lund, P. (2007) The Danish Cell Project – Part 1: background and general approach, in *IEEE Power Engineering Society General Meeting, 2007*, IEEE, Piscataway, NJ.

[18] Pillai, J.R. and Bak-Jensen, B. (2010) Vehicle-to-grid systems for frequency regulation in an islanded Danish distribution network, in *2010 IEEE Vehicle Power and Propulsion Conference (VPPC)*, IEEE, Piscataway, NJ.

[19] DIgSILENT (2009) Power Factory User Manual Version 14.

[20] Kundur, P. (1994) *Power System Stability and Control*, McGraw-Hill, New York, NY.

[21] Akhmatov, V., Rasmussen, C., Eriksen, P.B. and Pedersen, J. (2006) Technical aspects of status and expected future trends for wind power in Denmark. *Wind Energy*, 10, 31–49.

[22] Akhmatov, V., Kjærgaard, J.P. and Abildgaard, H. (2004) Announcement of the large offshore wind farm Horns Rev B and experience from prior projects in Denmark, in Proceedings of European Wind Energy Conference (EWEC 2004), London.

[23] Pillai, J.R. and Bak-Jensen, B. (2011) Integration of vehicle-to-grid in the western Danish power system. *IEEE Transactions on Sustainable Energy*, 2 (1), 12–19.

[24] Brooks, A.N. (2002) Vehicle-to-grid demonstration project: grid regulation ancillary service with a battery electric vehicle, Final report, AC Propulsion, Inc.

[25] Søndergren, C. (2011) Electric vehicles in future market models, Edison Deliverable 2.3, 16 June.

[26] Xu, Z., Østergaard, J. and Togeby, M. (2011) Demand as frequency controlled reserve. *IEEE Transactions on Power Systems*, 26, 1062–1071.

[27] Xu, Z., Østergaard, J., Togeby, M. and Marcus-Moller, C. (2007) Design and modelling of thermostatically

controlled loads as frequency controlled reserve, in *IEEE Power Engineering Society General Meeting*, IEEE, Piscataway, NJ.

[28] Douglass, P.J., Garcia-Valle, R., Nyeng, P. *et al.* (2011) Demand as frequency controlled reserve: implementation and practical demonstration, in *2011 IEEE PESInternational Conference and Exhibition on Innovative Smart Grid Technologies (ISGT Europe)*, IEEE, Piscataway, NJ.

[29] European Network of Transmission System Operators for Electricity (ENTSOE) (2010) Impact of increased amounts of renewable energy on Nordic power system operation, http://www.stateofgreen.com/Cache/db/db157fbd-4d3b-4350-b3d1-f0e87347d17b.pdf (accessed January 2013).

[30] Akhmatov, V., Gleditsch, M. and Gjengedal, T. (2009) A regulation-caused bottleneck for regulating power utilization of balancing offshore wind power in hourly and quarter hourly based power systems. *Wind Engineering*, 33, 41–54.

[31] VDE FNN (2011) VDE-AR-N 4105:2011-08 Power generation systems connected to the low-voltage distribution network – technical minimum requirements for the connection to and parallel operation with low-voltage distribution networks. VDE, Frankfurt.

[32] BDEW (2008) Technical guideline on power generation systems on medium voltage networks – guideline for connection and parallel operation of generating plants to medium voltage network, Bundesverband der Energie- und Mittelspannungsnetz, Berlin.

[33] Kirby, B. and Hirst, E. (1997) Ancillary-Service Details: Voltage Control, ORNL/CON-453, Oak Ridge National Laboratory, Oak Ridge TN, December.

[34] Zpryrme (2010) Smart grid insights: V2G, July, http://smartgridresearch.org/standard/smart-grid-insights-v2g/ (accessed February 2013).

第9章

电动汽车电池的运行和退化问题

Claus Nygaard Rasmussen[1]，Søren Højgaard Jensen[2]，杨光亚[1]
1. 丹麦技术大学电气工程系电子技术中心，丹麦哥本哈根
2. 丹麦技术大学能源转换和储能系，丹麦罗斯基勒

9.1 引言

20世纪以来，与内燃机汽车相比，续航里程一直是电动汽车的软肋。电化学储能介质（也称为电池）的特性决定了它能储存多少能量，以及能转化为多少动力。经过20年的发展，锂离子电池和锂聚合物电池家族在重量和体积能量密度上有了显著的提高。在这里，我们展示了锂离子锰尖晶石和锂铁磷酸盐电池的实验室研究结果，在本章后面可以找到更多关于电池模块测试的信息。

已经建立了有关电池技术的综合研究计划，例如，由美国能源部管理的 ARPA-E 建立的电池技术综合研究方案。一些设想中的产品的重量能量密度有望提高 2~4 倍。

丹麦技术大学（DTU）建立了一个仿真模型来评估使用模式对电动汽车电池退化和寿命的影响。从用户的角度来看，与电动汽车电池相关的重要参数是电池容量、转化效率和剩余寿命。这些参数强烈依赖于一系列变量，如温度、放电深度（DOD）、充放电速率和充放电次数。这意味着电池使用与电池性能相互影响。模型中考虑了以下老化因素的影响：DOD、充放电次数、荷电状态（SOC）、充电速率、温度、温度循环测试和使用寿命。

DTU 开发了一个电池模块测试装置，用于测试 75Ah 8 电芯锂镍锰钴氧化物（NMC）柯咖姆电池模块和 50Ah 10 电芯磷酸铁锂（LFP）比亚迪电池模块。该装置用于测量电池模块和单个电池的阻抗，测试的结果作为电池模型的输入。通过观测发现，当电池模块中的单个电池由于严苛或长时间的运行而崩溃，电池电压下降到 0 V 时，崩溃的单个电池的阻抗将急剧增加。这意味着，尽管这种单个电池崩溃对电动汽车电池组的电气性能影响有限，但在电池组运行过程中，单个电池崩溃产生的局部发热可能导致过热，进而导致相邻电池的剧烈崩溃。这种潜在的安全隐患必须由电池组的电池管理系统（BMS）来应对和正确处理。

描述电池在运行过程中动态特性的等效电路（EC）模型，可以表示为一组常微分方程，并在精度和仿真速度之间取得很好的折中。针对等效电路模型的发展，本章提出了一种用于电池求解开路电压（OCV）随 SOC 变化的技术。等效电路模

开放电力市场下电动汽车并网技术

型结合了开路电压对 SOC 和 SOH 的数据以及电池阻抗的测量数值,提供了关于电池电压和 SOC 作为电池使用函数的实时信息,从而建立一个描述使用中电池退化和健康状态(SOH)的函数的模型,以及一个描述使用中电池模块的动态行为的函数模型。其目的是作为不同充放电模式的函数来了解未来电动汽车不同类型电池的整体性能。为了获得 NMC 电池和 LFP 电池模型的数据,本章对两种电池进行了化学测试。这些模型提供了不同电池性能方面的信息,例如:

- 不同化学电池随 SOC 变化的充放电电压/电流函数曲线;
- 不同充放电方式对电池全寿命周期和性能的影响。

9.2 电池建模和验证技术

如上所述,本章已经测试了两种电池的化学成分,分别是柯咖姆的 75Ah NMC 模块和比亚迪的 50Ah LFP 模块。在这里,我们将描述一些测试结果以及用于表征电池模块的测量方法。

在退化测试前,检测了两个电池模块的特性,在几个特定温度(典型的 0℃、23℃和 50℃)下的充放电循环、不同 SOC(典型的 25% SOC、50% SOC 和 90% SOC)和各种温度(典型的 0℃、23℃和 50℃)下测量的阻抗谱。在此,我们详细介绍了 NMC 电池模块的表征方法和一些表征测量手段。

9.2.1 背景

在过去的十年中,人们对用于交通运输领域的动力电池的兴趣迅速增加。由于电池性能受运行模式的影响很大,因此将电池退化描述为运行模式的函数非常重要。这是一个相当重要的任务,因为电池性能本身并不是一个可测量的量,而是包括了内阻、容量等几个方面。此外,该运行模式包括了 DOD、SOC、充电速率、温度和使用寿命等多个层面。

因此,有必要对电池模块进行详细的描述,以构建可靠的模型,包括模块的性能相关方面,如热力学、电化学反应动力学和退化机理。通过充放电曲线、温度测量和电池阻抗测量,可以得到这些方面的详细信息。充放电曲线可以用来测算电池的开路电压和内阻,温度测量可提供热力学反应的信息,阻抗光谱可提供反应动力学的详细信息。

通过微循环试验,在单一运行参数的情况下,可以对特定运行模式下的电池模块磨损进行分析,比如,在保持其他运行参数尽可能恒定时,允许温度轻微变化;又比如,保持充放电循环恒定。在每个系列微循环前后,可以测量电池和模块的内阻、容量和阻抗。通过这种方法,可以将电池模块磨损表示为各种运行条件下的函数,从而开发一个模型来预测由于更复杂的运行模式导致的模块磨损,正如 Safari 等人[1] 所描述的那样。

电池阻抗谱为研究电池内部发生的物理/化学反应动力学过程提供了重要的依据。因此,阻抗谱可以提供用于开发改进 SOH 模型的信息,以及描述电池电压

(或电流)如何响应电流(或电压)的变化[2, 3]。

测量电池的阻抗谱通常是非常耗时的,因为一些研究的电化学过程发生得非常缓慢。对于依次使用单正弦法测量单频率阻抗而言,情况更是如此。在量程内,利用时域方法(TDM)同时测量所有频率的阻抗是可能的。TDM测量能够精确分析的最小频率与测量时间[4]成反比。在高频下,TDM的测量精度受电压或电流扰动的时间分辨率以及电池产生的电流或电压响应测量的时间分辨率和精度的限制。通常,这将TDM能够分析的最大频率限制在100Hz以下。因此,将高频单正弦测量与低频TDM测量相结合,在较宽的频率范围内进行快速、准确的阻抗测量是值得关注的。

需要注意的是,多正弦技术[5]与单正弦测量[6]相比,可以将测量时间减少大约1/4。此外,像Zahner的"PAD4"这样的实际并联阻抗解决方案可以同时测量多个单电池的阻抗。不幸的是,用于多正弦和实时并联技术的设备通常比用于现有测量技术的设备更昂贵。

目前存在几种能将TDM测量转换为频域测量的技术[4, 7, 8]。Klotz等人最近开展了一项结合TDM和电化学阻抗谱(EIS)测量内阻大约为0.5Ω[9]的锂离子电池的研究。在这里,我们给出了结合TDM和EIS方法的测量结果,但是我们使用TDM方法同时得到了一个电池模块中8个单元的阻抗谱,大约为$1m\Omega$。

将TDM测量电路转换为频域使用的基于电阻和电容串联的4个RC电路的等效电路,其中RC是电阻和电容的并联。利用等效电路模型将阶跃电流为1.0A的过电压作为时间的函数进行建模,并将基于模型得到的电阻和电容值用于计算阻抗。RC电路的数量依据能够准确测量过电压的最小值来选择。

9.2.2 实验测试技术

以下测试的电池模块是由柯咖姆公司提供的SLPB125255255H_8S1P模块。该模块由8个具有NMC阴极和锂碳阳极的75Ah单电池串联组成。电池电解质由锂盐(如$LiPF_6$)、有机溶剂(如碳酸乙烯)、凝胶聚合物和优化性能/提高安全的添加剂组成。柯咖姆公司提供了这些通常被称为NMC电池的技术规范:最小放电电池电压为3.0V,标称电压为3.7V,最大充电电压为(4.15±0.03)V。该模块高29.3cm,宽27.5cm,长10.5cm。

用具有两个Keithley 7700插件和一个Keithley 7702插件的Keithley 2750系统连续记录电池模块电压、单个电池电压、电流和模块温度。利用放置在单元1和单元2之间的热敏电阻测量模块内部的温度,其中一个放置在距离顶部下方1.5cm处,另一个放置在距离模块一侧10cm处。

模块采用两个并联的Delta-Elektronika SM 60-100电源充电,以及一个EA9080-600负荷放电。运用电力继电器可将电源和负荷与主电路解耦(图9.1中未画出)。使用普通单正弦阻抗谱仪(Solartron 1252A)测量了模块和单电池的阻抗。使用Kepco BOP 50-4M将16 mA交流电流从Solartron提升到1A交流电流,当电流通过电流传感器 LEM LA-125 时，电流通过测量电阻 R_m，从而在 R_m 上产生电压降。将电压降除以流过电流传感器的电流，就得到了组合式电流传感器和 R_m 的"电阻"。用交流电流代替直流电流，我们可以通过 Solartron 1252A 的"V2"档来测量组合式电流传感器和测量电阻的阻抗值 Z_{LEM}。

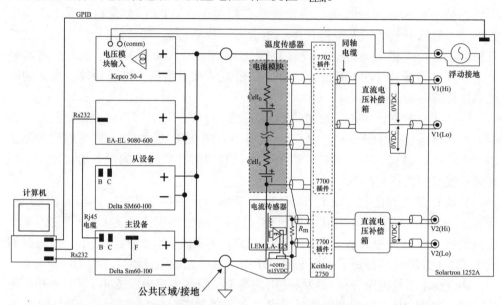

图 9.1 测试系统最重要部分之间的接线示意图（电源：Delta SM60-100；负荷：EA-EL 9080-600；电流传感器：LEM LA-125，测量电阻 R_m；频率分析仪：Solartron 1252A；多路复用器：Keithley 2750；电池模块：柯咖姆 SLPB125255255H_8S1P）

当电流流过电池模块将改变单个电池和模块整体的电压，此时可通过频率分析仪的"V1"档来测量具体数值。从 Solartron 到单电池电极的同轴电缆被一个 Keithley 2750 和两个 Keithley 7700 插件多路复用，使得自动化测量成为可能，而不需要移动阻抗电缆。

在阻抗测量之前，直流电压补偿箱被自动调整，以便消除模块或其中一个单元的直流电压。这意味着只有交流电压被转移到频率分析仪，以使用 Solartron 1252A 的 5V 共模抑制器，并最大化利用频率分析仪的灵敏测量范围。

V1/V2 是用频率范围为 2.6kHz~0.6MHz 的 Solartron 1252A 记录的。可得电池阻抗为

$$Z_{Bat} = \frac{V1}{V2} Z_{LEM} \tag{9.1}$$

在高频交流下，电源（Delta SM60-100）和负荷（EA-EL 9080-600）将有较大的误差电流流过，而不再是完美的恒流器。然而，电流传感器与电池模块是串联的，所以它只感知通过电池模块的电流。电池模块及其电池单元中产生的交流

电压是由施加于电池上的交流电流引起的。因此,阻抗测量不受负荷和电源泄漏电流的影响。

此外,也可采用模块和电池过电压的拉普拉斯变换来测量模块和电池的阻抗。在产生 1A 的阶跃电流后,将过电压作为时间的函数进行测量。数据采集持续 1h,每 2s 测一次。利用 Kepco BOP 50-4M 将阶跃电流应用于拉普拉斯测量。

模块充电容量测试采用的充放电曲线范围为制造商提供的最大充电电压到最小放电电压。我们定义当电池模块中的一个电池的电压在 $0.13C$ 达到 4.15V 时,模块就已完全充电,对应的充电电流为 $-10A$。完全充电电池模块的 SOC 定义为 100% SOC,完全放电电池模块(即当电池模块中的一个电池在 $0.13C$ 时达到 3.0V,即放电电流为 10A 时)定义为 0% SOC。

采用库仑计数法测定电池在 0%~100% 之间的 SOC 值;即减去充满电的模块的净电荷流量除以测量的模块电荷容量。

模块开路电压作为 SOC 的函数进行测量,使用的方法是 Abu-Sharkh 和 Doerffel 之前描述过的,他们将该方法应用于高充电速率[10]下的开路电压快速测量。在这里,我们通过包含从 100% SOC 到 0%SOC 的一系列放电步骤和从 0%SOC 到 100% SOC 的一系列充电步骤组成的充放电循环来测量比较开路电压与 SOC。每一步骤持续 6min,包含 5min $0.13C$(即在 $-10A$ 或 10A)和 1min $0C$(即在 0A)充电或放电过程。在充电和放电步骤中的 $0C$ 阶段,被用于确定开路电压和 SOC 的比较结果。下面将对此进行更详细的描述。

如果电池多次循环而没有达到可以重新校准 SOC 的完全充放电状态,非理想库仑效率可能会导致这种类型的测量积累巨大的误差。这里,我们给出了一个从 100% SOC 到 0% SOC 再到 100% SOC 的充放曲线。这个 SOC 定义没有完全考虑随时间的自放电。然而,在进行任何退化试验之前,应了解模块的自放电约为 1mV/天,但在这里给出的持续约 20h 的充放电曲线中被忽略。

1. 电池模块的测量

在整个充放电周期内,测量电池模块温度和电压随时间的变化,如图 9.2 所示。在循环充放电之前,以 6min 为步长,将模块充电到 100% SOC。在每个步骤中,电池首先以 10A 电流充电 5min,然后在 1min 内将电流减少到 0A。只要模块中 8 个电池的其中一个达到最大充电电压 4.15V,充电电流将关断,并定义当前的 SOC 为 100%。

紧接着,将模块以 10A 电流放

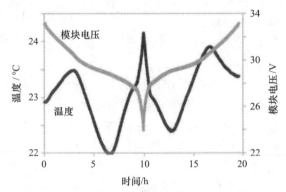

图 9.2 75Ah NMC 电池模块充放电周期内测得的电压和温度随时间变化的函数曲线

电 5min，然后将电池电流设为 0A 保持 1min，重复这一过程，直到模块中 8 个电池中的任何一个达到 3V。在此之后，用 10A 和 0A 分别对模块进行 5min 和 1min 的充电，直到 8 个电池中的任何一个达到 4.15V（100% SOC）。

电池容量的测量方法是用放电电流乘以持续总时间。当环境温度为 22℃时，电池模块的总容量为 75.3Ah。由于预充电需达到 100% SOC，在充放电循环开始时电池模块的初始温度将高于环境温度。注意电池在放电的前 3h 是如何升温的，随后又是如何降温的。这被认为是由于 Li-C 阳极结构转变引起的熵变化和 NMC 阴极的相变化[7, 8, 9, 10]。

模块电压作为 SOC 的函数曲线如图 9.3 所示。灰色线表示的是 0.13C 下 5min 内的模块电压。图中的黑点表示刚好在 1min 周期结束前 0C 下的模块电压。根据 Abu-Sharkh 和 Doerffel[10] 的描述，可以得到给定 SOC 下的开路电压估计值为上黑点和下黑点的平均电压。如果 0C 的周期足够长，模块电压将会松弛，直到达到开路电压。图 9.3 中的细黑线显示了这个计算的开路电压估计值。用灰点表示充放电电压与 SOC 之间的差值。在充放电步骤中电流中断 1min 之前立即测量电压。在图中，模块温度也用一条粗黑线表示为 SOC 的函数。

在 90% SOC 下测量模块阻抗，可采用基于 Solartron 1252A 的普通单正弦测量仪和拉普拉斯变换过电压曲线。阶跃电流为 1.0A 后，过电压作为时间的函数曲线如图 9.4 所示。过电压的测量频率约为 0.5Hz，持续 1h。

图 9.4 中模型的过电压标准是 3 倍的。首先，模型应尽可能地在时域内拟合数据。从图 9.4 的插图

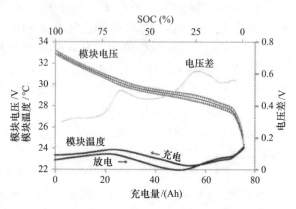

图 9.3　75Ah NMC 电池模块的充放电曲线。充放电曲线由一系列的放电步骤和充电步骤组成。每一步需要 6min：0.13C 时 5min，0C 时 1min。灰色线表示 0.13C 时的模块电压。黑点表示 0C 时模块电压。细黑线表示从黑点计算出的 SOC。灰色点表示上下灰线之间的电压差。黑色粗线表示模块温度

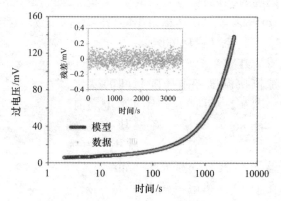

图 9.4　在 75Ah NMC 电池模块上测量到的是 1.0A 电流下随时间变化的过电压函数曲线。灰色点为实测数据。黑色线是过电压的模型。插图显示了模型与实测数据的残差。利用该模型推导了电池模块的低频阻抗

中可以看出，测量数据与模型数据之间的残差确实是由所选择的模型来实现的。其次，应该可以将模型解析地转换到频域中。第三，该模型应提供与单正弦测量值一致的阻抗数据。我们没有给过电压模型中的单个变量赋予物理意义。然而，模型中电阻和被描述为电池模块的内阻，如下所示。

由等效电路 $R_s C_{bat} (RC)_1 (RC)_2 (RC)_3 (RC)_4$ 得到过电压模型，其中 R 为电阻，C 为电容，(RC) 为电阻与电容并联，R_s、C_{bat} 和 $(RC)_{1-4}$ 串联。如下面"讨论的结果"部分所示，(RC) 电路的数目被选为满足上述第一个标准的最小数目。

时域电流可以写成 $I(t) = I_0 u(t)$，其中 I_0 为电流幅值（即 -1.0 A），$u(t)$ 为阶跃函数，$t<0$ 时为 0，$t \geq 0$ 时为 1。$I(t)$ 的拉普拉斯变换是 $I(s) = I_0/s$，$s = j\omega$，j 是复数单位，ω 是角频率。频域（或 s 域）上的过电压 $U_m(s)$ 为 $I(s)$ 与等效电路阻抗 $Z_m(s)$ 的乘积，即

$$U_m(s) = I(s) Z_m(s)$$
$$= \frac{I_0}{s} \left(R_s + \frac{1}{sC_{bat}} + \frac{R_1}{1+sR_1C_1} + \frac{R_2}{1+sR_2C_2} + \frac{R_3}{1+sR_3C_3} + \frac{R_4}{1+sR_4C_4} \right) \quad (9.2)$$

时域 $U_m(t)$ 的过电压为 $U_m(s)$ 的拉普拉斯逆变换：

$$U_m(t) = u(t) I_0 \left\{ R_s + tC_{bat} + R_1 \left[1 - e^{-t/(R_1C_1)} \right] + R_2 \left[1 - e^{-t/(R_2C_2)} \right] \right.$$
$$\left. + R_3 \left[1 - e^{-t/(R_3C_3)} \right] + R_4 \left[1 - e^{-t/(R_4C_4)} \right] \right\} \quad (9.3)$$

将 $U_m(t)$ 模型与图 9.4 中的数据拟合，赋值给 $U_m(t)$ 表达式中的变量；也就是说，最小化误差和：

$$\text{Err} = \sum_{t_n} \frac{1}{t_n} (U_m(t_n) - U_d(t_n))^2 \quad (9.4)$$

式中，t_n 为记录第 n 个测量点时阶跃电流开始后的时间。$U_d(t_n)$ 为图 9.4 所示的数据点。

计算 Err 时采用 $1/t_n$ 的权重因子，使所涉及变量的权重尽可能均衡，从而稳定设置例程的转换：假设 $(RC)_1$ 主要对 0.1~0.01Hz 的阻抗谱部分进行建模，$(RC)_4$ 主要对 0.001~0.0001Hz 的阻抗谱部分进行建模。这意味着 $U_m(t)$ 从 10~100s 的测量主要通过 $(RC)_1$ 来建模，$U_m(t)$ 从 1000~10000s 的测量主要通过 $(RC)_4$ 建模[暂时忽略我们只测量了 3600s 的 $U_m(t)$]。$U_m(t)$ 是大约每隔几秒测量，因此 45 个测量结果是从 10~100s 获得，4500 个测量结果是从 1000~10000s 获得的。这意味着

$$\sum_{t_n=10s}^{110s} \frac{1}{t_n} \approx \sum_{t_n=1000s}^{10000s} \frac{1}{t_n} \approx \frac{1}{2} \ln(10) \quad (9.5)$$

这意味着$(RC)_1$和$(RC)_4$中的变量在最小化表达式［即（式9.4）］中权重近似相等。

为了稳定建模例程，我们使用由式（9.3）推导出的关系式确定R_s的值：

$$R_s = \frac{U_m(t_1)}{I_0} - t_1 C_{bat} - R_1\left[1-e^{-t/(R_1C_1)}\right] - R_2\left[1-e^{t/(R_2C_2)}\right] \\ - R_3\left[1-e^{-t/(R_3C_3)}\right] - R_4\left[1-e^{-t/(R_4C_4)}\right] \tag{9.6}$$

式中，$U_m(t_1)$为t_1时刻测得的过电压；t_1为阶跃电流开始后第一次测量过电压的时间。

利用拟合例程得到的剩余变量C_{bat}、R_1、C_1、R_2、C_2、R_3、C_3、R_4、C_4的值计算$Z_m(s)$，计算结果如图9.5［图例：4（RC）］所示，同时用单正弦测量法测量电池模块阻抗。从图中可以看出，这两种方法产生的数据在60mHz以下相当准确。在60mHz以上，拉普拉斯方法测量值（未给出）越来越偏离单正弦测量值，这可能是由于有限的数据采集频率。图中还显示了通过使用具有1、2和3（RC），分别与一个电容和一个电阻串联的等效电路建立的过电压模型中获取的$Z_m(s)$。

为了测量模块中单个电池的电极动力学变化，我们测量了电池模块中单个电池的阻抗谱。正如我们对图9.5所示的电池模块阻抗谱的测量方法一样，用单正弦测量方法和TDM测量方法测量了电池模块阻抗谱。为了确保使用式（9.6）中的表达式对拟合例程进行稳定的转换，使R_s固定不变。得到的阻抗数据如图9.6所示。

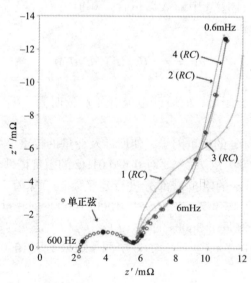

图9.5 在75Ah NMC模块上测量阻抗。用单正弦法和1、2、3、4（RC）的拉普拉斯法［式（9.3）］测量阻抗。用纯黑色标记显示的单正弦测量值表示频率为几十赫兹

第 9 章 电动汽车电池的运行和退化问题

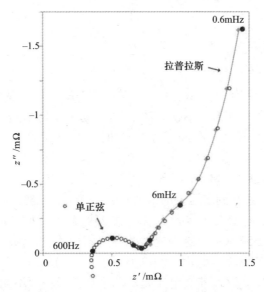

图 9.6 在 75Ah NMC 模块上测量单个电池的阻抗。用单正弦法和拉普拉斯法测量了阻抗。用纯黑色标记显示的单正弦测量值表示频率为几十赫兹。这两种方法在 60mHz 以下的频率上重叠得相当好

2. 讨论的结果

讨论阶段的第一部分研究了图 9.2 和图 9.3 中所示的电池模块的热行为。

电池模块的放热/吸热行为的变化被认为是由于 Li-C 正极结构转变引起的熵变和 NMC 正极相变[11, 12, 13, 14],进而导致了所观察到的电池模块内部温度的变化。电池温度的两个局部极小值(见图 9.3)的示意图说明了图 9.7 中的内容。在 SOC_2 处,电池中电化学过程的熵值将改变符号。电化学过程产生的热功率 P_e 可以描述为

$$P_e = \frac{I}{nF} T \Delta S \quad (9.7)$$

式中,I 为电流(A);n 为参与电化学过程的电子数;F 为法拉第常数;T 为温度;ΔS 为熵变。请注意 P_e 会随着电流的变化而改变符号。电流通过电解质时产生的焦耳热为

$$P_J = R_i I^2 \quad (9.8)$$

式中,R_i 为电解质电阻。P_J 在充放电时均为正。单位时间内电池温度的变

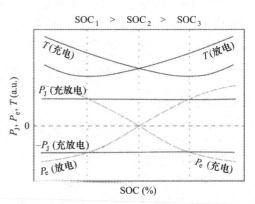

图 9.7 通过焦耳热和电化学过程的熵变化描述了电池充放电过程中观察到的局部温度极小值,如图 9.3 所示。电池温度的局部最大值可以用类似的方法描述

化可以描述为

$$\frac{dT}{dt} = \frac{P_e + P_J}{C_p} \tag{9.9}$$

式中，C_p 为电池的热容。在 SOC_1 处，放电时 $-P_e = P_J$。在 $SOC>SOC_1$ 处，放电时 $P_e+P_J<0$，电池冷却。在 $SOC<SOC_1$ 处，放电时 $P_e+P_J>0$，电池发热。在 SOC_3 处，放电时 $-P_e = P_J$。在 $SOC< SOC_3$ 时，充电时 $P_e+P_J<0$，电池冷却。在 $SOC>SOC_3$ 处，放电时 $P_e+P_J>0$，电池发热。

利用图 9.2 所示的模块电压计算如图 9.3 中的灰点所示的充放电电压差。在这里，两个地方可以观察到电压差的最大值：一个在约 25% SOC，一个在约 75% SOC。电压差随电阻的增大而增大。当电池模块温度达到局部最小值时，电压差的局部最大值约为 25% SOC。这种内阻的温度依赖性也在预料之中，并且可以用热激活电极反应[14]来解释。然而，当电池温度达到局部最大值时，电压差的局部最大值约为 75% SOC。这意味着电压差的两个局部极小值不能用热活动的简单方法来解释。

讨论阶段的下一部分将检查阻抗测量，并提供电池内阻的表达式。

如上所述，与拉普拉斯方法相比，单正弦方法在高频时精度最高，但在低频时则较差。使用单正弦技术，频率降低到 0.6mHz 则需要大约 30h 来测量 8 个电池和模块的阻抗谱，而采用拉普拉斯技术只需要 1h。剩下的从 60mHz~2610Hz 采用单正弦方法测量 8 个电池加模块只需要不到 30min。出于这个原因，在整个频率范围内，两种测量技术结合能够在确保良好的精度下加快数据采集。因此，在当前的示例中，与普通的单正弦测量相比，可以将数据采集时间缩短到原来的 1/20。

式（9.3）描述了由于阶跃电流，电池电压随时间的变化情况。如果阶跃电流的幅值足够小，电池充电或放电足够长时间，我们可以忽略瞬态，同时忽略 SOC 变化引起的阻抗变化。然后，式（9.3）可约简为

$$U_m(t) = u(t)I_0(R_s + tC_{bat} + R_1 + R_2 + R_3 + R_4) \tag{9.10}$$

这意味着在充放电过程中，同一 SOC 下测得的电池电压差 ΔU 可由式（9.10）得到

$$\Delta U = U_m^c(t) - U_m^d(t) = 2I_0(R_s + R_1 + R_2 + R_3 + R_4) \tag{9.11}$$

式中，$U_m^c(t)$ 和 $U_m^d(t)$ 分别为充电和放电时在同一 SOC 下测量的电池电压。因此，内阻作为 SOC 的函数可以通过一个非常慢的恒流充放电曲线 $\Delta U/2I_0$ 来测量。

在式（9.3）中，（RC）电路的数量被选择为尽可能少，以便在测量过电压和模型过电压之间提供良好的拟合。电池内阻 R_i 的一般表达式为

$$R_j = R_s + \sum_{n=1}^{N} R_n \tag{9.12}$$

式中，N 为（RC）电路的数量。

我们在图 9.4 中对过电压进行了建模，其表达式与式（9.3）类似，但是分别使用了 1（RC）、2（RC）、3（RC）和 4（RC）；也就是 N = 1、2、3、4。从图 9.4 可以看出，测量到的过电压与计算到的过电压的差值随 N 的增加而自动减小。与此一致的是，随着（RC）电路数量的增加，单正弦法测量和拉普拉斯法测量形成的重叠越来越大，如图 9.8 所示。

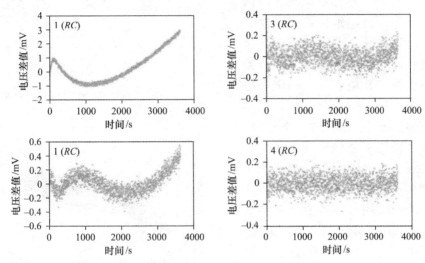

图 9.8 测量到的与计算出的过电压残差如图 9.4 所示，其表达式类似于式（9.3），但具有不同数量的（RC）电路。4（RC）的图形与图 9.4 中的插图相似。对应的阻抗谱如图 9.5 所示

在理想情况下，式（9.12）给出的内阻应该渐进地转换为模型中不断增加的（RC）电路的给定值。模型的 R_i 值如表 9.1 所示。模型电路的最小特征频率也如表所示。在 0.28mHz 的特征频率下，进行 1h 的过电压测量，可以发现特征频率的表值与该频率相当，甚至小于该频率。

表 9.1 内阻和最低特性频率与（RC）电路数量的函数关系

（RC）电路数量	R_i/mΩ	ω_0/mHz
1	12.3	2.5
2	15.9	0.31
3	17.7	0.18
4	19.4	0.13

精确地测定 R_i 要求过电压测量时间明显长于 RC 模拟的瞬态特征时间。如果一直这样，ω_0 的倒数将小于测量时间。同时，引起过电压的阶跃电流必须足够小，以保证电池阻抗的稳定测量；也就是说，在过电压测量过程中，由于 SOC 的变化而引起的电池阻抗的变化可以忽略不计。

在给出的示例中，至少第一个需求没有完全满足，这解释了为什么 R_i 不收

敛。然而，给出的示例证明了 R_i 如何测量的原则。

9.2.3 电池模块退化

实验工作的目的是对 NMC 和 LFP 电池模块进行表征。这可以通过一系列的微循环测试来实现。微循环测试是允许电池模块的一个运行参数轻微变化，同时尽可能保持其他运行参数不变的测试。通过测量电池模块的充电容量、内阻和阻抗随微循环测试的变化，可以识别出严重磨损电池模块的工作条件。此外，可以使用微循环创建一个模型，从而基于电池使用历史来预测电池磨损，正如 Safari 等人所描述的[1]。图 9.9 显示了一个微循环测试的例子。其中在 40℃下，将 50A 施加在 NMC 电池模块，共测试了 238 次微循环。

238 次微循环前后测得充放电曲线。从图 9.10 可以看出，由于微循环，模块的充电容量明显下降。由于 238 次微循环的存在，内阻也有所增加，因为在给定 SOC 下，充电电压和放电电压之间的电压差在循环之后比循环之前更大。内阻可通过给定 SOC 下的充电电压与放电电压之差，除以充电电流与放电电流之差来测量，如 9.2.2 节所述。

对 LFP 模块进行了类似的微循环测试（见图 9.11）。在 20℃、25A 下测试了 172 次微循环。随后用充放电循环对该模块进行了表征。从图 9.9 的阻抗谱可以看出，在微循环试验中阻抗增大。在微循环测试之前和之后，分别在模块的两个电池上测量了光谱，并在 23℃下测量了

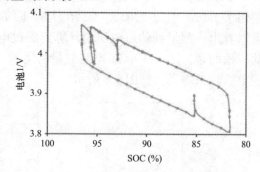

图 9.9 NMC 电池模块中单个电池的微循环；在 40℃和 50A 下进行 238 次微循环

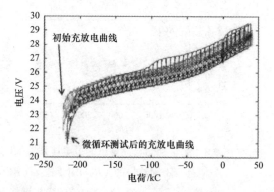

图 9.10 NMC 电池模块在 238 次微循环前后的充放电曲线如图 9.9 所示。灰色曲线为微循环试验前的充放电曲线，黑色曲线为微循环试验后的充放电曲线。交叉显示为充放电周期后 1min 休息期内的电池电压。注意电池容量是如何减少的，内阻是如何增加的，特别是在较高的 SOC（高电压）下

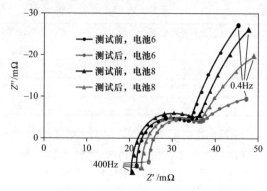

图 9.11 在比亚迪模块的两个电池上进行 172 次微循环前后的阻抗谱（频率范围为 1~400Hz）。

90% SOC 下的光谱。通过对两个电池模块的微循环测试得到的数据，可以作为实验输入，构建电池模型。

9.2.4 试验设置和结果

用于电池测试的实验室试验台由一个 LFP 电池组组成，其中每个单元电池的标称电压为 3.2V、容量为 40Ah。电池管理系统（BMS）用于监测电池组中的电池状态，包括电压、电流、温度和 SOC。充电过程由三相充电器控制。在电池过电压、欠电压、过热等情况下，BMS 向充电器发送报警信号。然后充电器会自动降低充电电流或电压，最终停止充电过程。

电池的放电过程由具有手动或可编程功能的电子负载来控制。电子负载最常用于 CC 模式。在这种模式下，电流只在开始时调整，然后保持不变，直到测试结束。最小电压条件也可以用来保护电池。整个测试设置如图 9.12 所示。

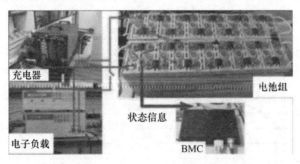

图 9.12　电池表征的实验室配置

此外，一个温度探头和几个热敏电阻可用于监测测试期间电池组中不同单元电池的温度。采用 PC 软件以微小的分辨率实时记录电池状态数据。

温度测量

采用图 9.12 所示的电子负载，将电流固定为 40A，采用 CC 放电循环对 LFP 电池的温度特性进行了测量和记录。LFP 电池从 80%SOC 放电到制造商声明的最低推荐放电电压 2.5V。测试的环境温度设定为 22℃。从图 9.13 可以看出，温度在整个放电过程中呈线性上升，时长约 52min，最终电池温度约 37℃。

对同一块 LFP 电池进行了充电试验。电池充电采用电源设置的 CC 模式，充电电流 $0.5C$ = 20A。电池从 20% SOC 充电到电池的最大充电电压 4.25V。测试在环境温度为 23℃下进行。结果如图 9.14 所示。

图 9.14 显示了充放电过程中相似的温度特征，在约 140min 后获得最终温度约 36℃。进一步的测试包括电池开路电压测试。由图 9.15 可以看出，充放电时的安培小时值是不同的。这种差异定义了电池充电效率

$$\eta = \frac{\int I_{\text{discharge}} \text{d}t}{\int I_{\text{charge}} \text{d}t} \quad (9.13)$$

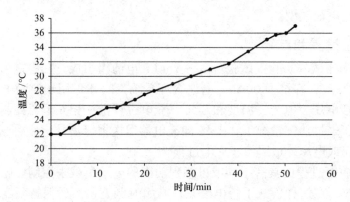

图 9.13 设定环境温度为 22℃，LFP 电池以 1C 速率放电时的温度

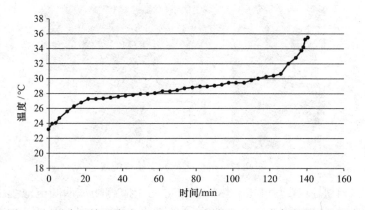

图 9.14 设定环境温度为 23℃，LFP 电池以 0.5C 速率充电时的温度

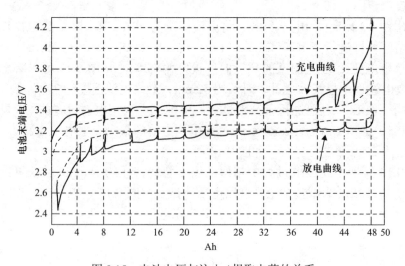

图 9.15 电池电压与注入/提取电荷的关系

9.3 电动汽车电池的热效应与退化

本章的工作是基于对一个模型的研究，旨在更好地理解电动汽车电池的性能和退化效应，其中热效应是核心。该模型将被用作一个仿真工具，以及一个关于退化影响的数据收集系统。

该模型的目的是包括可通过退化测量来量化的降解效果，并能够研究 V2G 运行对电动汽车电池寿命和性能的影响。对这类操作也做了初步分析。

9.3.1 电池退化引言

对电动汽车电池作为缓冲或存储单元在电力系统中的应用前景进行了描述和研究。这就提出了一个问题，即这将如何影响电池寿命，对此，在评估使用模式对电动汽车电池退化、寿命和性能的影响时，仿真模型显得非常有用。

从用户的角度来看，与电动汽车电池相关的重要参数包括剩余能量容量、剩余寿命和效率。这些参数非常依赖于许多变量，如温度、DOD、充放电速率和循环次数。所有这些影响，以及其他一些影响，以一种复杂的方式叠加起来，催生了所观察到的电池性能。

这意味着电池的使用影响了电池性能，反之亦然，这里展示的工作旨在建立一个模型，以便能够更进一步地研究退化效应，其中热效应是核心。该模型包含一个用户界面，旨在充当一个仿真工具，以及一个关于退化影响的数据收集系统。

9.3.2 理论背景

参考文献 [16，17] 中已经建立了单个电池能量容量衰减和内部阻抗增加的模型。这些参数是使用电池寿命的关键指标，并依赖于充电/放电率（C-rate）、DOD、温度、充放电循环的数量等因素。

导致退化的物理过程在很大程度上与电池电极有关。充放电过程导致电极内部的相变化，而相变化又导致体积变化不均匀。这些体积变化导致微观孔隙和裂纹，进而导致整体电极接触面积的减少。这就是观察到的容量衰退和电池内阻增加。由于不同相之间热膨胀系数不同，温度变化往往会产生相似的影响。本模型考虑了以下老化效应：

- DOD；
- 周期数；
- SOC；
- C-rate；
- 温度和温度循环；
- 时间。

基于一个电池退化机理，单个循环的循环数和 DOD 相互关联。为了对此建模，在模型中应用了一种所谓的雨流量计数算法[18]。该算法根据 DOD 的要求对充电周期进行计数和排序，然后根据每个周期确定一个寿命消耗权重因子。

在计算退化机理时，传统的退化估算方法是雨流量计数算法。当对象为电池时，退化机理相似[19]，因此，这种方法有望提供一个真实的退化过程。

热特性

电动汽车电池的热模型的建立，需要确定单个电池的热特性。因此，对锂离子电池进行了测试，以确定其热性能。这是通过在电池的一侧放置电阻热源，并在电池的另一侧测量瞬态温度响应来实现的。然后根据测量结果对仿真模型进行校准，得到相关值。

电池（或电池组的集合）的热特性的相当准确的描述如下：

$$mC\frac{dT}{dt} + \frac{1}{R_{th}}(T - T_a) = P \quad (9.14)$$

式中，m 为电池质量；C 为电池材料的热容量；T_a 为环境温度；P 为电流 I 通过内阻 R_i 在电池内部耗散的功率：

$$P = I^2 R_i \quad (9.15)$$

式中，R_{th} 是电池（或电池）内部与环境之间的热电阻（K/W）。计算 R_{th} 的值不是一项简单的工作，但它可以归因于电池材料的电阻以及电池表面与环境之间的热电阻。对于通过壁材料的热量，R_{th} 为

$$R_{th} = \frac{d}{\lambda A} + \frac{1}{hA} \quad (9.16)$$

式中，d 是壁厚；λ 是壁材料的导热系数；A 是表面积；h 是表面的传热系数。

求解式（9.14）得到指数方程。环境温度或电池耗散功率的变化将导致瞬态响应，其温度分布指数接近稳态值：

$$T(t) = \exp\left(\frac{-t}{\tau}\right)(T_0 - T_\infty) + T_\infty \quad (9.17)$$

式中，T_0 为初始温度；T_∞ 为稳态温度；参数 τ 为热时间常数，取决于电池的材料参数和几何形状。检测电池的导热系数 $\lambda \approx 0.4 W/(m \cdot K)$，以及热容量 $C \approx 1400 J/(kg \cdot K)$。对于单个电池的类型测试，将得到一个时间常数的范围

$$\tau \sim \frac{\rho C}{\lambda}\left(\frac{Vd}{2A}\right) \approx 1h \quad (9.18)$$

式中，ρ 是电池材料密度。电池的几何形状由体积 V、表面积 A 和电池厚度 d 决定。对于大量收集的电池，时间常数变得更长，这意味着在"正常"电动汽车运行期间通常不会达到热平衡。因此，在热描述电池时，瞬态模型是必不可少的。图 9.16 显示了如何调整热模型以适应测试结果，从而确定电池的热特性。

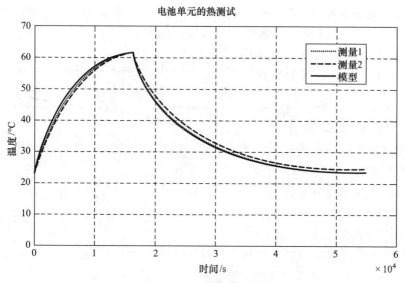

图9.16 锂离子电池热响应测试与计算对比

模型的热力部分采用有限差分法,电池置于二维阵列中。每个电池构成一个热元件,如图9.17所示。这意味着单个电池内可能的热点不包括在分析中。

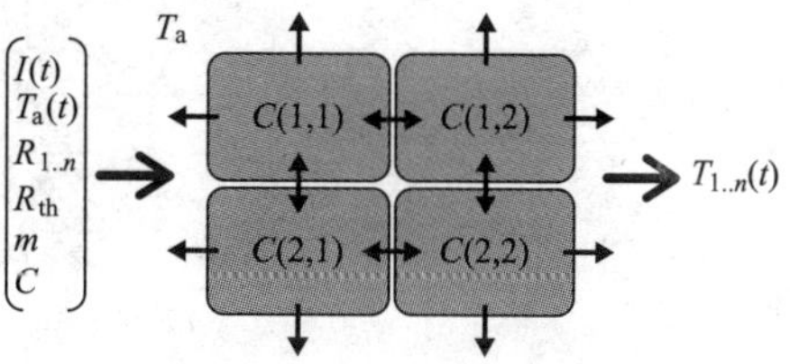

每个电池被视为具有一定热容和热导率的均匀介质。由于具有一个几毫欧姆范围内的内阻 R_i,每单元电池还假定包含一个均匀的热源耗散功率。

除了内阻引起的焦耳加热,可逆的加热效应也可以考虑进去[20]。单位质量的可逆热量是

图9.17 二维阵列中电池间的热交换

$$q_{rev} = T\Delta S = nFT\frac{dV_{oc}}{dT} \tag{9.19}$$

式中,n 为每个反应物分子中的电子数;F 为法拉第常数(C/kg);T 为温度;V_{oc} 为开路电压。根据电池的类型,dV_{oc}/dT 可以是正的,也可以是负的;如果 $dV_{oc}/dT>0$,充电时会加热,放电时会降温。通过测量 dV_{oc}/dT,可以在实验中发现可逆加热效应的大小,但在充电速率大于 $1C$ 时,与不可逆(焦耳)加热效应相比,可逆加热效应通常可以忽略不计。

电池电压已由开路电压 V_{oc} 减去温敏内阻的电压降来建模,而 V_{oc} 可用 Nernst 方程 [式(9.21)][20] 计算:

$$V_{cell} = V_{oc} - IR_i(T) \tag{9.20}$$

$$V_{oc} = E_0 = \frac{RT}{nF}\ln\left(\frac{A_p}{A_r}\right) \tag{9.21}$$

式中，E_0 为电池特异性常数；R 为气体常数；变量 A_p 和 A_r 分别为化学产物和反应物的活性产物。如果反应产物与 SOC 之间存在线性关系，由此得到 SOC 与开路电压之间的关系如图 9.18 所示。

9.3.3 退化效应建模

模型的热工部分集成在主程序中。主程序由一个时间回路组成，在每个时间步长中计算电性能、降解效果和热工性能。图 9.19 显示了模型的图形表示。除热、电参数外，主要输入有充放电电流分布和环境温度分布。

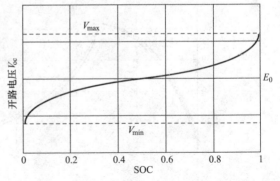

图 9.18　开路电压随 SOC 水平的变化情况

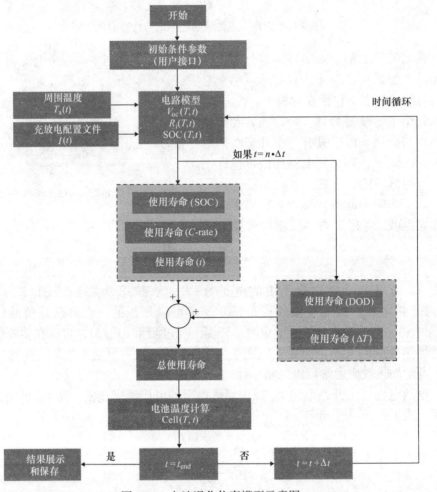

图 9.19　电池退化仿真模型示意图

第9章 电动汽车电池的运行和退化问题

由于热效应,特别是退化效应,具有相当长的时间尺度,因此一个相对较大的时间步长,例如,5min 将提供足够的时间分辨率,以准确捕捉动态效应。

时间循环包含一个基于等式的退化效果描述,并将前面提到的雨流量计数算法作为中心部分。雨流量的计算是相当费时的,因此,它只是在一定的时间间隔被激活。

退化被认为会导致电池容量降低和内阻增加。除了 SOC 循环和热循环的退化影响外,C-rate 本身也被认为具有退化作用。这在一定程度上可能是由于电极的局部加热效应,导致不均匀热膨胀引起的机械退化。

认为时间本身具有退化作用的假设,应该更多地看作是承认这样一个事实,即所有退化作用都以复杂的方式共同起作用,在某种程度上,甚至在电池处于空闲状态时也在发生。

通常,寿命的结束与容量下降到初始值的 80% 有关。在一段有代表性的时间(例如几个月)内模拟典型的使用模式,并观察相应的电池容量减少,将使推断成为可能寿命的结束,从而建立了使用模式和电池寿命之间的联系。Chaturvedi 等人[21]对关于电池模型的问题进行了详细的研究。

模型描述及使用

电池模型已在 MATLAB 中实现,并包含图形用户界面。主用户界面如图 9.20 所示。

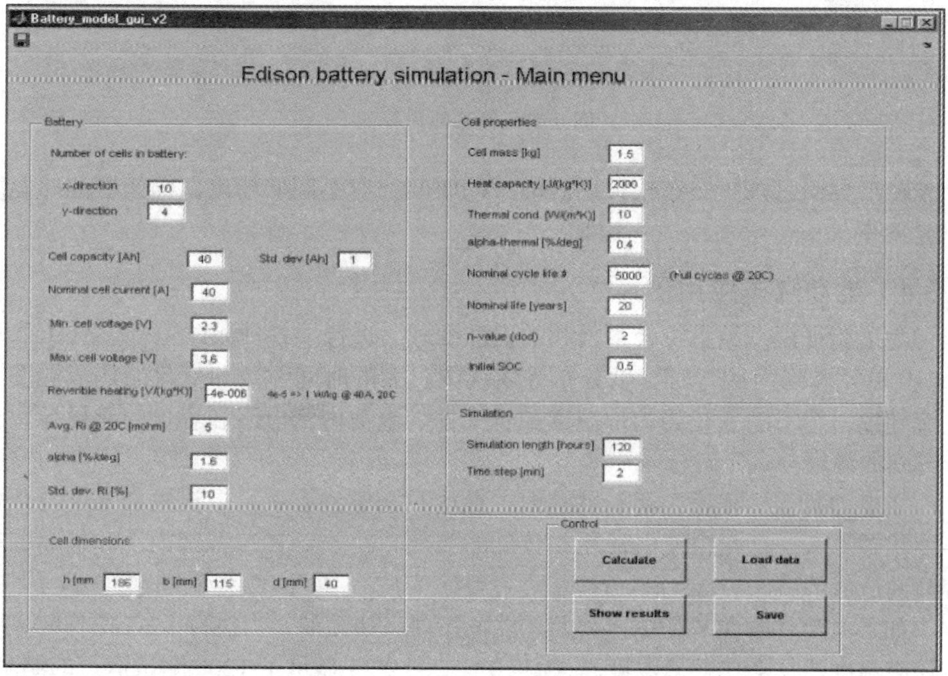

图 9.20 仿真模型的主用户界面

主菜单允许更改各种参数和仿真设置。这包括单个电池特性之间的统计差异,如内阻和充电容量。

该程序允许用户加载预定义的充放电配置文件。用户还可以在主菜单中设置仿真长度。如果仿真长度大于充放电配置文件,程序将重复该配置文件,直到仿真时间结束。使用 2min 的模拟时间步长,在笔记本电脑上计算 120h 的模拟序列需要几分钟。输出窗口允许显示仿真结果,如图 9.21 所示。

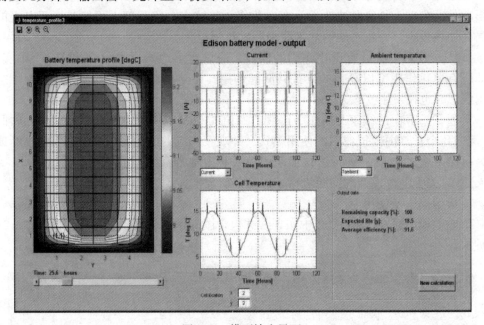

图 9.21　模型输出界面

输出界面允许用户在模拟期间的不同时间查看不同的输出,例如电池的温度配置文件。

9.3.4　电动汽车应用仿真

为了验证模型结果符合逻辑和常识性推理,进行了各种测试运行。图 9.22 为 4×10 单元阵列内运行时温度分布等值线图。大的时间常数和变化的环境温度与电流导致一个不断变化的内部温度配置文件。电池内部电阻和容量的差异导致整个阵列的温度分布不对称。

当电池处于"正常"运行状态时,放电只与驱动有关,电池内部温度与环境温度相差不大。这是由于电池相对较低的损耗(在 5%~10% 范围内)和较高的热容共同造成的。

如果电池暴露在一个更连续的充放电序列中,如预期,当执行 V2G 操作时,电池核心温度往往会比环境温度高 5%~10℃。图 9.23 显示了 120h 测试运行的结果。模拟的充放电模式是混合驱动和 V2G 运行的结果。

第 9 章 电动汽车电池的运行和退化问题

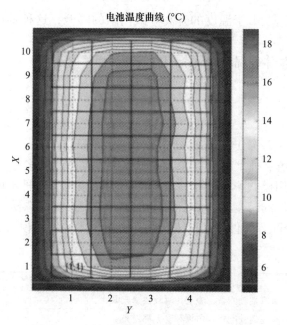

图 9.22 电池阵列内部温度分布等值线图

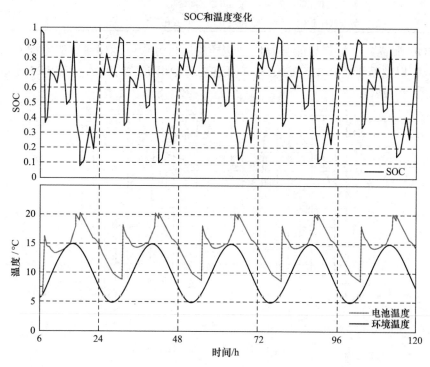

图 9.23 混合驱动和 V2G 运行的电动汽车电池 SOC 和核心温度仿真图

仿真结果表明，由于温度的升高导致内阻的降低，这种半连续的操作可以提高整体效率。

用户体验的整体表现由以复杂的方式密切相关的若干重要参数决定：
- 充电容量；
- 最大功率；
- 效率；
- 电池退化（寿命）。

这里给出的仿真模型可以更深入地研究这些关系，但这还有待完成。

为了得到使用模式影响的指示性结果，本章模拟了 5 种不同的充放电配置文件。每个配置文件的长度为 24h，但是重复了 7 次，使得总模拟长度为 168h。表 9.2 中列出了 5 个配置文件，通过人为制作以显示不同使用模式的影响。

表 9.2　试验模拟配置文件

配置文件	描述
1	工作 - 家庭驾驶配置，晚上相对较快速充电
2	工作 - 家庭驾驶配置，白天和晚上都慢充
V2G1	V2G1 与 2 相同，但 V2G 运行导致中间时间内 SOC 在 ±0.15 之间变化
V2G2	V2G2 与 V2G1 相同，但 SOC 在 ±0.2 之间变化
V2G3	V2G3 与 V2G1 相同，但 SOC 在 ±0.25 之间变化

SOC 配置文件仿真只能被看作是这样的运行方式可能如何影响电池寿命的粗略表征，以及基于解析的全面仿真如何进一步做出贡献的展示。图 9.24 显示了配置文件 2 和 V2G1。

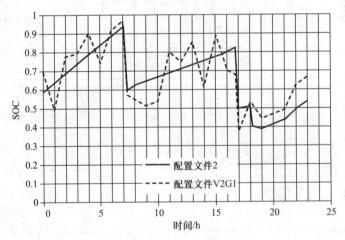

图 9.24　两个仿真 SOC 配置文件

模拟电池包含 40 个电池单元，每个单元电池的容量为 40 Ah。100% DOD 的循环寿命设定为 5000 次。表 9.3 列出了 5 次试验模拟的结果。它显示了 V2G 操作显著降低了电池寿命,这并不奇怪,因为它导致了部分循环次数的增加。与快速充电相反,慢速日夜充电的影响是增加了预期寿命。这是因为它降低了总充电速率 C 和 DOD 水平。

表 9.3 试验模拟结果

配置文件	1	2	V2G1	V2G2	V2G3
预期寿命/年	19.8	27	14	10.7	9.7
效率(%)	90.8	94.1	91.4	94.8	95.5

提高 DOD 水平会缩短电池寿命的影响,也可以在 V2G 模式下增加 SOC 变化的大小会显著缩短寿命的事实上看出来。

配置文件 2 的电池总效率高于配置文件 1。这并不令人惊讶,因为 DOD 和 C-rate 在充电期间都低于配置文件 2。但令人惊讶的是,这三个 V2G 配置文件的趋势正好相反。超过某一点,更大的 SOC 循环似乎会导致更高的效率。这种行为可以解释为,或多或少的连续运行导致更高的电池温度,从而降低内阻。这些例子说明了这种相互关联、有时相互抵消机制系统的复杂性和仿真模型的实用性。

1. 电动汽车电池的热管理

随着温度的降低,内阻的增加会降低电池的整体效率,但也会降低电池在低温下的输出功率。除此之外,电池容量也随着温度的降低而减小,导致行驶里程的缩短。因此,考虑电动汽车电池的温度控制是否能带来更好的性能似乎是相关的。

在寒冷地区,温度控制可以通过绝缘电池和安装可控循环系统并与周围空气进行交换来实现。根据 Al Hallaj 等人的研究[12],锂离子电池温度从 +20℃降低到 -10℃将导致电池容量下降 40%。对于一个 20kWh 的电池,这相当于 8kWh 的容量损失。用膨胀聚苯乙烯隔离电动汽车电池包,几厘米厚度将允许电池与环境之间的 ΔT 为 20K,热损失在 200W 范围内。这种损失将在很大程度上由电池损耗所弥补,夜间缓慢充电的电池损耗约为 70W,在执行 V2G 操作时最高可达几百瓦。剩余的热量需要提供维持 20K 的 ΔT,肯定不会超过 2kWh/天。这表明,至少在温度变化较大的地方使用电动汽车电池时,通过引入绝缘和温度控制,电池性能和寿命有很大的提高潜力。

2. 结论

这里给出的仿真模型到目前为止还没有经过典型的测试案例选择。此外,到目前为止,描述电池退化机制的实现方程完全基于从出版物中获得的数据,而不是基于特定电池类型的经验数据。因此,就使用模式对生命周期的影响得出任何确切的结论还为时过早。

这项工作的主要目的是建立和测试一个仿真模型,使更深入的研究成为可能,从而得出关于使用模式对电池寿命和性能的影响的确切结论。从这个意义上说，这项工作是成功的。

该模型显然能够在至少两个重要领域提供帮助：一是补充实验结果，以便更清楚地了解不同的机制如何影响电池老化；二是确定电池使用模式如何影响老化。

初始模型研究表明，V2G 运行降低了 50% 的电池寿命。更详细的研究可能会揭示如何延长电池寿命和提高效率。改变模型方程以包含基于测量的输入是一项可管理的任务，随着获得的知识越来越多，可以逐步完成这项任务。

9.4 电池等效电路模型

9.4.1 电池建模：动态性能

关于热模拟和退化的 9.3 节详细介绍了电池在热行为和驱动模式方面的特性。在本节中，详细介绍了电池 SOC 的建模和参数化过程。电池模型已在 MATLAB/Simulink 中实现，它们代表了在以下情况下使用的电池的不同化学性质。

下面将介绍电池动态性能的建模，包括文献中建议的不同电池模型、完整电池模型的构建和电池模型的参数化。

电池的电特性、寿命和运行时间受化学物质类型、环境条件以及驱动和充电模式的影响。建模工作主要包括表征电池状态的两个指标：SOC 和 SOH。SOC 表示电池的可用容量，而 SOH 表示电池的性能状态，包括实际可用容量和剩余运行时间。

几种不同的化学物质被用于电池的应用。在这里介绍的工作中，使用了 LFP 和 NMC 电池。锂离子化学有望成为电动汽车的主要电池技术，因为这种类型的电池是在电动汽车用电池中能量密度最高的[22]。

电压-电流充放电曲线描述了电池的电行为，它受温度、充放电速率、充放电周期数、存储时间和 SOC 的影响。所有这些因素都应该在电池模型中考虑。充放电不一定能用同一模型来模拟。这取决于电池的类型和电池迟滞。电池阻抗也由电池模型模拟。由于 *V-I* 特性依据上面所述建模，阻抗也将已知。电池模型也反映了老化。它通过热、循环和贮存老化而发生。

功率损耗和自放电也很重要。自放电在这里给出的电池模型中没有表示，但可以从电池电流和阻抗中发现。根据 Johnson 和 White 的研究[23]，商用锂离子电池在 30 天内的自放电量仅为初始容量的 3%。因此，对于经常使用电池的应用来说，自放电效应使用的影响意义不大。自放电曲线的一个例子如图 9.25 所示。

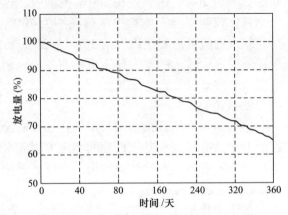

图 9.25　在 20℃下的电池自放电曲线示例

9.4.2 文献中描述的电池单元模型

我们将在这里重点介绍电动汽车和插电式混合动力电动汽车中最有前途的电池系统,即基于锂离子电池或锂聚合物电池的系统。为了从不同角度获取电池特性,文献中提出了多种电池模型。这个模型分类的灵感来自 Chen 和 Rincon-Mora[24],Rao 等人[25] 使用了不同的分类,很好地概述了不同的电池模型。这些模型大致可分为电化学模型[21,26,27]、数学模型[28] 和等效电路模型[24,29,30],用于不同的研究目的。

对于电网影响的研究,电池模型必须尽可能保持简单,以便模拟大量电动汽车并网;同时希望从车主那里了解当前的电池 SOC 和 SOH,以及电池运行时间预测[31]。电路模型被视为介于电化学模型和数学模型之间的一种中间方法,其中模型精度(在 1%~5% 的范围内[24])和计算效率是平衡的。在 Gao 等人[29] 的模型中,考虑了电性能和热性能,其中等效电路模型由一个串联电阻的 RC 电路组成。Chen 和 Rincon-Mora[24] 的研究扩展了 Gao 等人的工作,用两个 RC 电路表示短期和长期瞬态,模型中也考虑了电池运行时间,但没有考虑温度和循环数的相关性。Erdinc 等人[30] 的研究包括一个额外的电阻,表示内阻随循环数的增加而变化,从而考虑到容量随时间、温度和循环数的衰减。我们不打算在这里介绍过多不同的模型,只是简单地描述下不同的类别。

1. 物理/电化学模型

电化学模型包括电池的内部工作原理。因此,电池的物理特性包含在电化学模型中,这使得它们对计算能力的要求非常高。电化学模型通常用于优化电池的组成,因为物理设计方面的问题在模型中得到了体现。因此,这些类型的模型并不是驾驶模式模拟或长期退化模型的可行选择。

2. 数学/经验模型

Chen 和 Rincon-Mora[24] 认为,电池数学模型通常非常抽象,几乎没有实际意义。它们可以用于预测电池运行时间、效率和/或容量,但它们通常是为特定的应用程序开发的。因此,数学电池模型也不是驾驶模式模拟的一个选项。

3. 电路模型

电路模型是建立在用电路表示电池的基础上的。这通常使用一个控制电压源,它根据电池的 SOC 来改变电压。电压源与内阻和 RC 电路串联,其中 RC 电路用于模拟电池的动态电压响应。根据电路的设计,它可以分为基于戴维南、基于阻抗、基于运行时间或混合模型。有关更多信息,请参见 Chen 和 Rincon-Mora[24] 和 Araujo Lcão 等人[22] 的文章。

电池模型包含在 MATLAB R/Simulink SimPowerSystem 包中。该模型基于 Tremblay 等人[32] 的理论,由一个内阻串联控制电压源构成。模型如图 9.26 所示。

该模型的内阻为常数,既可以直接由制造商提供,也可以在合理精度内由电池效率、标称电压和标称容量来估算。所述受控电压源表示电池的与 SOC 相关的空载电压。空载电压 E 的表达式为

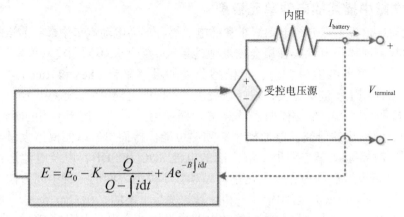

图 9.26 非线性电池模型示意图

$$E = E_0 - K\frac{Q}{Q - \int_0^t i \mathrm{d}t} + A\mathrm{e}^{-B\int_0^t i \mathrm{d}t} \quad (9.22)$$

空载电压（或开路电压）与电池恒压 E_0、极化电压 K、电池容量 $Q(\mathrm{Ah})$、指数部分振幅 $A(\mathrm{V})$、指数部分时间常数倒数 $B(\mathrm{Ah}^{-1})$、时间 t 和通过电池的电流 i 有关。

Tremblay 等人[32]的研究中包括了几种不同化学性质和不同尺寸的电池参数，以及对参数化的解释。一般来说，电池的充放电曲线以及电池容量的基本信息应该足以进行参数化。在 MATLAB 中实现的模型考虑了几种不同的化学成分和电池大小，因此它代表了一种快速简便的方法来创建一个相当准确的电池模型。

该模型的功能仅限于描述在恒温老化条件下电池的充放电曲线。该模型可以模拟电池的暂态，其精度取决于制造商提供的信息。与其他电路模型相比，MATLAB 中的电路模型似乎简化了，但这也是一个优点，因为它只需要很少的输入参数就可以进行仿真。

9.4.3 电池模型在 MATLAB 中的实现

研究电动汽车性能最常用的电池模型是基于（混合）电路模型。这些模型比 9.4.2 节中给出的简单电路模型更先进，因为电路是用 1~3 个电阻并联 1 个电容来扩展的，可以更精确地模拟瞬态响应。

考虑到这种电路模型的优点，将其用于本章的工作中，以同时获得简单性和准确性。直观地，电池模型的精度可以随着等效电路的复杂度的增加而提高；然而，增加复杂度也会降低计算效率。Zhang 和 Chow[33]研究了 RC 电路数量对模型精度的影响，发现两个电路可以在保持计算速度的同时，以小于 10% 的误差复制电池的行为。

本章提出的等效电路模型是基于 Chen 和 Rincon-Mora[24]的研究。模型中还包括一个附加的串联电阻，表示由循环次数和温度引起的内阻变化[30, 34]。

图 9.27 说明了所提出的等效电路。

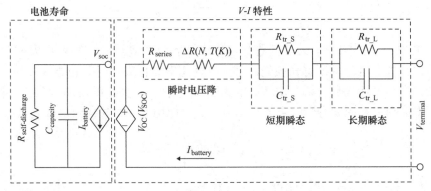

图 9.27 本章提出的等效电路模型

模型左侧为电池 SOC 水平,右侧为电池充放电时的 V-I 特性。$C_{capacity}$ 表示电池的当前容量。模型的各个组成部分如下:

R_{series}:描述了在常温低循环次数下阶跃电流作用时的瞬时终端电压;

$\Delta R(N,T(K))$:描述了循环数 N 和环境温度 $T(K)$ 对 R_{series} 的影响;

R_{tr_S}、C_{tr_S}、R_{tr_L}、C_{tr_L}:两个 RC 电路的电阻和电容,描述电池在阶跃电流作用下的行为;

$V_{OC}(V_{SOC})$:开路电压作为 SOC 的函数;

$C_{capacity}$:电池的可用容量,主要取决于循环次数和温度;

$R_{self-discharge}$:随时间变化的电池放电影响。

端子电压可由下式计算:

$$V_{terminal} = V_{OC}(V_{SOC}) - i_{battery} Z_{eq}(SOC) \tag{9.23}$$

式中,Z_{eq} 为电池的等效阻抗,是 SOC 的函数。SOC 计算如下:

$$SOC = SOC_{init} - \int (i_{battery}/C_{capacity}) dt \tag{9.24}$$

式中,SOC_{init} 为初始充电状态;$i_{battery}$ 为电池电流。

内部阻抗是温度、循环次数和 SOC 的函数。这将影响电池的稳态和动态特性。这里,我们忽略了温度和循环次数对电池动态特性的影响。VOC 可由下式[29]表示:

$$V_{OC} = C_1 + C_2 \times SOC + C_3 \times SOC^2 + \cdots + C_n \times SOC^{n-1} \tag{9.25}$$

式中,C_1,C_2,$\cdots$,C_n 是系数,需要通过实际测试经验确定。对于依赖于 SOC 的阻抗,一般表达式为

$$Z = a_1 + a_2 e^{SOC \times a_3} \tag{9.26}$$

式中,Z 为串联两个 RC 电路的内阻阻抗。对于每一个 Z,系数 a_1、a_2、a_3 是不同的,需要测量数据来确定参数。$\Delta R(N,T(K))$ 是由经验数据确定的对内部阻抗的修正值。电池的总阻抗为

$$Z_{eq} = R_{series} + R(N,T) + R_{tr\_S}\left[1-\exp\left(-\frac{t}{R_{tr\_S}C_{tr\_S}}\right)\right] + R_{tr\_L}\left[1-\exp\left(-\frac{t}{R_{tr\_L}C_{tr\_L}}\right)\right] \quad (9.27)$$

建立电池模型的一个关键问题是可用电池容量的表达式。容量损失一般分为使用寿命损失和电池周期寿命损失两部分。使用寿命损失与时间和温度有关，而循环寿命损失与循环次数、单个循环放电深度和温度[35]有关。Ramadass 等人[28]给出了使用寿命损失和周期寿命损失的数学表达式。使用寿命损失大致可以表示为

$$\text{Calendar}_{life\ loss} = k_1 \exp\left[-\frac{k_2}{T}\right]t^{k_3} \quad (9.28)$$

式中，k_1、k_2、k_3 是系；T 是温度（K）。对于电动汽车电池而言，周期寿命损失比使用寿命损失更为重要。在文献中，周期寿命损失通常基于物理过程[28]或经验数据[15]建模。本研究采用实证方法：

$$\text{Cycle}_{life\ loss} = f(N,T) \quad (9.29)$$

电池的可用容量可以表示为

$$C_{available} = C_{init}(1 - \text{Calendar}_{life\ loss} - \text{Cycle}_{life\ loss}) \quad (9.30)$$

式中，C_{init} 为电池的初始容量。电池的寿命通常与容量等于或低于初始容量的 80% 有关。

1. 模型构造

在前一节解析模型描述的基础上，在 MATLAB/Simulink 中建立了锂电池的仿真模型。模型的输入和输出如表 9.4 所示，充放电仿真曲线实例如图 9.28 所示。模型在 Simulink 中创建，基本结构如图 9.29 所示。

表 9.4　模型输入和输出

输入	输出
初始 SOC	电池端电压（V）
初始电池容量（Ah）	SOC
温度（K）	
使用周期 N	
使用时间（月）	
截止电压（V）	
充放电电流（A）	

2. 从电池模型到电池组模型

这里描述的电池模型是指一个电池单元，而不是整个电池组。接下来的问题是如何建立整个电池组的模型。电池组模型可以通过串联适当数量的电池（以增加电池组的电压）或并联适当数量的电池（以增加电池组的容量）来构建。大量

的电池参数会显著增加计算量。

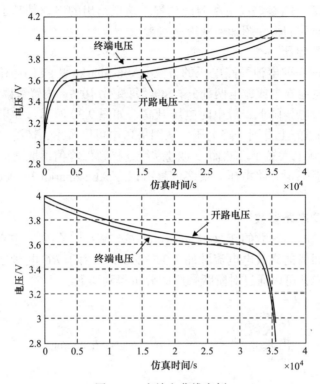

图 9.28 充放电曲线实例

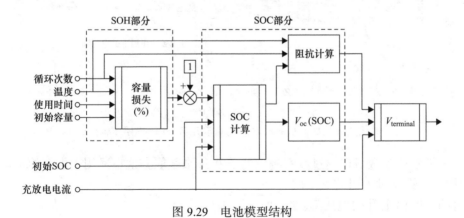

图 9.29 电池模型结构

另一种方法是将单元模型扩展为包模型。这包括将电池模型的电压乘以实际电池中串联的电池数量,以及将容量乘以实际电池中并联的电池数量。该方法在改变电池组尺寸方面具有最高的灵活性,因此,将作为该模型在 MATLAB 中的实现方法。

9.4.4 模型参数设定与验证

本节将详细介绍参数设定和验证过程。这里给出的参数是基于聚合物锂离子电池单元。下面我们将介绍如何获得这些参数。

1. 获取开路电压

提出了两种获取电池开路电压的方法：Abu-Sharkh 法和 Doerffel 法[32]。第一种方法包括给电池充电或放电两部分，SOC 每变化 10%，内置暂停约 1min。在暂停期间，充电时电压降低，放电时电压升高，如图 9.30 所示。如果暂停时间足够长，电压应该下降/上升到开路电压。从图 9.30 中可以看出，情况并非如此；因此，1min 的暂停实际上太短了。然而，通过虚线连接暂停峰值，取充放电之间的平均值，可以很好地确定开路电压。更多信息可以在 Abu-Sharkh 和 Doerffel[32] 的文章中找到。

2. 获取 RC 电路参数

R_{series} 和 RC 电路参数的获取在 Schweighofer 等人[36] 的研究中有详细描述。5s 内电池经受不同值的充放电电流脉冲（0.5~200A）。由于 RC 电路分别代表短期和长期的瞬态响应，可以通过对阶跃响应的分析得到参数。

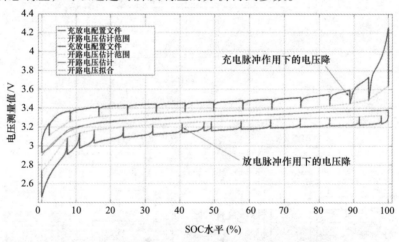

图 9.30 如何从充放电曲线确定开路电压的图形说明

短期响应参数可以通过查看响应的前 0.5s 来获取。这也适用于求解施加电流脉冲后承载瞬时上升电压的串联电阻。瞬时上升的电压 U_R 如图 9.31 所示。串联电阻可以通过 U_R 除以电流脉冲的振幅得到。

时间常数 τ_D 可以从初始电压响应的斜率读取。短瞬态响应可由下式描述：

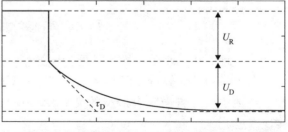

图 9.31 从电流脉冲的电压响应中确定电路参数

$$u(t) = U_R + \hat{U}_D[1 - \exp(-t/\tau_D)] \quad (9.31)$$

当聚焦前 0.5s 时，长期反应可以忽略不计。电路参数可由以下三个方程计算：

$$R_{\text{series}} = \frac{U_R}{I} \qquad R_{\text{transientS}} = \frac{\hat{U}_D}{I} \qquad C_{\text{transientS}} = \frac{\tau_D}{R_{\text{transientS}}} \quad (9.32)$$

通过对剩余时间区间（0.5~5 s）电压响应的分析，可以以相同的方式得到长期瞬态响应的参数。

使用寿命损失的表达式和参数来自 Spotnitz[37]，研究基于东芝锂电池的数据，但不清楚使用寿命损失是如何参数化的。

所建立的 Simulink 模型需要通过制造商的数据表和实验结果进行验证。参数的整定大体上是一个非线性曲线拟合问题。考虑到模型中涉及的参数数量多、变化范围大，直接应用非线性优化工具来求解可能效率不高。

对于所部署的模型，需要结合制造商的数据和实验结果（如阶跃电流测试）进行验证，提取反映电池稳态、动态和运行时特性的参数。然而，根据模型结构，可以看出模型几乎可以解耦为 SOC 部分和 SOH 部分，其中每个部分都可以根据制造商的数据表和测试结果分别进行验证。在本章中，提出了一个两步验证程序来验证整个电池模型。

SOC 部分的验证包括 V_{OC} 参数和阻抗参数。第一步在极低循环次数和常温下对电池参数进行验证，同时假设 $\Delta R(N, T)$ 为零。通过阶跃电流试验来提取电池的参数，并利用来自制造商数据表的放电曲线来确定稳态特性模型。图 9.32 为阶跃电流测试模型。最终阻抗可以通过 EIS 测试来确定。

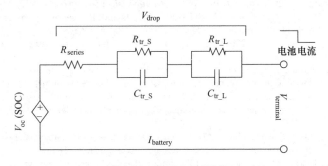

图 9.32 阶跃电流测试

建议将 SOH 验证与 $\Delta R(N, T)$ 测试一起进行。这个测试也可以解耦成两个测试。在第一次测试中，固定循环次数，在不同环境温度下测试。在第二次测试中，保持恒温，在循环次数变化下测试。由制造商提供的不同温度和循环次数下的放电曲线可以作为放电特性的参考，也可以用来分析 $\Delta R(N, T)$ 随循环次数和温度的变化。

3. 未来展望

电池的动态特性是 SOC、循环次数和温度的函数[38]。在本章中，我们主要关注稳态特性，忽略了电池动态特性随温度和循环次数的变化。通过在不同温度和循环次数下进行阶跃电流试验，可以进一步将动态部分纳入验证工作，实现对电池特性的实证分析。此外，对于电动汽车并网，采用的电池模型应该在电池组级别，而不是电池级别。然而，一个固体单元电池模型是必不可少的，从而为建立电池组性能模型形成一个良好的基础。电池组模型的开发应该主要基于测试结果和真实的电动汽车充电特性。

参考文献

[1] Safari, M., Morcrette, M., Delacourt, C. and Teyssot, A. (2010) Life prediction methods for lithium-ion batteries derived from a fatigue approach. II. Capacity-loss prediction of batteries subjected to complex current profiles. *Journal of the Electrochemical Society*, 157, A892–A898.

[2] Tröltzsch, U., Kanoun, O. and Tränkler, H.R. (2006) Characterizing aging effects of lithium ion batteries by impedance spectroscopy. *Electrochimica Acta*, 51, 1664–1672.

[3] Vetter, J., Novák, P., Wagner, M.R. *et al.* (2005) Ageing mechanisms in lithium-ion batteries. *Journal of Power Sources*, 147, 269–281.

[4] Barsoukov, E., Ryu, S.H. and Lee, H. (2002) A novel impedance spectrometer based on carrier function Laplace-transform of the response to arbitrary excitation. *Journal of Electroanalytical Chemistry*, 536, 109–122.

[5] Van Ingelgem, Y., Tourwé, E., Vereecken, J. and Hubin, A. (2008) Application of multisine impedance spectroscopy, FE-AES and FE-SEM to study the early stages of copper corrosion. *Electrochimica Acta*, 53, 7523–7530.

[6] Van Ingelgem, Y., Tourwé, E., Blajiev, O. *et al.* (2009) Advantages of odd random phase multisine electrochemical impedance measurements. *Electroanalysis*, 21, 730–739.

[7] Boukamp, B.A. (2004) Electrochemical impedance spectroscopy in solid state ionics: recent advances. *Solid State Ionics*, 169, 65–73.

[8] Onda, K., Nakayama, M., Fukuda, K. *et al.* (2006) Cell impedance measurement by Laplace transformation of charge or discharge current–voltage. *Journal of the Electrochemical Society (USA)*, 153, A1012–A1018.

[9] Klotz, D., Schönleber, M., Schmidt, J.P. and Ivers-Tiffée, E. (2011) New approach for the calculation of impedance spectra out of time domain data. *Electrochimica Acta*, 56, 8763–8769.

[10] Abu-Sharkh, S. and Doerffel, D. (2004) Rapid test and non-linear model characterisation of solid-state lithium-ion batteries. *Journal of Power Sources*, 130, 266–274.

[11] Williford, R.E., Viswanathan, V.V. and Zhang, J.G. (2009) Effects of entropy changes in anodes and cathodes on the thermal behavior of lithium ion batteries. *Journal of Power Sources*, 189, 101–107.

[12] Al Hallaj, S., Venkatachalapathy, R., Prakash, J. and Selman, J.R. (2000) Entropy changes due to structural transformation in the graphite anode and phase change of the $LiCoO_2$ cathode. *Journal of the Electrochemical Society*, 147, 2432–2436.

[13] Al Hallaj, S., Prakash, J. and Selman, J.R. (2000) Characterization of commercial Li-ion batteries using electrochemical–calorimetric measurements. *Journal of Power Sources*, 87, 186–194.

[14] Sato, N. (2001) Thermal behavior analysis of lithium-ion batteries for electric and hybrid vehicles. *Journal of Power Sources*, 99, 70–77.

[15] Kempton, W., Tomic, J., Letendre, S. *et al.* (2001) Vehicle-to-grid power: battery, hybrid, and fuel cell vehicles as resources for distributed electric power in California, http://www.udel.edu/V2G/docs/V2G-Cal-2001.pdf (accessed January 2013).

[16] Marra, F., Træholt, C., Larsen, E. and Wu, Q. (2010) Average behavior of battery-electric vehicles for distributed energy studies, in *2010 IEEE PES Innovative Smart Grid Technologies Conference Europe (ISGT Europe)*, IEEE, Piscataway, NJ.

[17] Sauer, D.U. and Wenzl, H.W. (2007) Comparison of different approaches for lifetime prediction of electrochemical systems – using lead–acid batteries as example. *Journal of Power Sources*, 176, 534–546.

第 9 章 电动汽车电池的运行和退化问题

[18] Downing, S.D. and Socie, D.F. (1982) Simple rain-flow counting algorithms. *International Journal of Fatigue*, 4 (1), 31–40.

[19] Winter, M. and Brodd, R.J. (2004) What are batteries, fuel cells, and super capacitors? *Chemical Reviews*, 104 (10), 4245–4270.

[20] Chaturvedi, N.A., Klein, R., Christensen, J. *et al.* (2010) Algorithms for advanced battery-management systems – modeling, estimation and control challenges for lithium-ion batteries. *IEEE Control Systems Magazine*, 30 (3), 49–68.

[21] Schmidt, A.P., Bitzer, M., Imre, R.W. and Guzzella, L. (2010) Experiment driven electrochemical modelling and systematic parameterization for a lithium-ion battery cell. *Journal of Power Sources*, 195 (15), 5071–5080.

[22] Araujo Leão, J.F., Hartmann, L.V., Correa, M.B.R. and Lima, A.M.N. (2010) Lead–acid battery modeling and state of charge monitoring, in *Twenty-Fifth Annual IEEE Applied Power Electronics Conference and Exposition (APEC)*, IEEE, Piscataway, NJ, pp. 239–243.

[23] Johnson, B.A. and White, R.E. (1998) Characterization of commercially available lithium-ion batteries. *Journal of Power Sources*, 70 (1), 48–54.

[24] Chen, M. and Rincon-Mora, G.A. (2006) Accurate electrical battery model capable of predicting runtime and I–V performance. *IEEE Transactions on Energy Conversion*, 21 (2), 504–511.

[25] Rao, R., Vrudhula, S. and Rakhmatov, D.N. (2003) Battery modeling for energy aware system design. *Computer*, 36 (12), 77–87.

[26] Bashash, S., Moura, S.J., Forman, J.C., and Fathy, H.K. (2011) Plug-in hybrid electric vehicle charge pattern optimization for energy cost and battery longevity. *Journal of Power Sources*, 196 (1), 541–549.

[27] Urbain, M., Hinaje, M., Rael, S. *et al.* (2010) Energetical modeling of lithium-ion batteries including electrode porosity effects. *IEEE Transactions on Energy Conversion*, 25 (3), 862–872.

[28] Ramadass, P., Haran, B., White, R. and Popov, B.N. (2003) Mathematical modeling of the capacity fade of Li-ion cells. *Journal of Power Sources*, 123 (2), 230–240.

[29] Gao, L., Liu, S. and Dougal, R.A. (2002) Dynamic lithium-ion battery model for system simulation. *IEEE Transactions on Components and Packaging Technologies*, 25 (3), 495–505.

[30] Erdinc, O., Vural, B. and Uzunoglu, M. (2009) A dynamic lithium-ion battery model considering the effects of temperature and capacity fading, in *2009 International Conference on Clean Electrical Power (ICCEP 2009)*, IEEE, Piscataway, NJ, pp. 383–386.

[31] Binding, C., Gantenbein, D., Jansen, B. *et al.* (2010) Electric vehicle fleet integration in the Danish Edison project – a virtual power plant on the island of Bornholm, in *2010 IEEE Power and Energy Society General Meeting*, IEEE, Piscataway, NJ.

[32] Tremblay, O., Dessaint, L.-A. and Dekkiche, A.-I. (2007) A generic battery model for the dynamic simulation of hybrid electric vehicles, in *IEEE Vehicle Power and Propulsion Conference, 2007. VPPC 2007*, IEEE, Piscataway, NJ, pp. 284–289.

[33] Zhang, H. and Chow, M.-Y. (2010) Comprehensive dynamic battery modeling for PHEV applications, in *2010 IEEE Power and Energy Society General Meeting*, IEEE, Piscataway, NJ.

[34] Zhang, S., Xu, K. and Jow, T. (2004) Electrochemical impedance study on the low temperature of Li-ion batteries. *Electrochimica Acta*, 49 (7), 1057–1061.

[35] Dai, H., Wei, X. and Sun, Z. (2009) A new SOH prediction concept for the power lithium-ion battery used on HEVs, in *IEEE Vehicle Power and Propulsion Conference, 2009. VPPC '09*, IEEE, Piscataway, NJ, pp. 1649–1653.

[36] Schweighofer, B., Raab, K.M. and Brasseur, G. (2003) Modeling of high power automotive batteries by the use of an automated test system. *IEEE Transactions on Instrumentation and Measurement*, 52 (4), 1087–1091.

[37] Spotnitz, R. (2003) Simulation of capacity fade in lithium-ion batteries. *Journal of Power Sources*, 113 (1), 72–80.

[38] Bloom, I., Cole, B., Sohn, J. *et al.* (2001) An accelerated calendar and cycle life study of Li-ion cells. *Journal of Power Sources*, 101 (2), 238–247.

第10章

考虑电动汽车阻塞管理的日前电价

Niamh O'Connell[1],吴秋伟[1],Jacob Østergaard[2]
1. 丹麦科技大学电气工程系电子技术中心,丹麦哥本哈根
2. 丹麦科技大学电气工程系电力与能源中心,丹麦灵比

10.1 引言

随着发电组合中可再生能源发电的渗透率不断提高,面对发电波动性,系统运营商正面临着维护系统稳定性和安全性的挑战。这种变化很可能需要增加发电备用容量,以确保能够应对诸如风力发电量大幅变化等突发事件。或者结合增加的备用有功功率,可以利用需求的灵活性,使系统从发电跟随需求的模式转变为柔性需求跟随发电量的模式,从而促进提高风电或光伏发电等可再生能源的高渗透率。目前正在进行重大研究,以确定常规需求的柔性容量。然而,电动汽车(EV)充电的固有灵活性为系统服务提供了很大的空间。电动汽车通常可以长时间充电(Kempton and Tomić, 2005),并且在整个插电期间通常也可以不充电。这样就可以通过智能充电调度来提供调峰和发电跟踪,甚至可能提供辅助服务,例如通过电动汽车输出功率给电网来实现有功功率调节的技术——电动汽车到电网(V2G)(Kempton and Tomić, 2005)。

提供任何有意义的系统服务将需要大量的电动汽车,这自然会导致系统需求的增加,需要提高系统容量。另一方面,更紧迫的问题就是,它们对配电网的影响。专为住宅负荷而设计的传统电网将面临更大规模的额外需求,如果没有有效管理,则需要进行大范围电网的强化与升级改造。

10.1.1 电力系统阻塞

电力系统阻塞是指:由于电网容量的限制,在一系列电力交易中阻碍电力的同步传输(Singh 等人,1998)。传统的电网阻塞主要发生在较高电压水平的电网上,并以输电线路过负荷的形式出现。纵向一体化电力系统通过更改发电计划来解决此问题,但是这样系统成本就会增加,这反而又推动了电网升级和投资加大。当单个公用事业控制系统时,这种方法可行;但是,在开放的电力系统中,他们将这一责任移交给输电系统运营商(TSO)。TSO负责确保供电安全,从而确保输电线路保持正常运行,不会过负荷。到目前为止已经采用了许多方法来管理输电

第10章 考虑电动汽车阻塞管理的日前电价

阻塞，包括由TSO决定的更改发电计划以及相关补偿（英国）、节点电价（PJM）（Singh等人，1998；Hamoud和Bradley，2004）和区域电价（北欧市场）（Kumar等人，2004）。

预计电动汽车需求主要出现在低压配电网中，因此阻塞将集中在低压和中压（MV）电压等级中。目前已经对中压电网的阻塞问题进行了大量的研究。然而，他们指出这些问题很可能是由低压电网引起的。因此，在阻塞研究过程中应该首先对低压电网进行研究分析（Lopes等人，2009；Maitra等人，2010；Taylor等人，2009；Zhao等人，2010）。Sundstrom和Binding于2011年提出，电动汽车充电将对配电网运行产生重大影响。因此，如果这意味着可以避免大规模电网升级改造，将激励他们支持对电动汽车充电进行规划。前面提到的阻塞管理程序不是为了在较低的电压水平上使用而设计的，因此必须寻找其他的方法来应对低电压水平的输电阻塞。

电动汽车充电需求产生的电网阻塞有许多不同的表现形式，具体取决于电动汽车的渗透率、它们在电网上的分布情况、电网上的可用容量、本地电网拓扑。电网阻塞最常见的形式是变压器过负荷，并在某些情况下伴随着线路供电的问题。一项关于不列颠哥伦比亚省不加控制的电动汽车充电影响的研究（Kelly等人，2009）发现，由于用户需求，市郊电网的线路会出现大负荷，最有可能导致变压器过负荷，而由于馈线长度较长，农村电网更容易受到电压下降的影响。

通常假设大多数电网可以承受一定的电动汽车渗透率，甚至包括不受控制的充电。Lopes等人于2009年详细介绍了在中压电网关于电动汽车渗透率的研究，并注意到不受控制的10%电动汽车的渗透率可以在不引起电网阻塞的情况下充电，然而这项研究并没有具体说明所分析的电动汽车分布情况。Taylor等人于2010年做出另一项研究，强调了集群电动汽车可能产生的影响。值得注意的是，集群电动汽车导致空间多样性降低，从而增加了靠近电动汽车负荷的部分发生阻塞的可能性。最值得注意的是，这项研究得出的结论是，考虑到电动汽车集群的可能性，即使渗透率低至2%，也不能忽视电动汽车的负面影响。这一观点在得到了魁北克水电公司配电系统研究（Maitra等人，2010）的支持，该研究甚至在消费者采用初期就对电动汽车集群的影响表示担忧。然而，Taylor等人于2010年的随机试验分析中发现，一般来说，从充电的空间和时间的多样性来看，电动汽车渗透率不能超过8%。

Gong等人在2011年进行了一项关于电动汽车充电对配电变压器使用寿命影响的研究。他们利用详细的变压器热量模型来确定由于变压器绕组中的发热点引起的老化加速度。他们将发热点温度模拟成当前负荷和负荷损耗的函数。该研究表明在高峰期不受控制的充电会导致绝缘老化加速度过快，以至于在发生绝缘失效之前就会引发负荷故障。最糟糕的情况是6辆电动汽车在本地配电网上同时充电，可以采用随机充电模式作为协调充电的"低水平技术"方法。在这种情况下，虽然绝缘老化的影响减小了,但它仍然降低了整体变压器的使用寿命。

10.1.2 协调式电动汽车充电

关于这一方面,现有文献普遍认为:在大多数情况下,不受控制的充电是可以的。从配电网阻塞角度来看,电动汽车渗透率最大可达 10%。然而,在配电水平上,需要控制充电来减轻电网负荷增加带来的负面影响。

在文献中提出了许多控制充电的方法,具体取决于对电网影响的减少程度。当电压降至给定电压阈值以下时停止充电(Lopes 等人,2011),或装设电力电子设备提供无功功率补偿(Dyke 等人,2010),一种常见的缓解电压降问题的方法是在电动汽车中添加电网接口设备。在农村中,因为线路较长,电动汽车充电就成为主要问题,所以此方法尤其对电压下降严重的农村配电网有用。但是,正如 Lopes 等人于 2011 年所指出的那样,这并没有解决变压器和线路过负荷的相关问题,这些需要更高水平的充电控制技术。

电动汽车的协调控制是文献中提出的常见解决方案;由于电动汽车需求具有柔性特征,我们可以通过协调充电来避免充电高峰期。充电的协调可以是集中控制,也可以是分布式控制。集中控制通常发生在单一责任方,例如车队运营商(FO),这可以确保针对任何数量的目标实现最佳的车队充电。对阻塞管理实行集中控制的 FO 通常了解电网的运行状况,这样可以使充电多样化,从而遵循电网约束。分布式控制是通过将控制信号传输到各个电动汽车以引起特定的响应。这些控制信号包括电价信号或其集合,根据这些信号,每个电动汽车都可以针对各自的目标(例如成本最低)单独优化充电行为。

两部制电价或分时电价(TOU)是许多人提出的间接控制形式,大量研究表明,美国西北太平洋国家实验室(PNNL)对其用于缓解输电阻塞进行了深入研究。虽然该研究主要包括热负荷和冷负荷,但是该方法也可以应用于电动汽车。他们发现两部制电价在降低平均系统峰值方面是有效的。但是,高电价和低电价期间的转换出现了问题:由于整个系统的转换时间是统一的,这个时刻的需求就会发生明显的变化。另外,如果峰值时期预测出错,那么两部制电价就不能得到正确的应用,系统的用电峰值可能会更严重。Shao 和 Taylor 两个研究团队在 2010 年支持这种观点,他们指出,不正确地实施控制计划会使情况恶化,而且不能缓解电网阻塞问题。PNNL 研究发现,实时电价在缓解电网阻塞方面最有效,并会产生最平稳的需求响应(Hammerstrom 等人,2007)。

分布式充电控制通常在实时或接近实时发生,这是为了便于确定电网的当前运行状态。随着电力系统的发展,包括分布式发电在内的电力系统,实时运行将变得越来越重要,其输出很难预测,但可以实时准确地测量。

插电式混合动力电动汽车(PHEV)分布式充电的新方法是由 Fan 于 2011 年提出,通过应用互联网阻塞定价原理,实时防止电网阻塞的发生。互联网流量和电网拥塞之间存在相似之处,两者都使用单个物理基础结构通过固定的带宽或容

第10章 考虑电动汽车阻塞管理的日前电价

量来提供信息或电力。这里提出的概念是基于 Kelly 等人于 1998 年提出的按比例公平竞价方案。因此,每辆 PHEV 都提供一个支付意愿(WTP)参数,该参数与发布电价相结合,允许它们确定各自的充电策略。因此,电网容量是按照每辆 PHEV 的 WTP 参数的比例分配的。

或者,电网责任方(DSO 或其他方)可以提供不是基于电价的信号,这样优化不再以经济最优为目标,而是针对某些其他目标(例如电网容量)。Li 等人在 2011 年提出了一个方法:将电网的荷电状态(SOC)与由电网责任方设置的充电参考值进行比较,然后在每辆电动汽车本地做出离散型充电决策。充电基准输入来源有许多,比如电力系统的状态、潜在的非弹性家庭需求以及来自分布式资源的本地发电。协调充电的目的是减少配电所一级的需求差异,从而在局部一级实现削峰填谷。这一目标在局部一级是有效的,因为它最大限度地利用了当地电网的能力。然而,随着间歇性发电渗透率的提高,对发电的需求将比目前更大。这就需要建立多目标或双层优化模型来优化本地电网的利用率,并提供全局系统平衡支持。

文献中经常探讨电动汽车集结成车队进行集中控制。利用车队充电的空间和时间灵活性有助于预防电网阻塞。Galus 和 Andersson 于 2009 年研究了 PHEV 的影响,并提出了一个"PHEV 管理器"的概念,该管理器管理给定电网或其部分的充电。该车辆管理器为电网运营商提供了预测的充电方案,并确保没有系统违规。在出现过负荷或其他违规情况下,运营商将负荷限制转发给管理人员,然后管理人员必须在遵守这些限制的前提下重新分配充电。通过这种方式,DSO 负责监控电网并确保系统安全。在出现电网阻塞的情况下,DSO 会进行招标,确保只有那些充电优先级较高的车辆才能保持充电。像这样的投标过程是解决这个问题的一个经济有效的办法,但从电网运营商到多用户需要高水平监控和通信。这可能是一种智能的方法,但是在非住宅充电该行为是不可预测的。在住宅环境中,充电可能会遵循更规则的周期,不需要这种密集的通信。

Lopes 等人在 2009 年进行了研究,其内容是为了在遵守电网的物理限制的同时最大化可容纳电动汽车渗透率,使用集中控制来优化电动汽车充电。研究发现,与不受控制的充电相比,两部制电价制度将可容纳的渗透率从 10% 提高到 14%,而智能充电被发现增加到 52%。在这种情况下,他们模拟了一种集中控制的优化方法,其中充电行为由各母线的电压限制和每个支路上的视在功率限制所决定。

Sundstrom 和 Binding 于 2010 年引入了商业 FO 的概念。在这种情况下,FO 负责预测行驶需求并确保车辆按照他们的个人用户要求充电,同时将充电成本降到最低。电网的约束条件直接包含在优化模型中。他们用线性规划来确定给定 24h 期间的充电计划,采用迭代过程减轻电网上检测到的任何阻塞。进行潮流分析的每次迭代过程中都包含其他约束来处理阻塞问题。即使考虑一个相对较小的含有 5 万辆电动汽车的电网,有 20 万条支路和 10 万个节点,变量为 25×10^6 个,

开放电力市场下电动汽车并网技术

约束条件为 15×10^6 个,这种情况是对应一个小城市。对于一个大城市或地区而言,出现的问题要大得多,相应地,解决这个问题所需的算力也大大增加。关于这种方法存在许多问题,其中最主要的是 FO 需要该电网更多的电压等级信息。另外,这种方法不利于在同一电网上运行多个 FO,因为它们需要了解彼此的优化,这既不实用,也不具有商业可行性。

Lopes 等人于 2011 年提出了一种替代方案,它也使用 FO 来协调充电,同时还允许多个 FO 在同一电网上运行。每个 FO 优化其车队充电时间表,以最大限度地提高消费者的实用性。FO 将这个时间表转发给 DSO,DSO 将会分析并向 FO 给定电网的总需求,当检测到过负荷或网损过大时,DSO 会向 FO 发出充电计划的更改请求。此方案具有商业吸引力,因为它允许 FO 之间的竞争,符合打破垄断的电力市场的原则。作为 FO,信息传递也被最小化,而且不需要任何电网知识。但是这种方法的缺点是它的经济效益比较低:如果 DSO 要求更改充电计划,FO 将要求 DSO 给予经济补偿。纯粹的市场机制将是一种更有效的解决方案。

协调充电已成为预防电网阻塞的一种高效方法。显然利用电动汽车的柔性特征是一种有效的方法,然而 Papavasiliou 等人在 2011 年研究预防电网阻塞的最佳方法没有达成一致意见。Fan 和 Li 等人于 2011 年已经探索了实时优化方法。然而,由于电动汽车行驶要求的动态特性,实时可用的灵活性资源可能比日前计划充电时少。针对预防电网阻塞的日前规划建立了最佳充电方案,如果所有不确定性充电功率都低于预测的充电功率,则系统不会发生阻塞,可以正常运行,如果充电功率超出了实时预测值,就需要对其进行干预。然而,根据系统的物理约束对充电行为进行日前预测,所需的校正可能性比没有进行日前预测的情况小得多。

10.2 动态电价概念

电动汽车充电需求的柔性特征可应用于提供系统服务,然而,电动汽车对这些服务的任何有意义的贡献都需要大量的电动汽车。由于旧电网在设计时只考虑传统非柔性需求,因此旧电网可能无法容忍这种额外需求水平。如果不充分考虑这些电网约束和预防措施,对大电网强化和升级改造是必需的,而且费用很高。

因此,电动汽车的充电具有柔性特征,可以通过分布式充电,远离过负荷的周期和地点来防止电网阻塞。根据阻塞程度动态调整电价是激励这种措施的有效手段。由于电网阻塞是一种地理现象,不同时间和不同地点的电价也会发生变化,通过电价的变化可以反映出每个地点和时间段的系统负荷水平。日前应用动态电价(DT)的方法对缓解输电阻塞有明显效果,此方法可以促使电动汽车或运营商根据充电需求和日前电价预测避开阻塞高峰,选择合适的时间和地点进行充电。如果出现有变量超出预测值,可能会导致阻塞。一旦出现这种情况,就需要在接近运营时间时进行额外控制。但是,有效实施电价措施可以减少对此类干预的需求。

第10章 考虑电动汽车阻塞管理的日前电价

这种日前DT的框架可以采取多种形式,但是,这些可以分为两个不同的类别:综合框架和分步系统。综合框架涉及实施完全节点电价系统,在此系统中电动汽车车队运营商或充电服务提供商向现货市场提交需求出价,然后以地区电价为准。在这种情况下,系统平衡和电网阻塞都只需一步即可完成。我们认为这是社会经济上最优的解决方案,因为电力的位置电价反映了每条系统母线的电力供应的最低成本。这种节点电价或位置最低电价方法在全球许多电力市场中得以应用,如PJM、ISO-NE和ISO-NY。北欧电力市场已经通过区域电价实现了这种形式,其中输电系统阻塞和系统平衡通过市场分割过程来处理。然而,特别是从市场参与者接受的角度来看,在配电网上实现这一点需要对当前的日前市场进行彻底的改革并且难以引入。

分步系统是分别处理系统平衡和电网阻塞的系统。通常,这需要一个或多个市场参与进来进行预测:DSO可以预测需求并根据其预测确定电价,车队运营商也可以预测电价并优化他们的需求,从而在时段和位置上避免阻塞的发生。在这一概念中,没有确定电价幅度的固定方法。在这个概念中实现社会经济最优化比较复杂,然而,将其引入现货市场非常简单。

这里开发的DT方案基于一个逐步过程的概念,在确定日前市场上的系统平衡之前,对电网拥塞进行管理。拟议方案旨在直接融入北欧日前电力市场,即北欧电力交易所现货市场(Nord Pool Spot)。这将确保所有市场参与者易于接受。

DT适用于柔性电力需求,目的是鼓励防止电网阻塞的行为,因此它们不适用于非柔性电力需求。非柔性电力需求面对这种波动的电价,将根据其相邻的引起阻塞的需求对非电动汽车用户进行不公平的惩罚。由于当前的配电网是为传统电力需求而设计的,因此,电动汽车所带来的由电网阻塞引起的额外柔性电力需求,可视为边际需求,并应被适当收费。

除了用于常规统一电网的电价外,还设计了DT。如果DT仅在阻塞情况下应用,那么DSO可能无法产生足够的收入,并且电网将无法得到充分维护或加强。假设阻塞不是典型情况(DT仅适用于阻塞情况),并且综合电价足以持续推动电网的加强和维护,那就需要对DSO进行监管,以确保应计收入适当分配用于电网的加强和维护。

分步电价流程的一个关键问题是难以获得社会经济最优的解决方案。在该计划中,建议电价以电力的节点边际电价(LMP)为基准,因此电价将反映发电、输电和配电的真实成本。使用LMP作为电价的基础,可以确保每条母线上的电动汽车充电需求将根据各自对电网造成阻塞的影响程度进行相应的惩罚。

节点电价市场由DSO进行模拟。然而,电价是以灵活需求(在这种情况下为电动汽车)的电价形式实施的,因此避免了对当前现货市场结构的改变。

在高分辨率下的社会经济最优性和在较低分辨率下的需求预测稳健性之间将存在折中。在更高的分辨率下,每个节点的电价会有所不同,因此会反映每个节点的边际成本。但是，在这样的高分辨率条件下，对需求预测的可靠性会降低，这样就不能够保证每次都能避免电网阻塞。在较低分辨率下，多个节点的电价会相同，这样预测的可靠性可能会更高，从而产生更准确的电价以防止阻塞。但是此时电价不一定反映电价区域内所有用户的真实最低成本。

DT 的概念取决于在住宅环境（或其他长期充电地点）充电时电动汽车负荷的可预测性和柔性特征。这不适用于在路边充电站或其他公共充电站充电的车辆。这些非住宅充电站将以随机间隔向车辆充电，并且可能比住宅充电时间更短。在这样的地方充电很可能是以用户定义的充电行为为主，例如停车时间和充电要求由车主在停车时决定。对这些地点的充电行为的预测比在住宅区中的预测更复杂，因此，在这里应用日前电价策略可能不合适。预计这类充电站将需要另一种充电模式。

电动汽车所有者对波动的电价的直接反应不太可能产生预期的响应。传统的电力消费者需要支付电费，其实时电价通常仅占三分之一左右，因此他们通常以柔性的方式付费。相反，建议通过聚合器或者 FO 监督充电。可以预见，FO 将为购买特定能源服务的消费者提供服务，例如，电池的 SOC 或行驶距离，通过这种方式，消费者在保证需求灵活性的同时不受电价波动的影响。

作为商业实体，FO 以利润为导向。电动汽车需求带来的电价波动和固定收益将推动 FO 充分利用其需求组合的柔性特征，以确保运营成本最低。因此，DT 将确保最优的充电策略来防止阻塞。

10.2.1 动态电价框架

DT 是在日前的基础上应用，并计算日前的市场运作。DT 及时向 FO 发布电价，以便在制定日前市场的报价时将其纳入优化中予以考虑。DT 框架中有两个主要的利益相关群体：DSO 和 FO。根据放松管制的能源市场惯例，拟议的框架允许在任何给定的电网上建立多个 FO，允许充电服务提供商之间展开竞争。

在宣布需求之前，计算与需求相关的电价需要预测每个位置的充电行为、传统的非柔性需求和日前电价概况。DSO 和参与的 FO 都需要这些预测。

通勤车辆和家用车辆的行驶数据可能会遵循常规模式，一般随着工作日或周末、假日期间以及季节的变化而变化。因此，历史行驶数据可用于生成所需的预测数据。Aabrandt 等人于 2012 年提出了一种预测日常行驶数据的方法。传统需求同样遵循常规模式。

对日前电价的预测将需要多个数据进行分析计算，包括必须运行的单元的操作数据，例如热电联产和常规负荷电厂以及预测的风电水平。随着低成本可再生能源发电量的增加，天气预报将对日前电价走势产生越来越大的影响。

一旦确定了预测，就可以根据未来一天的电价状况计算各位置的充电需求；假设所有 FO 都以成本最低为目标优化其充电计划，得到的曲线是不受干扰的充电响应曲线。根据该充电曲线，可以确定电网阻塞的发生率，并计算出相应的电价。整体流程图是如图 10.1 所示。

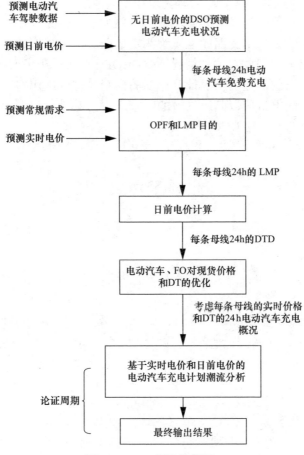

图 10.1　DT 框架流程图

10.2.2　动态电价计算

LMP 可确保电力市场的经济最优性，因为它反映了电网中每个位置的电力供应的真实成本，这个真实成本指的是生成的边际成本和与电网物理约束相关的成本。

理想情况下，应用于电动汽车充电需求的任何电价也应反映提供充电能量的成本。因此，DT 是基于 LMP 建模并求解的。但是为了反映电动汽车充电需求需要进行一些调整，进一步的解释如下所示。

在节点电价结构下运行的电力市场要求市场参与者向日前市场提交发电和负荷曲线。这些曲线在最佳潮流（OPF）算法中作为已知条件输入进去。该算法将与线路流量、母线电压和无功潮流等相关的约束结合起来，超越了传统的发电 - 需求平衡约束。

这里选择的目标函数是发电成本最小化。由于需求被认为是非弹性的，这与社会福利最大化相对应。常规 OPF 计算可以用于其他目标，例如最小化功率损耗。

直流潮流算法是快速计算实际潮流的有效方法。但是，没有提供关于无功潮流的信息，并且假设每个支路的电压为额定电压。由于阻塞通常以线路和变压器过负荷的形式出现，因此在这种情况下，DCOPF 算法适用于 LMP 的计算。因为配电网中存在大量的节点，所以计算速度的提高是这一应用的一个主要优势。由于电动汽车需求的电价应以其所导致的阻塞成本为基础，损失的费用被认为与此无关，因此使用无损耗的 DCOPF。

下面给出 DCOPF 的公式，并解释 LMP 计算。目标函数

$$\min \sum_{i=1}^{N} c_i(G_i) \tag{10.1}$$

约束条件为

$$\sum_{i=1}^{N} G_i = \sum_{i=1}^{N} D_i \tag{10.2}$$

$$\sum_{i=1}^{N} \mathrm{PTDF}_{k-i} \times (G_i - D_i) \leq \mathrm{Limit}_k, \quad k = 1, 2, \cdots, M \tag{10.3}$$

$$G_i^{\min} \leq G_i \leq G_i^{\max} \tag{10.4}$$

式中，n 是电动汽车数量；i 是支路数量；c_i 为 i 号电动汽车的发电成本函数（丹麦克朗/MWh），G_i 为 i 号电动汽车的调度功率（MWh/h）；$G_i^{\max}$ 和 $G_i^{\min}$ 是 i 号电动汽车的最大、最小调度功率；D_i 是 i 号电动汽车的需求功率；PTDF_{k-i} 为支路 i 到 k 的功率传递因子或发电转移系数；Limit_k 是支路 k 的功率极限（MW）。功率传递分布系数是在母线上对增量潮流的灵敏度；因此，母线功率是由系统所有母线上的发电机出力组成的，每条母线都有一个单独的出力系数或发电转移系数。DCOPF 的拉格朗日函数为

$$L = \left(\sum_{i=1}^{N} c_i \times G_i \right) - \lambda \times \left(\sum_{i=1}^{N} G_i - \sum_{i=1}^{N} D_i \right)$$

$$- \sum_{k=1}^{M} \mu_k \left[\sum_{i=1}^{N} \mathrm{PTDF}_{k-i} \times (G_i - D_i) - \mathrm{Limit}_k \right] \tag{10.5}$$

i 号电动汽车的 LMP 可以通过下式描述：

$$\mathrm{LMP}_i = \frac{\partial L}{\partial D_i} = \lambda + \sum_{k=1}^{M} \mu_k \times \mathrm{PTDF}_{k-i} \tag{10.6}$$

第10章 考虑电动汽车阻塞管理的日前电价

上面所示的 LMP 公式得出了与系统发电机出力曲线有关的节点电价。基于该公式应用 DT 将导致无效的电动汽车充电响应，因为与电动汽车充电行为相比，信号与发电机出力趋势更相关。由此产生的 LMP 将适当地产生涵盖阻塞持续时间的电价；然而，这种规模不适合产生所需的响应。例如，考虑 24h 以上的电价范围在 200~500 丹麦克朗/MWh 之间，并且在最低成本小时内出现阻塞；20 丹麦克朗/MWh 时的电价不太可能产生任何有意义的阻塞预防措施，因为低谷的电价将保持在较低的成本时间段内。因此，用于计算电价的 LMP 公式必须考虑所有时间段的电价，而不是只考虑某一时刻的电价。

出于这个原因，使用替代公式来产生电价值。在这个替代公式中，系统仅用两个发电机建模：一次发电机以预测的市场清算电价供电，而二次发电机以市场结算电价加上溢价供电，其中溢价等于优化期间的最大电价范围。发电机放置在电网的两端，以便于控制二次发电机功率流向和减轻输电阻塞。

在无阻塞条件下，主发电机将以市场清算电价提供所有所需的电力，并且电价将为零。在用电高峰时段期间，将要求二次发电机产生电力，以便满足 DCOPF 的线路流量约束。由此公式得出的上网电价将反映每日电价概况，因此其幅度将产生所需的充电响应，同时也能看出每辆电动汽车对缓解系统阻塞的相对贡献。

除了上述改动之外，还必须考虑到线路流量约束 $Limit_k$。如果将此约束保持为实际物理约束，由此产生的电价能够有效地将充电从用电高峰时期转移出去。但是如果相邻的时间段也是低成本时间，那么将简单地转移到此时充电。这些时期是在移位之前可能已经处于高负荷，额外的充电将导致先前没有的用电阻塞（即二次阻塞峰值）。因此，重要的是 LMP 的时间范围确保在系统负荷较低的时段之间充分充电。为了进一步分散充电，远离系统过负荷，可以通过减少 DCOPF 计算中使用的线路流量极限来部分解决此偏移问题。

在某些情况下，应用一些电价方法后可能出现二次阻塞的情况。然而，这是一种不确定的方法，可能导致无效或不必要的电价。显然，必须采用迭代方法来确保电价的最佳应用。

这里采用的方法是设置 DCOPF 计算中使用的线路流量限制，得到的线路流量限制仅代表由传统需求产生的平均系统负荷。如果直接使用由此产生的电价，将导致电价过高，因为它几乎涵盖整个用电高峰期。相反，考虑系统负荷曲线，即系统上任何组件的最大负荷曲线。我们将系统负荷曲线与 LMP 一起考虑，研究仅在系统负荷高于给定负荷水平的情况下电价应用情况（下面进一步讨论）。

最初的电价应用可能导致二次用电高峰，因此需要对调整电价申请过程进行第二次迭代。由于 DSO 知道了或预测了充电要求和约束条件，并且可以确定对给定电价方案的充电响应，因此不需要涉及市场的任何迭代。所有迭代都可以由 DSO 单独运行，然后可以向 FO 发放最终的电价。这里需要考虑的另一个因素是，在进一步的迭代中，阻塞可能会转移回到先前迭代中应用电价调整的位置，这表明需要更高的电价幅度。

我们可以在这里考虑，电价调整由两个要素组成：幅度和时间范围。幅度由修改后的 LMP 决定，而时间范围则通过系统给定的曲线的迭代分析来处理。这个过程如图 10.2 中的流程图所示。

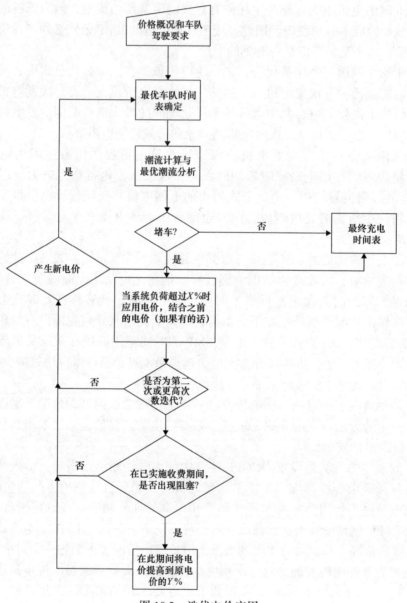

图 10.2 迭代电价应用

该优化中包括两个变量：电价应用下的系统负荷水平 X 和因重复阻塞的电价

增加量 Y。可以改变所选的负荷水平 X 以提高电价调整的准确性：更高负荷的水平（最高到100%）将更准确地调整电价，但需要更多的迭代才能完全缓解阻塞。较低的级别将导致迭代次数减少，但是所应有的电价可能不是最优的。该原理同样适用于电价的增加，其中较小的电价增量导致更准确的解决方案，但需要增加迭代。可以调整 X 和 Y 的值以满足用户偏好。

10.2.3 电动汽车最优充电管理

智能充电或战略性计划充电的概念是该领域的文献中经常讨论的概念，详见 10.1 节。人们普遍认为，FO 或聚合商为了最大限度地降低总成本安排充电。这种成本最小化优化与其作为商业实体的追求利润的目标一致。10.2.2 节中提到的 DT 概念基于这样的假设，即 FO 将以日前电价和动态电网电价的组合形式响应电价信号来优化其车队的充电行为。

通过使用线性编程优化可以得出最佳的电动汽车充电曲线，如下所示。在这种情况下使用线性规划假定 FO 是电价接受者并且不发挥市场力量。这是电动汽车早期使用阶段的有效假设。然而，随着电动汽车规模的扩大，FO 可能会运用一定程度的市场力量。Kristoffersen 等人在 2011 年详细说明了如何通过使用二次规划将其纳入类似的优化，他们认为可以用二次目标函数来考虑由于 FO 的博弈而引起的日前市场变化。

FO 的最优充电优化的数学公式如下所示。目标函数是在相对于预测的日前电价和公布的位置 DT 的组合下的最小充电总成本。

目标函数

$$\min \sum_{t=1}^{T}\sum_{i=1}^{I}\sum_{n\in i}(E_{n,t}(C_t + \mathrm{DT}_{i,t})) \qquad (10.7)$$

电动汽车充电限制的约束条件为

$$0 \leq E_{n,t}u_{n,t} \leq E_{\max} \quad \forall t,n \qquad (10.8)$$

$$\mathrm{SOC}_{\min} \leq \mathrm{SOC}_{\mathrm{init}} + \sum_{t=1}^{\tau_n}E_{n,t}u_{n,t} - \sum_{t=1}^{\tau_n+\tau_{n,d}}E_{d,n,t}v_{n,t} \leq \mathrm{SOC}_{\max} \qquad (10.9)$$

$$u_{n,t}+v_{n,t} \leq 1 \quad \forall t,n \qquad (10.10)$$

$$v_{n,t}+u_{n,t} \in \{0,1\} \quad \forall t,n \qquad (10.11)$$

式中，C_t 是 t 时刻的分时电价（丹麦克朗/kWh）；$\mathrm{DT}_{i,t}$ 是 i 号公交车 t 时刻的 DT（丹麦克朗/kWh），$E_{d,n,t}$ 是 t 时段内 n 号电动汽车行驶需求（kWh）；$E_{\max}$ 是 t 时刻的最大充电能量（kWh）；$\mathrm{SOC}_{\min}$ 是蓄电池最小 SOC 量；$\mathrm{SOC}_{\mathrm{init}}$ 是 SOC 初始电量；τ_n 是车辆离开充电站并无法充电的时间集合；$\tau_{n,d}$ 是车辆无法充电的一组持续时间集合；

$v_{n,t}$ 表示电动汽车行驶状态的二进制参数，其中 1 代表行驶，0 代表可供充电；i 表示公交车数；n 表示电动汽车数；$E_{n,t}$ 表示 t 时段内 n 号电动汽车的充电电能（kWh），$u_{n,t}$ 表示电动汽车充电状态的二元控制变量，其中 1 代表充电，0 代表不充电。

该优化中采用的约束是指用户的充电要求和电池的物理约束。式（10.8）中的约束限制了充电功率，这通常由电网连接决定。式（10.9）确保离开充电位置时的电池 SOC 至少能满足离开充电位置时的行驶要求，同时可以通过额外充电来满足以后的行驶要求。该约束还确保电池 SOC 保持在最小和最大约束之间；这些都是为了防止过度充电或放电导致电池寿命缩短（Yoshida 等，2003）。式（10.10）是一种可确保在车辆行驶时无法安排充电的约束。

10.3 案例分析

为了评估提出的动态电网电价概念对防止电动汽车充电需求造成的阻塞的有效性，我们进行了大量的案例研究。这些研究的目的是确定概念的局限性，确定关键的阻塞潜在因素，并在许多阻塞情况下演示动态电网电价的性能。

由于该概念是为在北欧市场实施而设计的，因此在此处使用基于丹麦数据的学习环境非常合适。行驶数据来自丹麦国家旅行调查（DNTS）、（Wu 等，2010），以及模拟电动汽车充电的电网是来自丹麦博恩霍尔姆岛的低压电网。

10.3.1 车辆行驶数据

DNTS 是有关丹麦居民行驶习惯的丰富数据。丹麦家庭在一个特定的日子里对他们的行驶行为进行了调查；因此调查数据涵盖所有车辆类型（而不是特定类别的车辆或消费者）的行驶模式。

该调查的数据用于开发一组用于所有案例研究的车辆。所提供数据的一部分被确定为最适合于开发电动车队的准确表示，包括行驶距离、行驶停止和开始时间、中途停留地点和持续时间以及星期几。

由于 DNTS 是在传统车辆上进行的，因此某些样品不适合作为电动汽车进行分析，因为它们的行驶距离超出了典型电动汽车正常行驶距离。从数据中过滤出这些样品，同时考虑到应满足所有行驶电量要求，同时考虑电池容量和可能的充电持续时间所带来的约束。有关电池容量的更多详细信息如下。

行驶行为自然地随时间而变化，特别是在工作日和假日之间。为了确保行驶行为的准确表示，数据被过滤以选择只有在一周中某一天拍摄的样本。对于随后的案例研究，所有行驶数据均来自星期一。从过滤的数据中随机选择 60 辆电动汽车的群组。

通过使用转换因子将最终电动汽车群组的行驶距离转换为能量需求，例如 Wu 等人在 2010 年使用了 0.15kWh/km 的系数。最终的车辆车队主要用于演示 DT 概念；然而，对群体的驱动能量需求和充电可用性的分析也提供了对应的阻塞发生率。这种分析对于案例研究的发展很有价值,特别是为了测试 DT 概念的性能而产生的电价概况。可以确定这三个因素对阻塞发生率的影响很大,分别为在群组内充电的可用性水平、可用性窗口期间的充电要求以及电价概况。图 10.3 显示了在给定的 24h 内所选择的群组的可用性。水平部分表示每辆电动汽车,白色表示充电的可用性,灰色表示行驶时段。在这种情况下,车辆只能在主要住所时充电。

从图 10.3 可以看出,这项研究的车队由通勤车辆和短途回家车辆组成。这导致在上午晚些时候和下午早些时候的充电量较低。在这些时段内可用于充电的那些车辆通常充电要求较低,因为它们的行驶距离短。因此,即使电价概况使得最低成本时间发生在当天中,当时许多车辆可用于充电,在这些时段期间也不可能出现阻塞,这仅仅是因为它们可能不需要充电。

观察图 10.3 告诉读者许多通勤车辆在傍晚 17:00 左右返回住宅,这在丹麦是典型的。这些车辆通常比家用车辆行驶更久,并且它们的电池电量可能已经基本耗尽,为了准备第二天早晨的行驶要求就会出现较大的充电需求。出于这个原因,傍晚电价的低谷会在测试电网上引发大量的阻塞。

对行驶数据的分析为随后的案例研究选择电价概况提供了依据。

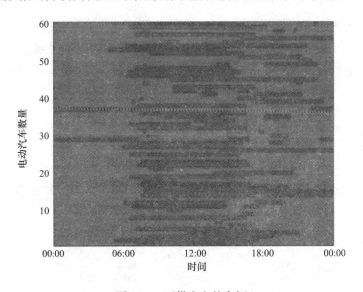

图 10.3 可供充电的车辆

10.3.2 电动汽车车队特性

该车队包括 60 辆电动汽车。在每项研究中使用相同的车队和电池参数来维持各个案例之间的可比性。电池的 SOC 通常具有最大值和最小值约束,假设它们分别是电池容量的 85% 和 20%,每辆电动汽车的最大充电功率假定为 2.3kW。这不是由电池型号决定的,而是由电网结构决定的。

根据行驶电量要求，电池容量和初始 SOC 根据电动汽车而变化。平均电池容量为 20kWh，平均初始 SOC 为 50%。最终的 SOC 由白天的行驶要求和充电行为确定，这对应于第二天的初始 SOC。

由于充电计划优化是成本最小化并且对最终 SOC 没有限制，因此群组将倾向于电池耗尽。可以使用许多方法来抵消这种情况，例如指定最小的最终 SOC。这种方法不考虑在以后更经济的充电的可能性，以满足第二天的行驶电量需求。在随后的案例研究中，采用的方法是在 48h 内进行优化，但仅考虑提交到日前市场的前 24h。这可以使电池耗尽的现象大大减少，因为可以在优化窗口之外的时段中针对电价和行驶要求安排充电。

10.3.3 电价概况

每个案例研究都是在同一组电动汽车上进行的。但是，在每种情况下都提供不同的电价。基于前面描述的行驶数据分析的结果选择上网电价。选择它们的目的是说明在各种电价概况刺激下 DT 概念的有效性。在整个优化周期内具有恒定电价的控制案例用于说明阻塞不是正常操作条件，而是由电价刺激引起的集中充电导致的。

其余案例使用战略性生成的电价概况。正如先前关于行驶数据的讨论所强调的那样，在长时间行驶后，交通拥堵最有可能出现在低成本时段，此时车辆可用性很高。最糟糕的情况是，当通勤者回家时，傍晚时间成本最低。额外的单峰或单谷电价证明了在没有应用 DT 的情况下会引起阻塞。在案例研究中还采用了多峰谷电价模式来研究对波动性较大的电价信号的充电响应。

电价概况的详细信息如表 10.1 和随后的图所示。

表 10.1 电价水平详细信息的案例分析

案例分析	电价水平详细信息
1	平坦曲线（可控）
2	双谷——清晨和傍晚
3	单峰——夜间
4	单峰——夜间
5	单谷——夜间
6	单谷——傍晚（最差场景）
7	通过优化窗口实现波动
8	通过优化窗口实现高频波动

10.3.4 电网

我们选丹麦的博恩霍尔姆岛的 0.4kV 配电网用于案例研究。电网如图 10.4 所示。它由两个由一个分支连接的径向部分组成。该电网有 33 条母线,33 条电缆,72 个住宅用户,两个 10/0.4 kV 变压器和两台发电机。位于图 10.4 顶部的发电机代表来自外部电网的功率注入。第二台发电机是用于确定 LMP 的模拟工具。第二台发电机有助于沿 OPF 公式中的阻塞分支部分的反向潮流。发电机位于电网的相对两端,以便于最大功率重定向。DT 由 LMP 计算确定,一旦这些被正确地应用于缓解阻塞,第二台发电机就不提供任何电力,因为不需要电力重定向。

10.3.5 软件和案例参数研究

案例研究使用数学工具的 MATLAB 和 DigSilent 的 PowerFactory 进行。MATLAB 中的线性编程包用于计算最佳充电时间表。PowerFactory 用于对电网建模并使用 DCOPF 求解器计算 LMP。

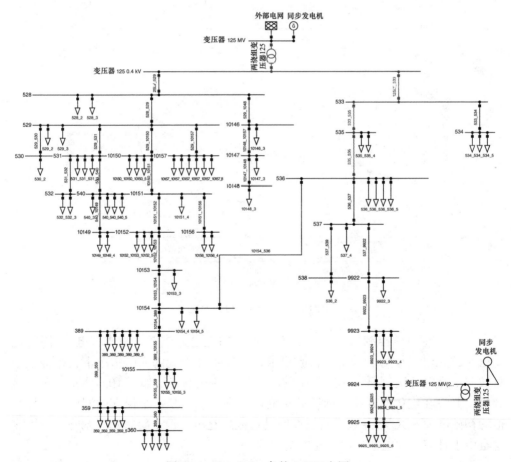

图 10.4 Bornholm 岛的 0.4kV 电网

如 10.2.2 节所述,DT 公式需要调整 X 和 Y 参数。在这里的案例研究中,X

值取 90%，Y 值取 25%。这些值在每种情况下的几次迭代中提供了令人满意的结果。

10.3.6 案例分析结果

图 10.5 显示了使用和不使用 DT 的系统负荷。系统负荷用作电网上存在的阻塞程度的指示器。由于整个电网中的组件负荷不同，系统负荷指示器表示系统上任何线路或变压器上的最大实际功率负荷；系统负荷超过 100% 表示阻塞。显示日前电价概况是用来告知读者电价概况对阻塞发生率的影响。显示了动态上网电价。为了便于理解，还显示了各地点充电的平均值。

控制案例如图 10.5 所示，说明在没有变化的电价刺激的情况下不存在阻塞。从这种情况也可以得出结论，可以通过应用适当的电价刺激来分散充电以完全缓解阻塞。

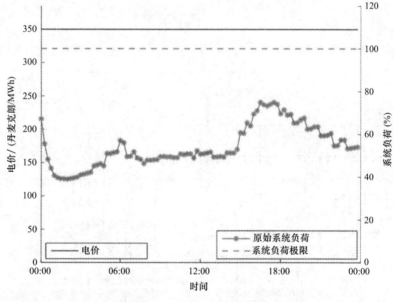

图 10.5　案例 1—可控充电

应当注意，该控制情况不代表不受控制的充电，或者"哑式充电"，因为电动汽车的充电只是为了满足其行驶要求，而在不受控制的充电情况下，车辆电池将被完全充电。案例研究车辆车队的不受控制的充电表示如图 10.6 所示。对于该分析，假设在优化期开始之前所有车辆都充满电。这是一个保守的假设，选择其他的初始电池 SOC 将导致在清晨期间进行额外充电，但不会影响阻塞峰值，因为这是由于日前行驶电池耗尽后充电引起的。

案例 2，如图 10.7 所示，说明了一种更具挑战性的场景，其中低成本的时间发生在晚上和早上，也就是通勤车辆充电的黄金时段。147% 系统过负荷成功降低至 100%。如果有必要进一步减少系统负荷，则可以为电费计算算法提供替代的阻

第10章 考虑电动汽车阻塞管理的日前电价

塞阈值。

需要高的电价水平来完全缓解阻塞,然而 DT 算法中的 X 和 Y 参数的调整可以降低这种成本,因为可以以更精细的分辨率调整电价。

案例 3（见图 10.8）演示了一种情况,即仅在高峰时期增加电价,可以更容易地缓解阻塞。

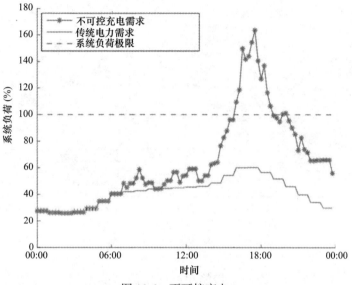

图 10.6　不可控充电

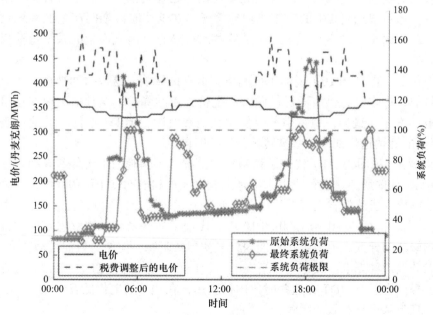

图 10.7　案例 2

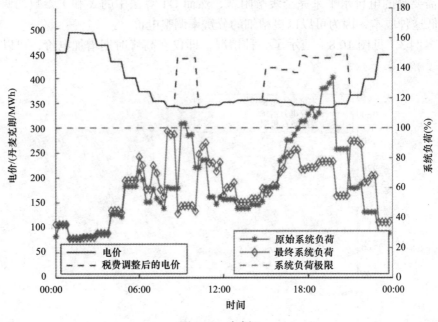

图 10.8 案例 3

案例 4（见图 10.9）说明了最简单的缓解阻塞的案例之一。在这里，电价峰值与典型的晚间充电峰值一致，因此在此期间之外安排充电。只有轻微的阻塞是明显的，这可以通过 DT 的应用成功地缓解。在这些时段期间产生的系统负荷非常低，并且由于电动汽车充电完全从这些时段转移，因此产生的系统负荷仅来自传统需求。

案例 5（见图 10.10）说明了夜间电价低谷的影响。这段时间被视为主要充电期。目前，许多电力供应商提供两部制电价，夜间降价，这种情况说明这可能不适合电动汽车。最初，似乎阻塞仅发生在清晨时段，但 DT 在傍晚的应用表明在 DT 算法的后续迭代期间阻塞被转移到这些时段。

案例 6（见图 10.11）代表了最糟糕的情况，即傍晚的电价低谷导致阻塞率接近 160%。如前所述，这种充电水平是由充电要求和电动汽车可用性的重合峰，以及日前电价形成的低谷引起的。尽管如此，通过应用 DT 可以轻松缓解这种阻塞。

案例 7 和 8（见图 10.12 和图 10.13）代表了一些最容易缓解阻塞的案例。电价的频繁波动导致充电集中在短期内，最初导致阻塞。但是，只需稍微改变电价，就可以分散这种充电。在这两种情况下，最初的阻塞水平超过 150%，并且在早晨和晚上都出现阻塞。DT 在这些时段内被应用，在额外的电价低谷中，充电将被分散，并且阻塞得到有效的缓解。

第 10 章　考虑电动汽车阻塞管理的日前电价

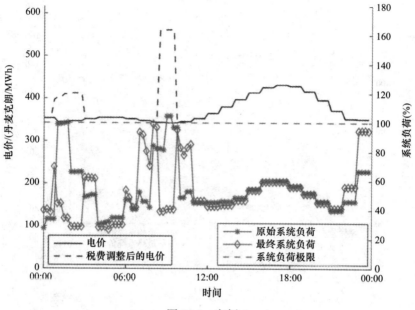

图 10.9　案例 4

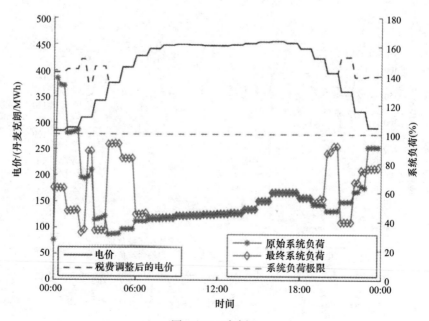

图 10.10　案例 5

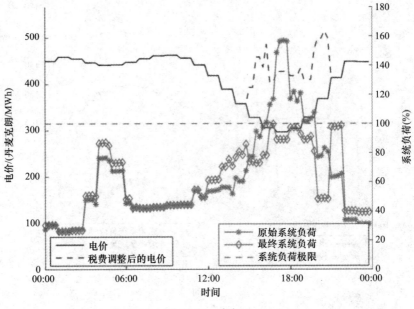

图 10.11　案例 6

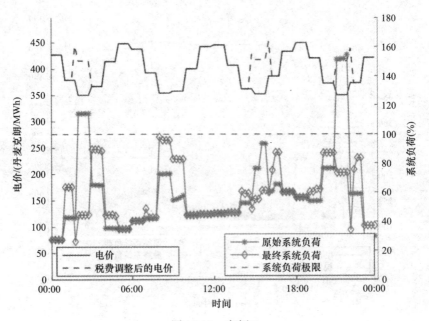

图 10.12　案例 7

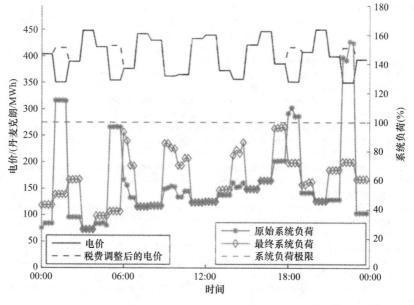

图 10.13　案例 8

10.4　结论

本章详细介绍的动态电网电价的一种有效的方式，可以在住宅环境中为 FO 管理的电动汽车建立无阻塞的日前充电时间表。该动态电价的应用增加了电网的电动汽车托管容量，从而推迟了对电网升级改造的昂贵需求。

该制定动态电价的方法专门设计用于在日前市场环境中直接实施，特别是北欧市场，而无需进一步改变市场运作。相关市场参与者之间的信息传递被最小化，特别是，FO 不需要知道电网状态。这有助于在单个电网上运行多个 FO，从而允许充电服务提供商之间的竞争符合完全竞争的电力市场的原则。

本章概述的案例研究证明了动态电网电价概念能够从日前规划角度预防电动汽车相关阻塞的效果。已经表明，在所有检查的案例中，DT 都能成功地防止阻塞。但是应该指出的是，在某些情况下需要非常高的电价来确保完全防止阻塞。在这种情况下，应评估各电网电价所对应的社会成本和预防阻塞所带来的好处。防止过多的 DT 可能构成 DSO 作为自然垄断的监管规则的一部分。

参考文献

[1] Aabrandt, A., Andersen, P.B., Pedersen, A.B. *et al.* (2012) Prediction and optimization methods for electric vehicle charging schedules in the EDISON project, in *2012 IEEE PES Innovative Smart Grid Technologies (ISGT)*, IEEE, Piscataway, NJ.

[2] Dyke, K.J., Schofield, N., and Barnes, M. (2010). The impact of transport electrification on electrical networks. *IEEE Transactions on Industrial Electronics*, 57 (12), 3917–3926, doi: 10.1109/TIE.2010.2040563.

[3] Fan, Z. (2011) Distributed charging of PHEVs in a smart grid, in *2011 IEEE International Conference on Smart Grid*

Communications (SmartGridComm), IEEE, Piscataway, NJ, pp. 255–260.

[4] Galus, M. and Andersson, G. (2009) Integration of plug-in hybrid electric vehicles into energy networks, in *2009 IEEE Bucharest PowerTech*, IEEE, Piscataway, NJ, pp. 1–8, doi: 10.1109/PTC.2009.5282135.

[5] Gong, Q., Member, S., Midlam-Mohler, S. *et al.* (2011) Study of PEV charging on residential distribution transformer life. *IEEE Transactions on Smart Grid*, 3 (1), 404–412.

[6] Hammerstrom, D.J., Investigator, P., Ambrosio, R. *et al.* (2007) Pacific Northwest GridWise TM Testbed Demonstration Projects Part I. Olympic Peninsula Project.

[7] Hamoud, G. and Bradley, I. (2004) Assessment of transmission congestion cost and locational marginal pricing in a competitive electricity market. *IEEE Transactions on Power Systems*, 19 (2), 769–775.

[8] Kelly, F.P., Maulloo, A.K., and Tan, D.K.H. (1998) Rate control for communication networks: shadow prices, proportional fairness and stability. *Journal of the Operational Research Society*, 49 (3), 237–252, doi: 10.1038/sj.jors.2600523.

[9] Kelly, L., Rowe, A., and Wild, P. (2009) Analyzing the impacts of plug-in electric vehicles on distribution networks in British Columbia. *2009 IEEE Electrical Power & Energy Conference (EPEC)*, IEEE, Piscataway, NJ, pp. 1–6, doi: 10.1109/EPEC.2009.5420904.

[10] Kempton, W. and Tomić, J. (2005) Vehicle-to-grid power fundamentals: calculating capacity and net revenue. *Journal of Power Sources*, 144 (1), 268–279, doi: 10.1016/j.jpowsour.2004.12.025.

[11] Kristoffersen, T.K., Capion, K., and Meibom, P. (2011) Optimal charging of electric drive vehicles in a market environment. *Applied Energy*, 88 (5), 1940–1948, doi: 10.1016/j.apenergy.2010.12.015.

[12] Kumar, A., Srivastava, S., and Singh, S. (2004). A zonal congestion management approach using real and reactive power rescheduling. *IEEE Transactions on Power Systems*, 19 (1), 554–562.

[13] Li, Q., Cui, T., Negi, R. *et al.* (2011) On-line decentralized charging of plug-in electric vehicles in power systems, arXiv:1106.5063v1.

[14] Lopes, J.A.P., Soares, F., and Almeida, P.M.R. (2009) Identifying management procedures to deal with connection of electric vehicles in the grid, in *2009 IEEE Bucharest PowerTech*, IEEE, Piscataway, NJ, pp. 1–8, doi: 10.1109/PTC.2009.5282155.

[15] Lopes, J.A.P., Soares, F.J., and Almeida, P.M.R. (2011) Integration of electric vehicles in the electric power system. *Proceedings of the IEEE*, 99 (1), 168–183.

[16] Maitra, A., Kook, K., and Taylor, J. (2010) Grid impacts of plug-in electric vehicles on Hydro Quebec's distribution system, in *2010 IEEE PES Transmission and Distribution Conference and Exposition*, IEEE, Piscataway, NJ, pp. 1–7, doi: 10.1109/TDC.2010.5484352.

[17] Papavasiliou, A., Oren, S.S., and O'Neill, R.P. (2011) Reserve requirements for wind power integration: a scenario-based stochastic programming framework. *IEEE Transactions on Power Systems*, 26 (4), 2197–2206.

[18] Shao, S., Zhang, T., Pipattanasomporn, M., and Rahman, S. (2010) Impact of TOU rates on distribution load shapes in a smart grid with PHEV penetration, in *2010 IEEE PES Transmission and Distribution Conference and Exposition*, IEEE, Piscataway, NJ, pp. 1–6.

[19] Singh, H., Hao, S., and Papalexopoulos, A. (1998) Transmission congestion management in competitive electricity markets. *IEEE Transactions on Power Systems*, 13 (2), 672–680.

[20] Sundstrom, O. and Binding, C. (2010) Planning electric-drive vehicle charging under constrained grid conditions, in International Conference on Power System Technology POWERCON2010, Hangzhou, China.

[21] Sundstrom, O. and Binding, C. (2011) Flexible charging optimization for electric vehicles considering distribution grid constraints. *IEEE Transactions on Smart Grid*, 3 (1), 26–37.

[22] Taylor, J., Maitra, A., and Alexander, M. (2009) Evaluation of the impact of plug-in electric vehicle loading on distribution system operations, in *2009 IEEE Power and Energy Society General Meeting (PESGM 2009)*, IEEE, Piscataway, NJ, pp. 1–6.

[23] Taylor, J., Maitra, A., Alexander, M. *et al.* (2010) Evaluations of plug-in electric vehicle distribution system impacts, in *2010 IEEE Power and Energy Society General Meeting*, IEEE, Piscataway, NJ, pp. 1–6.

[24] Wu, Q., Nielsen, A., Østergaard, J. *et al.* (2010) Driving pattern analysis for electric vehicle (EV) grid integration study, in *2010 IEEE PES Innovative Smart Grid Technologies Conference Europe (ISGT Europe)*, IEEE, Piscataway, NJ, pp. 1–6. doi: 10.1109/ISGTEUROPE.2010.5751581.

[25] Yoshida, H., Imamura, N., and Inoue, T. (2003) Capacity loss mechanism of space lithium-ion cells and its life estimation method. *Denki Kagaku oyobi Kogyo Butsuri Kagaku*, 71 (12), 1018–1024.

[26] Zhao, L., Prousch, S., Hubner, M., and Moser, A. (2010) Simulation methods for assessing electric vehicle impact on distribution grids, in *2010 IEEE PES Transmission and Distribution Conference and Exposition*, IEEE, Piscataway, NJ, pp. 1–7.

第11章

电动汽车并网对配电网的影响研究

吴秋伟，Arne Hejde Nielsen，Jacob Østergaard，丁一
丹麦科技大学电气工程系电力与能源中心，丹麦灵比

11.1 引言

选择投入大量的电动汽车得到了多方面的关注。用电动汽车取代传统内燃机汽车将减少交通运输业的温室气体排放。同时，电动汽车充电需求的灵活性可以用来平衡可再生能源（RES）发电的间歇性。虽然电动汽车并网有利于环保，并且可以帮助更多可再生能源并入电网，但必须研究电动汽车并网所带来的影响，以确定电动汽车并网后电网的瓶颈与测试不同的充电方案。

许多研究表明，电动汽车造成的电网阻塞可以在中压水平观察到[1, 2]。对中压电网的阻塞问题已经开展了大量的分析研究，然而该过程中也发现这些问题也会发生在低压电网。因此，对该电网的分析应作为阻塞研究的初级阶段[1, 3, 4]。

电网的阻塞程度取决于多个因素，包括本地电网电压等级和拓扑结构、电动汽车的渗透率和分布以及充电管理程序。而协调充电似乎是在不违反电网约束的情况下提高电动汽车渗透率的有效方法。协调充电的最佳方式存在一定的不一致性，提出了若干不同的目标，包括电动汽车渗透率的最大化[1]、网损最小化[2]和客户充电成本最小化[5, 6]。Sundstorm 和 Binding 进行的研究[5]表明：在电动汽车充电管理的迭代优化中，需要大量的算力来处理电网约束。

另一种防止电网阻塞的方法是在充电器中包含检测电压的设备，当电压下降超过给定阈值时，这些设备就会停止充电。另外，还可以调整功率因数来校正电压降。这些方法在许多论文中都有提到[7-9]。

本章对电动汽车并网的影响进行了研究，以量化不同电动汽车充电场景下电动汽车需求对负荷和电压降的影响，并确定配电网瓶颈。本章其余内容安排如下：11.2节为影响研究方法与场景；11.3节为博恩霍尔姆岛电网概述；11.4节为需求量建模；11.5节、11.6节、11.7节分别给出了博恩霍尔姆岛电网0.4kV、10kV、60kV 电压等级下的影响研究结果；11.8节为结论。

11.2 研究方法与场景

对电动汽车并网的影响研究方法包括：根据电网模型、现有需求和电动汽车

充电需求进行的每日时间序列潮流,来研究电动汽车并网对配电网内电气元件负荷和电压降的影响。研究的步骤如图11.1 所示。

11.2.1 电动汽车并网影响的电网模型

电动汽车并网影响研究的理想方案是使用完整的电网模型进行时序潮流研究。然而,在现实中使用此方法是相当困难的。首先,我们很难获得开发完整电网模型所需的所有数据。当对家庭或工作场所的电动汽车进行充电时,电动汽车将连接至低压电网(丹麦为 0.4kV)。因此,所有的低压电网都应该建模。在大多数情况下,配电系统运营商 (DSO) 没有以数字格式保存低压电网的所有数据。将现有的数据转换为数字格式,建立完整的低压电网模型将是非常耗时和繁琐的。其次,低压电网和中压电网在正常运行时是相互独立的,因此,采用典型的低压和中压电网来研究电动汽车对电网的影响是可行的。

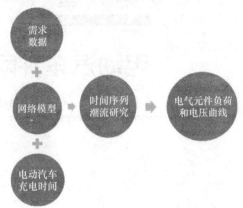

图 11.1　电动汽车电网影响研究流程图

因此,对于本章中的电动汽车对电网影响研究,本文采用 PowerFactory 中的博恩霍尔姆岛电力系统模型,在三个电压等级(60kV、10kV 和 0.4kV)下进行了研究。对 60kV 等级的系统,采用的模型为带有发电机和 60/10kV 变电站的 60kV 博恩霍尔姆岛电网模型。对 10kV 和 0.4 kV 等级的系统的研究,采用的模型为两种典型的 10kV 电网模型和一种典型的 0.4 kV 电网模型,其中 10kV 电网为市区的 Ronne Syd 10kV 电网和农村地区的 Svaneke 10kV 电网,0.4kV 电网是连接到 10/0.4kV 二次变电站的 0.4kV 电网。

11.2.2 电力需求数据

从功率负荷和电压分布的角度来说,应获得最大负荷和最小电压,并检查其是否在规定的范围内。因此,选择最大峰值所对应的日需求来研究时序潮流。

在对 60kV 电网的影响的研究中,采用的是博恩霍尔姆岛 SCADA 系统的实测数据。

对于 10kV 电网,电网内所有用户的用户类型已知,根据不同用户类型的典型需求曲线、用户类型和年用电量,求得分度为 1h 的日需求曲线,然后将需求进行汇总,并放入 10/0.4kV 二次变电站。

对于 0.4kV 电网,采用与 10kV 电网相同的方法得到分度为 1h 的日需求曲线。

11.2.3 电动汽车需求数据

电动汽车的充电需求取决于电动汽车的渗透率水平、单辆电动汽车充电功率和电动汽车充电场景。在本章电动汽车并网影响研究中，采用了10%、15%和20%三个电动汽车渗透率水平。考虑两种单独的电动汽车充电电源选择：单相16A充电和三相16A充电。表11.1列出了考虑不同电动汽车渗透率的负荷情况，使用的5种充电方案见表11.2。

表 11.1　所考虑的负荷情况

负荷情况	电动汽车编号	相数	电流 /A	最大充电功率 /kW	电动汽车渗透率（%）
1	2000	1	16	3.7	10
2	2000	3	16	11.0	10
3	3000	1	16	3.7	15
4	3000	3	16	11.0	15
5	4000	1	16	3.7	20
6	4000	3	16	11.0	20

表 11.2　电动汽车充电场景定义

充电策略	描述
哑式充电	每辆电动汽车每次连接（即不行驶）充电至完全收缩荷电状态（即85%的完全充电）
回家哑式充电	每辆电动汽车在当天最后一次驾车旅行后返回家时充电至完全收缩荷电状态
按时充电	如果已连接，则每辆电动汽车在一天中的某个时间（例如 22:00）开始充电。如果没有连接，它将在22:00后返回家时开始充电，如果之前没有断开连接，它将充电至完全收缩充电状态
全天组队充电	每辆电动汽车将以最佳方式充电，直到每次电动汽车充电至完全收缩荷电状态，在电力成本高的时候也连接（即不开车）
夜晚组队充电	在电力成本最低的时间段内，每辆电动汽车每天的最佳充电将达到完全收缩荷电状态。这是最佳策略（从理论角度来看）

11.2.4　电网中的电动汽车分布

本次研究中，假设电动汽车是根据特定地区的家庭数量分配的，即电动汽车数量是根据60kV电网60/10kV一级变电站的家庭用户数、10kV电网二级变电站的家庭用户数和0.4kV电网母线的家庭用户数确定的。

11.2.5　负荷约束

为了保证电网有足够的容量来处理正常和紧急情况，需要进行N-1研究。然而，为了在一个规定时间内完成电动汽车并网对电网影响的研究，我们根据DSO的实践经验做出如下调整：

对于60kV电网，环网线路的负荷阈值设定为50%；其他类型的线路负荷阈值为100%。变压器的负荷极限为100%。

10kV电缆的载荷上限设定为67%。假设两条相邻的馈线给一条有故障的馈线重新供电，并且这两条馈线的总容量相同，并将平均分配来自故障馈线的负荷。结果是，两条馈线各自承担故障馈电线的33%负荷，从而两条馈线的负荷变为100%。

对于 0.4kV 电网，负荷阈值设置为 100%。

11.2.6 局限性

地理信息没有包含在电网模型中。因此，电动汽车的驾驶数据并没有得到精确的处理。

研究结果在很大程度上依赖于驾驶数据。广泛分布的哑式充电需求可能需要根据真实的电动汽车行驶数据或更准确的行驶数据进行更新。在现有的驾驶数据中，工作日的驾驶模式没有区别。然而，它们在现实中却大不相同，尤其是在周五。

由于电网的位置、组件（架空线路或电缆）和运行规程的不同，负荷限制可能有所不同。因此，爱迪生项目的结果不应作为电动汽车对电网影响的研究的一般结论。

11.3 博恩霍尔姆岛电力系统

博恩霍尔姆岛电力系统是位于瑞典南部的博恩霍尔姆岛的丹麦配电系统。Østkraft 是为博恩霍尔姆岛 28000 多个客户供电的 DSO。2007 年的峰值负荷为 56MW。博恩霍尔姆岛电力系统是北欧互联电力系统和电力市场的一部分，具有许多典型丹麦配电系统的特点。在面积、电力需求和人口方面，博恩霍尔姆岛大约相当于丹麦的 1%。2007 年风电渗透率超过 30%，系统可以独立运行。因此，博恩霍尔姆岛电力系统是一个独特的设施，可用于试验新的智能电网技术。

11.3.1 博恩霍尔姆岛电力系统概述

博恩霍尔姆岛电力系统的主要特点是：
- 33% 的风电渗透率；
- 独立运行能力；
- 对使用可再生能源给予强有力的政治支持和公众理解；
- 绿色能源战略——100% 以可再生能源为基础的海岛"亮绿岛"；
- DSO——Østkraft 已经加入了 PowerLabDK 的财团。

博恩霍尔姆岛电力系统的主要组成部分是瑞典的 132/60kV 变电站、瑞典与博恩霍尔姆岛之间的连接部分、60kV 电网、10kV 电网、0.4kV 电网、负荷、用户、发电机组、控制室、通信系统、沼气发电厂 "Biokraft" 和区域供热系统。

在 Borrby 132/60kV 变电站中，有两台 132/60kV 变压器。其中一个与博恩霍尔姆岛电力系统相连。从博恩霍尔姆岛电力系统到瑞典的连接部分包括架空线路和电缆。

博恩霍尔姆岛电力系统由 16 座 60/10kV 变电站和 60kV 电缆及连接变电站的架空线路组成。

10kV 博恩霍尔姆岛电力系统由 91 条馈线组成，其中架空线路 184km，电缆 730km。

博恩霍尔姆岛电力系统由 10/0.4kV 变电站、架空线路和电缆组成。0.4kV 博恩霍尔姆岛电力系统的详情如下：

- 1006 座 10/0.4kV 变电站；
- 架空线 478km；
- 电缆 1409km。

博恩霍尔姆岛的发电机组包括 1 座大型火电厂、1 台大型热电联产机组、14 台柴油发电机组、2 台生物质发电机组和 30 台风力发电机组，总发电能力 133.5MW。2007 年博恩霍尔姆岛电力系统的最大负荷为 56 MW，能耗 268 GWh。

11.3.2 PowerFactory 中的博恩霍尔姆岛电力系统模型

采用 DigSILENT 公司 PowerFactory 软件建立的博恩霍尔姆岛电力系统模型，分析了不同的电动汽车充电方案和不同的电动汽车渗透率对配电网的影响。博恩霍尔姆岛电网模型的三个部分分别在以下三个部分中介绍。

1. PowerFactory 中的 60kV 电网模型

博恩霍尔姆岛电力系统的单线图 (SLD) 如图 11.2 所示。在博恩霍尔姆岛电力系统中，60kV 电网有 16 个 60/10kV 一次变电站。60/10kV 变电站由 60kV 架空线路和电缆连接，构成网状电网。60kV 的博恩霍尔姆岛电网通过海底电缆和架空线与瑞典电网相连。Hasle 一次变电站是博恩霍尔姆岛电力系统与海底电缆的连接点，博恩霍尔姆岛电力系统的 SLD 中显示了这一点。

PowerFactory 中博恩霍尔姆岛 60kV 电网模型如图 11.3 所示。该模型由 60kV 电网的拓扑结构组成，包括电缆、架空线路和变压器，与瑞典电力系统的连接部分，包括架空线路、电缆和 135/65kV 变压器，以及每个主变电站 10kV 侧的总需求。

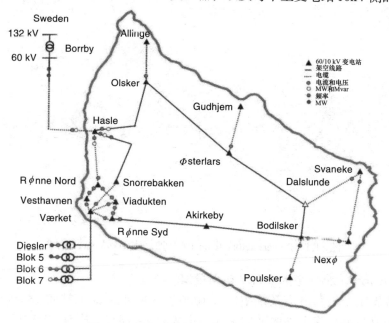

图 11.2 博恩霍尔姆岛 60kV 系统单线图

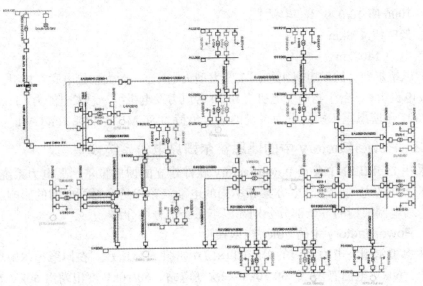

图 11.3　PowerFactory 中的博恩霍尔姆岛 60kV 电网模型

2. PowerFactory 中的 10kV 电网模型

10kV 电网模型包括所有 10/0.4kV 二次变电站（1007 座二次变电站）、每个二次变电站的集中负荷、所有 10kV 线路连接部分（电缆和架空线路）和所有 10.5kV 母线。图 11.4 所示为 PowerFactory 中的 10kV 博恩霍尔姆岛电网模型。

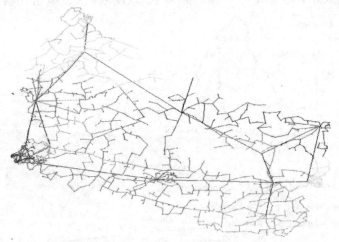

图 11.4　PowerFactory 中的 10kV 博恩霍尔姆岛电网模型

3. PowerFactory 中的 0.4kV 电网模型

在博恩霍尔姆岛电力系统中，有 1006 座 10/0.4kV 变电站向 28289 个用户供电。每座 10/0.4kV 变电站的平均接入用户数为 28.09 户。所有 10/0.4kV 变电站的用户数量和 10/0.4kV 变电站的平均用户数量如图 11.5 所示。10/0.4kV 变电站的最大用户数量为 323 个,最小用户数量为 1 个。

对所有 10/0.4kV 变电站 10kV 侧的短路容量值进行了计算,如图 11.6 所示。10/0.4 kV 变电站的最大短路容量为 100.15MVA,最小短路容量为 10.01MVA。平均短路容量为 36.66MVA。

对于 0.4kV 配电系统,只有一半的数据是数字格式的,尤其是许多 0.4kV 配电系统缺少线路长度数据。因此,根据现有数据和博恩霍尔姆岛电力系统 0.4kV 电网的特点,在 PowerFactory 中对博恩霍尔姆岛电力系统 0.4kV 电网进行建模,该电网有 64 个用户,故障等级为 46.89MVA,如图 11.7 所示。

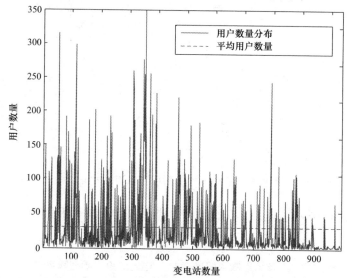

图 11.5　博恩霍尔姆岛每座变电站的平均用户数量

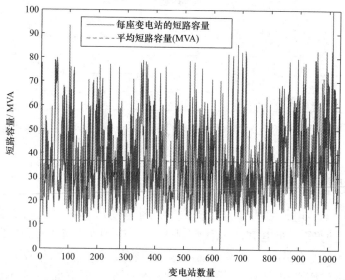

图 11.6　博恩霍尔姆岛每座变电站的短路容量

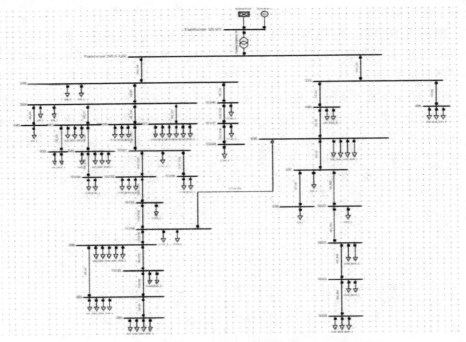

图 11.7 在 PowerFactory 中的博恩霍尔姆岛 0.4kV 电网模型

在选择的 0.4kV 电网中，有 6 种用户类型。客户编号和类型的详细信息列在表 11.3 中。

表 11.3 典型博恩霍尔姆岛 0.4 kV 电网的用户类型和用户数量

用户类型	用户数量
111 无电暖公寓	36
112 带电暖公寓	14
121 无电暖家庭住房	7
130 周末别墅	5
441 供电、供气、供水和供热	1
446 邮政服务和电信	1

根据用户数量和短路级别，所选择的低压电网可以看作是博恩霍尔姆岛上的典型低压电网。

11.4 常规需求曲线建模

在电动汽车充电计划中，采用提出的三种电动汽车家庭充电方法计算充电功率和所需充电时间。充电方法的详情见 11.2.3 节。DK1 和 DK2 中的个人车号用于研究电动汽车充电计划，假设电动汽车电池容量大小为 23.3kWh。

在博恩霍尔姆岛电力系统建模工作中，另一个重要方面是尽可能真实地模拟最终用户需求曲线。根据博恩霍尔姆岛电力系统数据库，终端用户的需求数据为年消耗量。因此，获取真实的需求曲线比较困难。

为了得到真实的需求曲线，利用 Elforbrugspanel 中的不同客户类型的平均需求曲线，根据每年的用电量来确定博恩霍尔姆岛电力系统中客户的需求曲线，根据最终用户年用电量和不同用户类型的平均用电量来确定用户类型。

在电动汽车并网影响研究中，采用时间序潮流研究方法，研究电动汽车需求对电力系统负荷和电压分布的影响。因此，峰值需求和与峰值需求相邻的需求都是研究的重点。所以，在考虑峰值需求和相邻需求的情况下，选择需求曲线是非常重要的。

为了说明应该选择哪条需求曲线，得到了无电暖公寓全年的日需求曲线，如图 11.8 所示。除全年日需求曲线外，还得到了一周内需求最高的一天的日需求曲线，如图 11.9 所示。

从图 11.9 中可以看出，当天需求达到最高峰时的需求可以包含大部分的需求曲线。因此，选择需求最大的那天的需求曲线进行电动汽车并网的电网影响研究是可以接受的。

为了进行电网影响研究，还获得了其他类型客户的需求曲线，其中包括有无电暖的家庭住宅，周末别墅，供电、供气、供水和供热，邮政服务和电信的需求曲线，如图 11.10~图 11.14 所示。

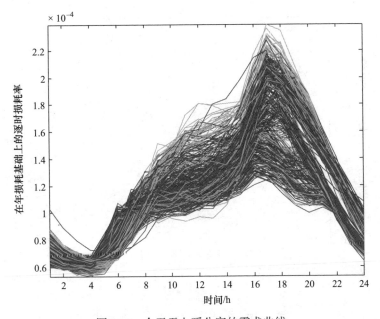

图 11.8　全天无电暖公寓的需求曲线

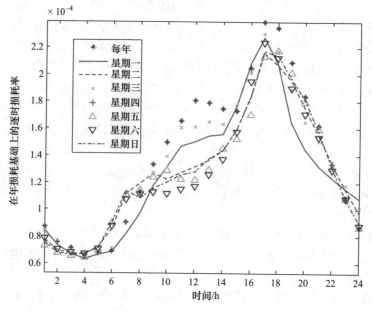

图 11.9 无电暖公寓的需求曲线

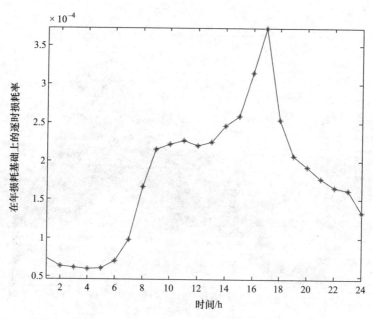

图 11.10 无电暖家庭住宅的需求曲线

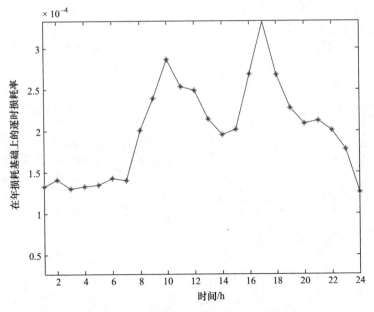

图 11.11　电暖家庭住宅的需求曲线

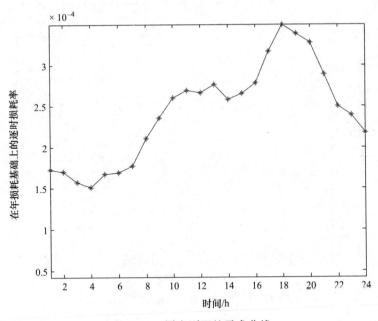

图 11.12　周末别墅的需求曲线

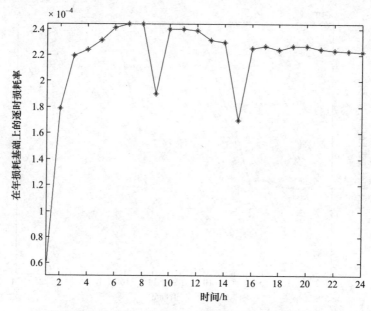

图 11.13　供电、供气、供水和供热的需求曲线

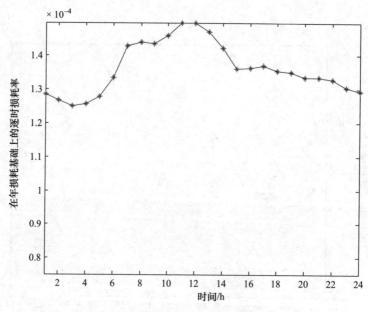

图 11.14　邮政服务和电信的需求概况

11.5　对 0.4kV 电网的影响研究

采用 11.3.2 节所述的 0.4kV 电网对 0.4kV 电网进行电动汽车并网影响研究。

以 10% 的电动汽车渗透率和三相充电结果来说明变压器和电缆的负荷情况，分别如图 11.15 和图 11.16 所示。结果表明，变压器的负荷比电缆的负荷要高得多。

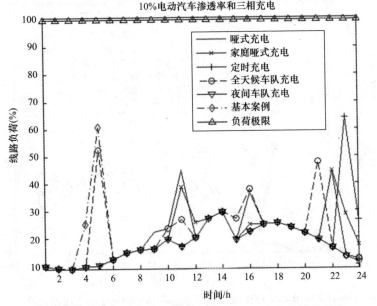

图 11.15　0.4kV 10% 电动汽车渗透率和三相充电的线路负荷

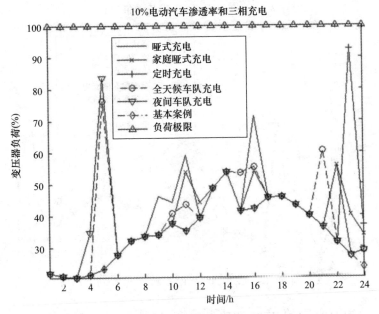

图 11.16　0.4kV 10% 电动汽车渗透率和三相充电的变压器负荷

带有单相充电的 15% 和 20% 电动汽车渗透率的变压器负荷分别如图 11.17 和图 11.18 所示。15% 电动汽车渗透率和单相充电以及 20% 电动汽车渗透率和单相充电所对应的最大负荷均小于所选负荷极限（100%）。

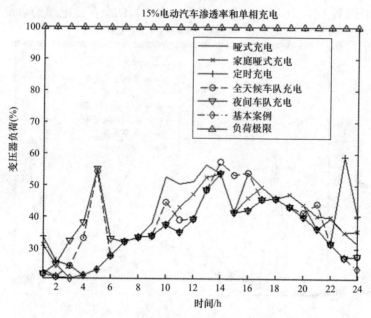

图 11.17　0.4kV 15% 电动汽车渗透率和单相充电的变压器负荷

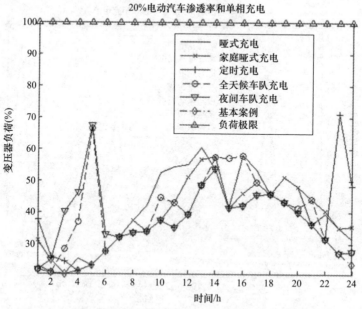

图 11.18　0.4kV 20% 电动汽车渗透率和单相充电的变压器负荷

另一个值得注意的发现是，"哑式充电"电动汽车的需求是相当分散的，并且具有经济高效充电方案的峰值负荷可能高于"哑式充电"电动汽车的峰值负荷。

这是由于电动汽车到达家中的时间分布所致，如图 11.19 所示。

然而，这一结果必须与更准确的驾驶数据对应，也就是说，工作日应该有所区别。

当电动汽车渗透率为 20%、三相充电时，0.4kV 馈线每小时的电压降如图 11.20 所示。结果表明，定时充电和车队充电的最大电压降均高于标准规定的 5% 限值。因此，在设计动态电网电价时，除了考虑过负荷运行问题外，还需要考虑欠电压问题。通过增加分布式电动汽车充电需求或采取其他措施（如局部补偿、加粗线缆），可以缓解欠电压。

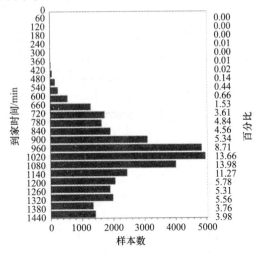

图 11.19　电动汽车到家时间分布

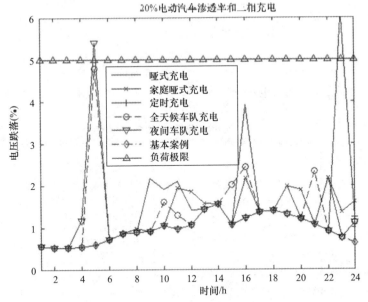

图 11.20　0.4kV 20% 电动汽车渗透率和三相充电的电压降

11.6　对 10kV 电网的影响研究

博恩霍尔姆岛电力系统的两个 10kV 电网被用于对中压电网进行电动汽车影响研究。所用的 10kV 电网如图 11.21 和图 11.22 所示。Ronne Syd 是市中心地区的中压电网，Svaneke 中压电网是农村地区的中压电网。

10kV 电网电动汽车影响研究的结果或多或少说明了与 0.4kV 电网相同的发现。

变压器的负荷比线路高,如图 11.23 与图 11.24 所示。

10kV 电网可以在不出现过负荷问题的情况下,通过单相充电容纳 20% 的电动汽车渗透。20% 电动汽车渗透率和单相充电的变压器负荷恰恰说明这一点,如图 11.25 所示。

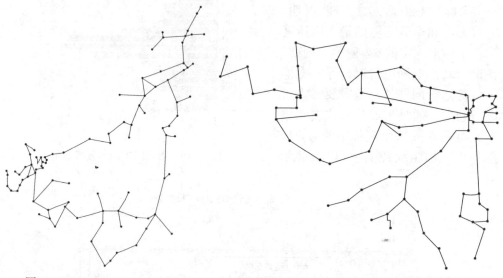

图 11.21　Ronne Syd 10kV 电网　　　　图 11.22　Svaneke 10kV 电网

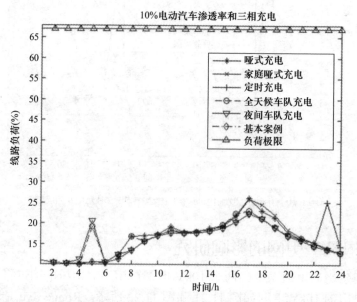

图 11.23　10% 电动汽车渗透率和三相充电的 10kV Ronne Syd 线路负荷

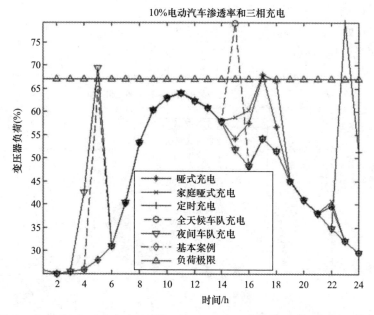

图 11.24 10%电动汽车渗透率和三相充电的 10kV Ronne Syd 变压器负荷

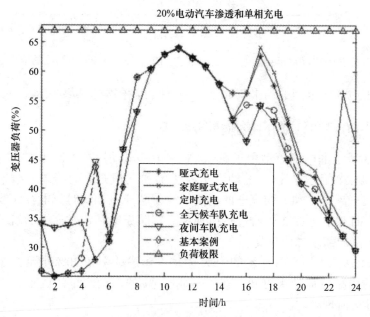

图 11.25 20%电动汽车渗透率和单相充电的 10kV Ronne Syd 变压器负荷

三相充电的影响如图 11.24 所示，表明变压器负荷高于所有充电方案的选定负荷限制。

研究还表明,"哑式充电"电动汽车需求比"车队充电"电动汽车需求更为分散。这可以通过参考图 11.19 来解释。

图 11.26 所示的 20% 电动汽车渗透率和三相充电研究案例中,沿馈线的最大电压降表明没有电压问题。

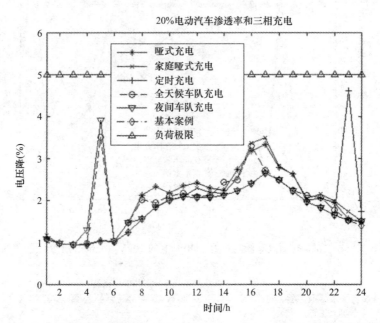

图 11.26 20% 电动汽车渗透率和三相充电的 10kV Ronne Syd 沿馈线的最大电压降

Svaneke 10kV 电网的结果与 Ronne Syd 10kV 电网的结果一致。

11.7 对 60kV 电网的影响研究

图 11.3 所示的电网模型用于对 60kV 水平的电动汽车电网影响进行研究。图 11.27 和图 11.28 显示了 15% 电动汽车渗透率和三相充电的结果。结果表明,在 15% 电动汽车渗透率和三相充电的情况下,车队充电和定时充电存在线路过负荷的现象,定时充电存在变压器过负荷现象。车队充电和定时充电的需求峰值可能会比哑式充电的需求峰值更高。

由图 11.29 和图 11.30 所示的 15% 电动汽车渗透率和 20% 电动汽车渗透率下单相充电的线路负荷结果可知,在 15% 和 20% 的电动汽车渗透率和单相充电条件下,无过负荷现象。

车队充电的好处在单相充电时非常明显,如图 11.30 所示。车队充电方案的线路负荷低于哑式充电和定时充电方案。

在三相充电的情况下,哑式充电情况的负荷比车队充电情况低。

第11章 电动汽车并网对配电网的影响研究

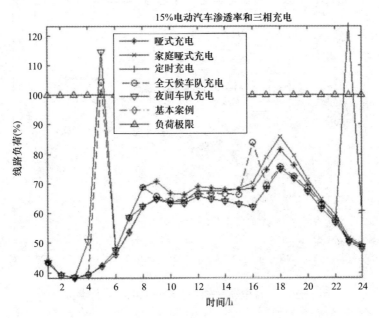

图11.27　15%电动汽车渗透率和三相充电的线路负荷

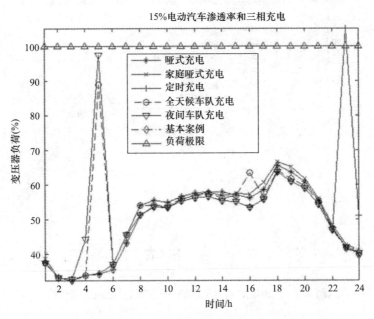

图11.28　15%电动汽车渗透率和三相充电的变压器负荷

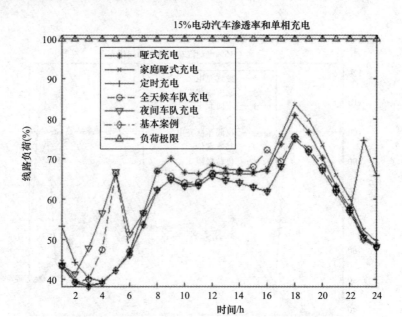

图 11.29　15%电动汽车渗透率和单相充电的线路负荷

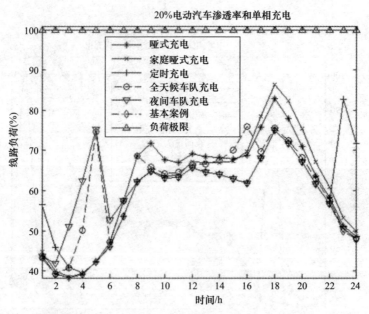

图 11.30　20%电动汽车渗透率和单相充电的线路负荷

20%电动汽车渗透率和三相充电的电压分布如图 11.31 所示，最大电压降为 3.603%。因此，不存在欠电压问题。

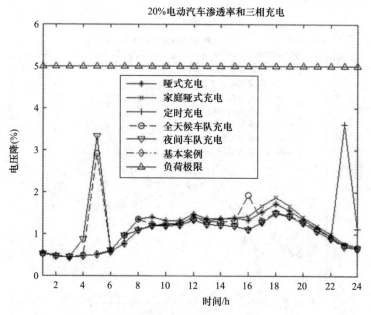

图 11.31　20% 电动汽车渗透率和三相充电的 60kV 电网最大电压降

为了缓解电动汽车充电造成的阻塞，我们采用任意的电动汽车负荷阈值来缓解车队充电场景下的电动汽车充电需求。电动汽车的任意负荷极限为 5MW。15% 和 20% 电动汽车渗透率和 5MW 限值三相充电的线路负荷分别如图 11.32 和图 11.33 所示。

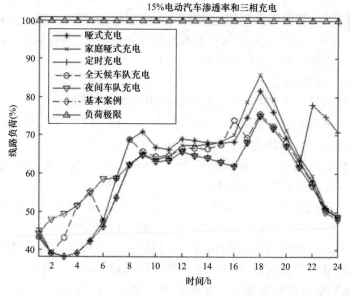

图 11.32　15% 电动汽车渗透率、三相充电、5MW 限制下的线路负荷

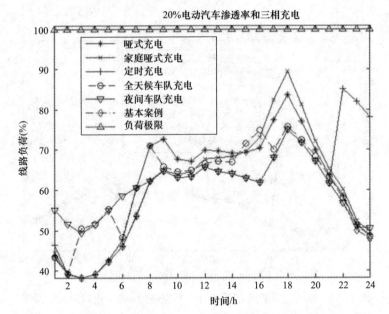

图 11.33 20% 电动汽车渗透率、三相充电、无 5MW 限制下的线路负荷

结果表明，5MW 限值可以缓解电动汽车充电引起的阻塞。

11.8 结论

本章介绍了电动汽车并网影响研究的方法和情景，并介绍了博恩霍尔姆岛电力系统 60kV 电网以及选定的 10kV 和 0.4kV 电网的研究结果并进行了讨论。同时还介绍了方法、场景和结果的局限性。

研究结果主要发现如下：
- 变压器负荷高于 10kV 和 0.4kV 电网内的线路负荷。
- 从负荷角度来看，低功率充电方案更为有利，即现有电网在大多数情况下可容纳 20% 的电动汽车渗透率，车队充电方案的好处更为明显。
- 在 0.4kV 电网中，电压降限值为 ±5% 时，电动汽车渗透率为 20%，三相充电电流为 16A，存在欠电压问题。
- 由于电动汽车到家时间分布比较分散，哑巴充电电动汽车的需求分布比较均匀。但是，更新哑式充电信息还需要更准确的驾驶数据。
- 在三相充电电流为 16A 的情况下，设计一个有效的方案来缓解电动汽车充电需求造成的阻塞是非常重要的，这一点可以通过对具有 5MW 任意电动汽车需求限制的 60kV 电网的影响研究结果来证明（例如，高效的 DSO 市场来刺激电动汽车充电需求变化、直接控制）。

参考文献

[1] Lopes, J.A.P., Soares, F.J., and Almedia, P.M.R. (2009) Identifying management procedures to deal with connection of electric vehicles in the grid, in *2009 IEEE Bucharest PowerTech*, IEEE, Piscataway, NJ, pp. 1–8.

[2] Clement, K., Haesen, E., and Driesen, J. (2009) Coordinated charging of multiple plug-in hybrid electric vehicles in residential distribution grids, in *IEEE/PES Power Systems Conference and Exposition, 2009. PSCE' 09*, IEEE, Piscataway, NJ, pp. 1–7.

[3] Maitra, A., Kook, K.S., Taylor, J., and Giumento, A. (2010) Grid impacts of plug-in electric vehicles on Hydro Quebec's distribution system, in *2010 IEEE PES Transmission and Distribution Conference and Exposition*, IEEE, Piscataway, NJ, pp. 1–7.

[4] Taylor, J., Maitra, M., Alexander, D., and Duvall, M. (2009) Evaluation of the impact of plug-in electric vehicle loading on distribution system operations, in *IEEE Power & Energy Society General Meeting, 2009. PES '09*, IEEE, Piscataway, NJ, pp. 1–6.

[5] Sundström, O. and Binding, C. (2010) Planning electric-drive vehicle charging under constrained grid conditions, in *2010 International Conference on Power System Technology (POWERCON)*, IEEE, Piscataway, NJ, pp. 1–6.

[6] Rotering, N. and Ilic, M. (2010) Optimal charge control of plug-in hybrid electric vehicles in deregulated electricity markets. *IEEE Transactions on Power Systems*, 26 (3), 1021–1029.

[7] Babaeim, S., Steen, D., Tuan, L.A. *et al.* (2010) Effects of plug-in electric vehicles on distribution systems: a real case of Gothenburg, in *2010 IEEE PES Innovative Smart Grid Technologies Conference Europe (ISGT Europe)*, IEEE, Piscataway, NJ, pp. 1–8.

[8] Dyke, K.J., Schofield, N., and Barnes, M. (2010) The impact of transport electrification on electrical networks. *IEEE Transactions on Industrial Electronics*, 57 (12), 3917–3926.

[9] Lopes, J.A.P., Soares, F.J., and Almedia, P.M.R. (2011) Integration of electric vehicles in the electric power system. *Proceedings of the IEEE*, 99 (1), 168–183.

[10] Dansk Energi (2010) Danish Electricity Supply 09 Statistical Survey, http://www.danishenergyassociation.com/~/media/Energi_i_tal/Statistik_09_UK.ppt.ashx (accessed January 2013).